管理类专业学位联考名师联盟系列

（汪学能、汪海洋、潘杰、赵小林）

数学分册

总主编　汪学能
主　编　汪学能

中国人民大学出版社
·北京·

图书在版编目（CIP）数据

管理类专业学位联考名师联盟系列．汪学能、汪海洋、潘杰、赵小林．数学分册/汪学能总主编；汪学能主编．--北京：中国人民大学出版社，2020.6
ISBN 978-7-300-28254-1

Ⅰ.①管… Ⅱ.①汪… Ⅲ.①高等数学-研究生-入学考试-自学参考资料 Ⅳ.①G643

中国版本图书馆 CIP 数据核字（2020）第 110095 号

管理类专业学位联考名师联盟系列（汪学能、汪海洋、潘杰、赵小林）数学分册
总主编　汪学能
主　编　汪学能
Guanlilei Zhuanye Xuewei Liankao Mingshi Lianmeng Xilie（Wang Xueneng、Wang Haiyang、Pan Jie、Zhao Xiaolin）Shuxue Fence

出版发行	中国人民大学出版社	
社　　址	北京中关村大街 31 号	**邮政编码**　100080
电　　话	010 - 62511242（总编室）	010 - 62511770（质管部）
	010 - 82501766（邮购部）	010 - 62514148（门市部）
	010 - 62515195（发行公司）	010 - 62515275（盗版举报）
网　　址	http://www.crup.com.cn	
经　　销	新华书店	
印　　刷	北京七色印务有限公司	
规　　格	185 mm×260 mm　16 开本	**版　次**　2020 年 6 月第 1 版
印　　张	12.25	**印　次**　2020 年 6 月第 1 次印刷
字　　数	287 000	**定　价**　32.00 元

总　序

一入考研深似海，芸芸众道花缭乱。
千里名师齐聚首，传道授业解生惑。
苦心造诣开新统，玉壶冰心匠精魂。
执卷破题喜上岸，桃李成蹊各家欢。

　　国内考研早已是千军万马过独木桥之势，近年来考生竞争更是愈演愈烈，2020 年考研大军已超过 340 万，年增长率近 20%。其中，随着社会经济的发展，以及国家对于硕士研究生学历学位的规范化与差异化做法得到普遍认可，专业学位硕士研究生以其职业性、复合性和应用性的特征广受推崇，据教育部统计，全国年报考人数已经超过学术型硕士研究生。与日益庞大的管理类专业学位联考考生需求相比，市面上真正能够做到体系完善、内容精准、构思巧妙的教材却难以寻觅。

　　中国人民大学出版社想考生之所想，急考生之所急，特集结深耕管理类专业学位联考辅导多年的四位重量级名师，致力于推出一套能够经得起市场检验的辅导用书精品。这四位名师是：**汪学能**，数学博士，985 高校教授，从事管理类联考数学辅导逾二十年，编著多部畅销数学辅导用书，口碑载道。业内独创"一分钟解题技巧法"和"四大思维模板"，管理类联考重量级名师。**汪海洋**，考研英语辅导专家，名师。其在二十多年研究生英语教学及阅卷工作中积累了丰富的经验。主编及参编数本英语（二）辅导书籍。分析试题深入浅出、细致深刻，授课激情澎湃、诙谐幽默，以教学态度认真负责而深受好评。**潘杰**，985 高校博士，赴美访问学者，大纲解析人。业内独创"逻辑图表学习法"，第一次将"思维导图"应用于晦涩的逻辑教学，是最受学生欢迎的逻辑老师之一。**赵小林**，逻辑与写作辅导教师，多次获逻辑学授课质量奖，独创"三步走"做题思路。十二年考前辅导经验总结出一套快捷有效的逻辑解题方法。讲课清晰易懂，课堂氛围活跃，考点把握准确，教学认真负责，深受学生好评。

　　中国人民大学出版社"管理类专业学位联考名师联盟系列（汪学能、汪海洋、潘杰、赵小林）"2020 年即将出版 8 本，其中，综合能力考试科目 5 本，英语（二）考试科目 3 本。综合能力科目分别为：《数学分册》《逻辑分册》《写作分册》《综合能力历年真题详解》《刷数学经典常考母题》；英语（二）科目分别为：《英语（二）历年真题详解》《英语（二）高分写作与翻译》《英语（二）核心词汇精练》。广大考生们借由全套系列图书便能洞悉管理类专业学位联考的全部考点，掌握复习与考试诀窍，做到"轻松考、我能上"，考研上岸，梦想成真！

前　言

　　为了帮助参加全国管理类专业学位硕士研究生入学联考（MBA、MPA、MPAcc、MEM、审计、旅游管理、图书情报等）的考生更好地复习备考数学，作者在对历年数学试题进行研究并将其归纳、分类整理的基础上，按照全新数学考试大纲要求掌握的内容，编写了本书。

　　本书共分为9章，每章下分节，主要有知识要点、经典母题、历年真题以及参考答案4个板块。

　　本书特别强调对数学考试大纲所划定的基本概念和基础知识的正确理解和熟练运用。因为管理类专业学位联考中的数学题型只有选择题，而选择题往往有多种方法求解，所以以最快的速度找到答案就变得极为重要，是赢得时间取胜的关键。鉴于此，本书还特别强调解题方法的技巧性。考生需要对书中的经典试题进行详细的研究和分析，同时掌握该类型试题的最佳解题技法。

　　本书封面配有二维码，考生可扫码进入，观看作者发布的相应配套视频，感受作者亲自讲解管理类联考数学考试的解题技法。

　　本书在编写的过程中参阅了有关书籍及历年真题，特此向有关作者致谢。其他参与本书编写工作的人员有舒红、赖昭海、朱求文、肖亚雷、安贵顺、王东丽、郭雯玥、李小双、罗科兵、姚学文、温伟才、夏云平、范春琳，在此表示感谢。

　　由于作者水平有限，时间仓促，书中难免有错误和疏漏之处，在此恳请读者批评指正。

汪学能

目　录

第一章

数与式

第一节 整数、有理数与实数

第一部分 知识要点

1. 整数与自然数

整数包括正整数、负整数和零. 整数用字母 **Z** 表示，如…，-2，-1，0，1，2，…. 两个整数的和、差、积仍是整数，但是用一个不等于零的整数去除另一个整数所得的商不一定是整数.

在整数中，正整数和 0 称为非负整数.

自然数是表示物体个数的数，用字母 **N** 表示，如 0，1，2，….

【注意】

自然数包括 0，0 是最小的自然数.

2. 整除与带余除法

数的整除：当整数 a 除以非零整数 b，商正好是整数而无余数时，则称 a 能被 b 整除或 b 能整除 a，记作 $b \mid a$.

常见整除的特征：

被 2 整除的数，偶数（个位是 0，2，4，6，8）.

被 3 整除的数，各位数字之和必能被 3 整除.

被 4 整除的数，末两位（个位、十位）必能被 4 整除.

被 5 整除的数，个位为 0 或者 5.

被 9 整除的数，各位数字之和必能被 9 整除.

被 12 整除的数，同时满足能被 3 和 4 整除的条件.

带余除法：

设 a，b 是两个整数，其中 $b>0$，则存在整数 q，r，使得 $a=bq+r(0 \leqslant r<b)$ 成立，而且 q，r 都是唯一的，q 叫作 a 被 b 除所得的商，r 叫作 a 被 b 除所得的余数.

3. 公约数与公倍数

公约数：设 a，b 是两个整数，若整数 p 满足 $p \mid a$ 且 $p \mid b$，则称 p 是 a，b 的一个公约数．整数 a，b 的所有公约数中最大的那个叫作 a，b 的最大公约数，记为 (a, b)．

最大公约数的求法：直接将各数分解质因数，然后写出最大的共同约数．

公倍数：设 a，b 是两个整数，若整数 p 满足 $a \mid p$ 且 $b \mid p$，则称 p 是 a，b 的一个公倍数．整数 a，b 的所有公倍数中最小的那个叫作 a，b 的最小公倍数，记为 $[a, b]$．

最小公倍数的求法：

（1）分解质因数法

先把这几个数分解质因数，再把它们一切公有的质因数和其中几个数公有的质因数以及每个数独有的质因数全部连乘起来，所得到的积就是它们的最小公倍数．

（2）公式法

由于两个数的乘积等于这两个数的最大公约数与最小公倍数的积，即 $(a, b) \times [a, b] = a \times b$．所以，求两个数的最小公倍数，就可以先求出它们的最大公约数，然后利用上式求出最小公倍数．

4. 奇数与偶数

奇数：不能被 2 整除的数．$n = 2k + 1$，k 是任意整数．

偶数：能被 2 整除的数．$n = 2k$，k 是任意整数．

【注意】

1. 0 是偶数，两个相邻整数必为一奇一偶．除了最小质数 2 是偶数之外，其余质数均为奇数．1 既不是质数，也不是合数．

2. 奇数、偶数在运算中的法则：

奇数 $\times$ 奇数 $=$ 奇数；偶数 $\times$ 偶数 $=$ 偶数；偶数 $\times$ 奇数 $=$ 偶数；

奇数 $+$ 奇数 $=$ 偶数；偶数 $+$ 偶数 $=$ 偶数；偶数 $+$ 奇数 $=$ 奇数．

一般地，设 a，b 为整数，那么 $a + b$ 与 $a - b$ 具有相同的奇偶性．

5. 质数与合数

质数：如果一个大于 1 的正整数，只能被 1 和它本身整除（只有 1 和它本身两个约数），那么这个正整数叫作质数（质数也称素数）．互质数：公约数只有 1 的两个数称为互质数，如 9 和 16．

合数：一个正整数除了能被 1 和它本身整除之外，还能被其他的正整数整除（除了 1 和它本身之外，还有其他约数），这样的正整数叫作合数．

质数与合数有如下重要性质：

（1）质数和合数都在正整数范围内，且有无数多个．

（2）2 是唯一的既是质数又是偶数的整数，即是唯一的质偶数．大于 2 的质数均为奇数．质数中只有一个偶数 2，最小的质数为 2．

（3）若质数 $p \mid a \cdot b$，则必有 $p \mid a$ 或 $p \mid b$．（注：$p \mid a$ 表示 p 是 a 的约数）

（4）若正整数 a，b 的积是质数 p，则必有 $p = a$ 或 $p = b$．

（5）1 既不是质数也不是合数．

（6）如果两个质数的和或差是奇数，那么其中必有一个是 2；如果两个质数的积是偶数，那么其中也必有一个是 2.

（7）最小的合数为 4. 任何合数都可以分解为几个质数的积，能写成几个质数的积的正整数就是合数.

6. 有理数

分数：将单位 1 平均分成若干份，表示这样的一份或几份的数叫作分数.

【注意】

1. 分子和分母必须是整数，且分母不能等于 0.

2. 当分子与分母同乘或除以相同的数（0 除外），分数值不会改变，故每一个分数都有无限个与其相等的分数.

百分数：表示一个数是另一个数的百分之几的数叫作百分数，通常用"%"来表示.

有理数：整数和分数统称为有理数. 任何一个有理数都可以写成分数 $\frac{m}{n}$ 的形式（m，n 均为整数，$n \neq 0$）. 因为分数与有限小数和无限循环小数可以互化，所以又称有理数为有限小数和无限循环小数. 若 $(m, n) = 1$，则称 $\frac{m}{n}$ 为既约分数.

有理数运算具有封闭性，两个有理数的和、差、积、商（分母不为 0）仍然是一个有理数.

7. 实数

无理数：无限不循环小数. 如 $\sqrt{2}$、$\sqrt{3}$、e、π 等.

非零有理数与无理数的和、差、积、商（除数不为 0），结果必为无理数.

对于任意实数 x，用 $[x]$ 表示不超过 x 的最大整数，令 $[x] = x - \{x\}$，称 $[x]$ 是 x 的整数部分，$\{x\}$ 是 x 的小数部分.

实数：有理数和无理数统称为实数.

任意两个实数的和、差、积、商（除数不等于零）仍是实数.

实数的分类：

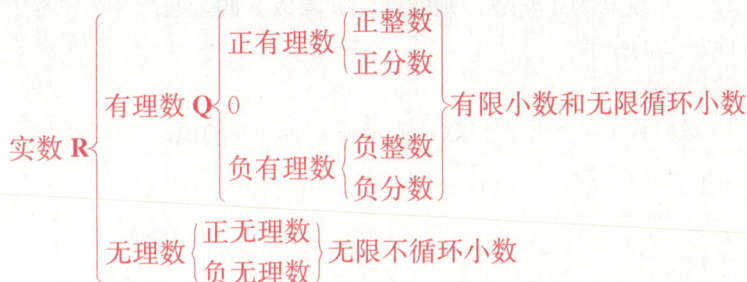

线性零和：设 a，b 为有理数，a 为无理数，由 $a + ba = 0 \Rightarrow a = 0$ 且 $b = 0$.

第二部分　经典母题

1. 已知 p，q 都是质数，且 $5p + 7q = 129$，则 $p + q = (\quad)$

（A）15　　　　（B）19　　　　（C）25　　　　（D）19 或 25　　　　（E）均不正确

2. 三个质数的倒数和是 $\frac{71}{105}$，则这三个质数之和为（　　）

 （A）11 （B）12 （C）13 （D）14 （E）15

3.（2011 年第 12 题）设 a，b，c 是小于 12 的三个不同的质数（素数），且 $|a-b|+|b-c|+|c-a|=8$，则 $a+b+c=$（　　）

 （A）10 （B）12 （C）14 （D）15 （E）19

第三部分　历年真题

1.（2015 年第 3 题）设 m，n 是小于 20 的质数，满足条件 $|m-n|=2$ 的 $\{m,n\}$ 共有（　　）

 （A）2 组 （B）3 组 （C）4 组 （D）5 组 （E）6 组

2.（2012 年第 20 题）已知 m，n 都是整数，则 m 是偶数.

 （1）$3m+2n$ 是偶数

 （2）$3m^2+2n^2$ 是偶数

3.（2013 年第 17 题）$p=mq+1$ 为质数.

 （1）m 为正整数，q 为质数

 （2）m、q 均为质数

4.（2014 年第 15 题）若几个质数（素数）的乘积为 770，则它们的和为（　　）

 （A）85 （B）84 （C）28 （D）26 （E）25

5.（2010 年第 3 题）有三个小孩，其中一个为学龄前儿童（小于 6 岁），他们的年龄皆为质数（素数），且依次相差 6 岁，则他们的年龄和为（　　）

 （A）21 （B）27 （C）33 （D）39 （E）51

6.（2010 年第 17 题）有偶数位来宾.

 （1）聚会时所有来宾都在一张圆桌周围，且每位来宾与邻座性别不同

 （2）聚会时，男宾是女宾的 2 倍

7.（2019 年第 22 题）设 n 为正整数，则能确定 n 除以 5 的余数.

 （1）已知 n 除以 2 的余数

 （2）已知 n 除以 3 的余数

8.（2018 年第 19 题）设 m，n 是正整数，则能确定 $m+n$ 的值.

 （1）$\frac{1}{m}+\frac{3}{n}=1$

 （2）$\frac{1}{m}+\frac{2}{n}=1$

第四部分　参考答案

经典母题参考答案

1. 分析　由 $5p+7q=129$，且奇数＋偶数＝奇数，得出 p，q 中有且仅有一个为偶数，解

得 $p=2$，$q=17$ 或 $p=23$，$q=2$，选 D.

2. **分析**　设这三个质数分别为 a，b，c，则 $\dfrac{1}{a}+\dfrac{1}{b}+\dfrac{1}{c}=\dfrac{bc+ac+ab}{abc}$，即有 $abc=105$，又 $105=3\times5\times7\Rightarrow3+5+7=15$，选 E.

3. **分析**　小于 12 的质数有 2、3、5、7、11，设 $a<b<c$，去掉绝对值得 $b-a+c-b+c-a=2c-2a=8$，所以可得 $c-a=4$，所以 a、b、c 分别为 3、5、7，$a+b+c=15$，选 D.

历年真题参考答案

1. 【答案】C
　【考点】质数
　【解析】小于 20 的质数共有 2，3，5，7，11，13，17，19，所以，$\{m,n\}$ 有 $\{3,5\}$、$\{5,7\}$、$\{11,13\}$、$\{17,19\}$，共 4 组.

2. 【答案】D
　【考点】奇偶性
　【解析】条件（1）：$3m+2n$ 是偶数，$2n$ 为偶数，则 $3m$ 是偶数，得 m 是偶数，充分；
　条件（2）：$3m^2+2n^2$ 是偶数，$2n^2$ 为偶数，则 $3m^2$ 是偶数，得 m 是偶数，充分.

3. 【答案】E
　【考点】质数
　【解析】令 $m=3$，$q=5$ 可以同时满足条件（1）和条件（2），但此时 $p=16$，不为质数，故条件（1）、（2）及两个条件联合均不充分.

4. 【答案】E
　【考点】分解质因数
　【解析】$770=7\times11\times2\times5$，则 $7+11+2+5=25$.

5. 【答案】C
　【考点】质数问题
　【解析】6 以内的质数只有 2，3，5，因为他们三个之间年龄相差了 6 岁又全部都是质数，得到只能是 5，11，17，所以 $5+11+17=33$.

6. 【答案】A
　【考点】偶数
　【解析】条件（1）：有一个男性则必有一个女性，因此条件（1）充分；
　条件（2）：当女宾为 1 时，男宾人数为 2，因此不充分.

7. 【答案】E
　【考点】实数的除法问题
　【解析】条件（1）和（2）单独明显不充分；联立条件可得：若取 n 除以 2 的余数为 1，n 除以 3 的余数为 2 时，则 n 可以取 5，也可以取 11，则不能确定 n 除以 5 的余数，也不充分.

8. 【答案】D
　【考点】实数的运算
　【解析】条件（1）：$\dfrac{1}{m}+\dfrac{3}{n}=1\Rightarrow mn-3m-n=0\Rightarrow(m-1)(n-3)=3=1\times3$，所以，$m=2$，

$n=6$，或 $m=4$，$n=4$，则 $m+n=8$，充分.

条件（2）：$\dfrac{1}{m}+\dfrac{2}{n}=1 \Rightarrow (m-1)(n-2)=2=1\times 2$，所以，$m=3$，$n=3$，或 $m=2$，$n=4$，则 $m+n=6$，充分.

第二节　绝对值、平均值与方差

第一部分　知识要点

1. 绝对值

正数的绝对值是它本身，负数的绝对值是它的相反数，零的绝对值还是零.

实数 x 的绝对值：$|x| = \sqrt{x^2} = \begin{cases} x, & x \geqslant 0 \\ -x, & x < 0 \end{cases}$

几何意义：一个实数 x 在数轴上所对应的点到原点的距离.

【性质】

(1) 对称性：$|-a| = |a|$，即互为相反数的两个数的绝对值相等.

(2) 等价性：$\sqrt{a^2} = |a|$，$|a^2| = a^2 (a \in \mathbf{R})$.

(3) 自比性：$-|a| \leqslant a \leqslant |a|$，推而广之，$\dfrac{|x|}{x} = \dfrac{x}{|x|} = \begin{cases} 1, & x > 0 \\ -1, & x < 0 \end{cases}$

(4) 非负性：即 $|a| \geqslant 0$，任何实数 a 的绝对值非负.

(5) $|x| < a \Leftrightarrow -a < x < a (a > 0)$.

(6) $|x| > a \Leftrightarrow x < -a$ 或 $x > a (a > 0)$.

(7)（三角不等式）$|a| - |b| \leqslant |a - b| \leqslant |a| + |b|$.

2. 平均数

在日常生活和工作中，人们经常需要对数据进行分析和统计描述，最常见的数据统计描述内容是计算数据分布的中心值和离散度.

数据分布的中心值是指最能代表样本数据的典型值. 中心值有多种定义，最常用的是平均值. 离散度反映样本数据是集中分布在中心值附近，还是相对于中心值数据分布比较分散，变化较大. 衡量数据分布离散度的最常用的参数是方差和标准差.

平均数：设 x_1，x_2，$\cdots$，x_n 为 n 个数，称 $\dfrac{x_1 + x_2 + \cdots + x_n}{n}$ 为这 n 个数的算术平均值，记为

$$\bar{x} = \frac{1}{n} \sum_{i=1}^{n} x_i$$

在统计中，算术平均数常被称为平均数.

几何平均数：设 n 个正实数 x_1，x_2，$\cdots$，x_n，称 $\sqrt[n]{x_1 x_2 \cdot \cdots \cdot x_n}$ 为这 n 个数的几何平均值，记为

$$x_g = \sqrt[n]{\prod_{i=1}^{n} x_i}$$

性质：$\dfrac{x_1+x_2+\cdots+x_n}{n} \geqslant \sqrt[n]{x_1 x_2 \cdot \cdots \cdot x_n}$，当且仅当 $x_1=x_2=\cdots=x_n$ 时等号成立.

3. 方差

方差：给出一组样本数据：x_1，x_2，$\cdots$，x_n，方差是各样本数据值与所有样本数据值的平均值之差的平方的平均数. 其中任意一个样本数据值与所有样本数据值的平均数的差 $x_i-\overline{x}(i=1，2，\cdots，n)$，叫作这个样本数据 x_i 的离差，故一组样本数据的方差是这组数据的所有离差平方的算术平均值，它是反映这组数据分布偏离其平均数的平均指标. 方差表达式为

$$S^2 = \frac{1}{n}\left[(x_1-\overline{x})^2+(x_2-\overline{x})^2+\cdots+(x_n-\overline{x})^2\right] = \frac{1}{n}\sum_{i=1}^{n}(x_i-\overline{x})^2$$

【口诀】

求一组数据的方差口诀："先平均，再求差，然后平方，最后再平均".

标准差：方差的算术平方根称为标准差 S. 如果样本数据是有单位的量，则标准差也是一个有相同单位的量. 它比方差更能反映这组数据分布偏离其平均数的程度. 标准差的表达式为

$$S = \sqrt{\sum_{i=1}^{n}(x_i-\overline{x})^2}$$

方差和标准差是衡量一组样本数据分布的离散度的量. 它们的值越小，该组数据分布的离散程度越小，数据的分布也就越相对稳定.

4. 其他概念

众数：在一组给出的数据中，出现次数最多的数称为众数.

中位数：给出的一组数据，将数据由小到大排列，若有奇数个数据，则正中间的数为中位数；若有偶数个数据，则中位数为中间两个数的平均数.

极差：在给出的一组数据中，用数据中的最大值减去最小值所得的差即为极差.

第二部分　经典母题

1. 已知 $\dfrac{a}{|a|}+\dfrac{|b|}{b}+\dfrac{c}{|c|}=1$，则 $\dfrac{bc}{|ab|}\times\dfrac{ac}{|bc|}\times\dfrac{ab}{|ac|}=(\quad\quad)$

　(A) 1　　　　　(B) -1　　　　(C) 4　　　　(D) 5　　　　(E) 9

2. 已知 p，q 都是质数，且 $3p+7q=41$，则 $p+1$，$q-1$，$pq+1$ 的算术平均值为(　　　　)

　(A) 6　　　　　(B) 14　　　　(C) 18　　　　(D) 24　　　　(E) 32

3. (2017 年第 14 题) 甲、乙、丙三人每轮各投篮 10 次，投了 3 轮，投中数如表 1-1. 记 σ_1，σ_2，σ_3 分别为甲、乙、丙投中数的方差，则(　　　　)

表 1-1

	第一轮	第二轮	第三轮
甲	2	5	8
乙	5	2	5
丙	8	4	9

(A) $\sigma_1>\sigma_2>\sigma_3$　(B) $\sigma_1>\sigma_3>\sigma_2$　(C) $\sigma_2>\sigma_1>\sigma_3$　(D) $\sigma_2>\sigma_3>\sigma_1$

(E) $\sigma_3>\sigma_2>\sigma_1$

第三部分　历年真题

1. (2017年第25题) 已知 a, b, c 为三个实数，则 $\min\{|a-b|,|b-c|,|a-c|\}\leqslant 5$.

   (1) $|a|\leqslant 5$, $|b|\leqslant 5$, $|c|\leqslant 5$

   (2) $a+b+c=15$

2. (2019年第4题) 设实数 a, b 满足 $ab=6$, $|a+b|+|a-b|=6$, 则 $a^2+b^2=(\quad)$

   (A) 10　　(B) 11　　(C) 12　　(D) 13　　(E) 14

3. (2009年第6题) 方程 $|x-|2x+1||=4$ 的根是(　　)

   (A) $x=-5$ 或 $x=1$　　　　(B) $x=5$ 或 $x=-1$

   (C) $x=3$ 或 $x=-\dfrac{5}{3}$　　　　(D) $x=-3$ 或 $x=\dfrac{5}{3}$

   (E) 不存在

4. (2011年第17题) 在一次英语考试中，某班的及格率为80%.

   (1) 男生及格率为70%，女生及格率为90%

   (2) 男生的平均分与女生的平均分相等

5. (2012年第6题) 甲、乙、丙三个地区的公务员参加一次测评，其人数和考分情况如表1-2：

表1-2

人数 分数	6	7	8	9
甲	10	10	10	10
乙	15	15	10	20
丙	10	10	15	15

则这三个地区按平均分由高到低的排名顺序为(　　)

(A) 乙，丙，甲　　　　(B) 乙，甲，丙

(C) 甲，丙，乙　　　　(D) 丙，甲，乙

(E) 丙，乙，甲

6. (2018年第2题) 为了解某公司员工的平均年龄，按男、女人数的比例进行了随机抽样，结果如表1-3：

表1-3

男员工年龄 （岁）	23	26	28	30	32	34	36	38	41
女员工年龄 （岁）	23	25	27	27	29	31			

根据表中数据估计，该公司男员工的平均年龄与全体员工的平均年龄分别是（单位：岁）（   ）

(A) 32，30　　(B) 32，29.5　　(C) 32，27　　(D) 30，27　　(E) 29.5，27

7.（2019年第8题）10名同学的语文和数学成绩如表1-4：

表1-4

| 语文成绩 | 90 | 92 | 94 | 88 | 86 | 95 | 87 | 89 | 91 | 93 |
| 数学成绩 | 94 | 88 | 96 | 93 | 90 | 85 | 84 | 80 | 82 | 98 |

语文和数学成绩的均值分别为 E_1 和 E_2，标准差分别为 σ_1 和 σ_2，则（   ）

(A) $E_1 > E_2$，$\sigma_1 > \sigma_2$.　　　　　　(B) $E_1 > E_2$，$\sigma_1 < \sigma_2$

(C) $E_1 > E_2$，$\sigma_1 = \sigma_2$　　　　　　(D) $E_1 < E_2$ $\sigma_1 > \sigma_2$

(E) $E_1 < E_2$，$\sigma_1 < \sigma_2$

8.（2019年第23题）某校理学院五个系每年的录取人数如表1-5：

表1-5

系别	数学系	物理系	化学系	生物系	地学系
录取人数	60	120	90	60	30

今年与去年相比，物理系的录取平均分没变，则理学院的录取平均分升高了.

(1) 数学系的录取平均分升高了3分，生物系的录取平均分降低了2分

(2) 化学系的录取平均分升高了1分，地学系的录取平均分降低了4分

9.（2014年第22题）已知 $M = \{a, b, c, d, e\}$ 是一个整数集合，则能确定集合 M.

(1) a, b, c, d, e 的平均值为10

(2) a, b, c, d, e 的方差为2

10.（2015年第6题）在某次考试中，甲，乙，丙三个班的平均成绩分别为80，81和81.5，三个班的学生得分之和为6 952，三个班共有学生（   ）

(A) 85　　(B) 86　　(C) 87　　(D) 88　　(E) 90

11.（2017年第14题）在1到100之间，能被9整除的整数的平均值是（   ）

(A) 27　　(B) 36　　(C) 45　　(D) 54　　(E) 63

12.（2020年第24题）设 a, b 是正实数，则 $\frac{1}{a} + \frac{1}{b}$ 存在最小值.

(1) 已知 ab 的值

(2) 已知 a, b 是方程 $x^2 - (a+b)x + 2 = 0$ 的不同实根

13.（2016年第23题）设 x, y 是实数，则可以确定 $x^3 + y^3$ 的最小值.

(1) $xy = 1$

(2) $x + y = 2$

14.（2019年第2题）设函数 $f(x) = 2x + \frac{a}{x^2}$ $(a > 0)$ 在 $(0, +\infty)$ 内的最小值为 $f(x_0) = 12$，则 $x_0 = $（   ）

(A) 5　　(B) 4　　(C) 3　　(D) 2　　(E) 1

15. （2016 年第 16 题）已知某公司的男员工的平均年龄和女员工的平均年龄，则能确定该公司员工的平均年龄．
    （1）已知该公司员工的人数
    （2）已知该公司男女员工的人数之比

16. （2009 年第 3 题）某工厂定期购买一种原料．已知该厂每天需用该原料 6 吨，每吨价格为 1 800 元，原料保管等费用平均每吨 3 元，每次购买原料需支付运费 900 元，若该厂要使平均每天支付的总费用最省，则应该每(　　)天购买一次原料
    (A) 11　　　　　(B) 10　　　　　(C) 9　　　　　(D) 8　　　　　(E) 7

第四部分　参考答案

经典母题参考答案

1. **分析**　解法一：$\dfrac{a}{|a|}=1(a>0)$，或 $=-1(a<0)$，由已知条件可知 a，b，c 两正一负，不妨设 $a>0$，$b>0$，$c<0 \Rightarrow \dfrac{bc}{ab} \times \dfrac{ac}{-bc} \times \dfrac{ab}{-ac}=1$，选 A．

   解法二：利用特值法．取 $a=1$，$b=1$，$c=-1$，则有 $\dfrac{bc}{|ab|} \times \dfrac{ac}{|bc|} \times \dfrac{ab}{|ac|}=1$，故选 A．

2. **分析**　由 $3p+7q=41$，且奇数＋偶数＝奇数，得 p，q 中有且仅有一个为偶数，$p=2$，$q=5$，或 $p=9$，$q=2$（舍去），则 $\bar{x}=6$，故选 A．

3. **分析**　利用方差的公式可求得甲的方差为 6，乙的方差为 2，丙的方差为 $\dfrac{14}{3}$，选 B．

历年真题参考答案

1. **【答案】** A
   【考点】 绝对值的几何意义
   【解析】 条件（1）：如图 1-1，a，b，c 的位置如图上所示．
   根据图可知至少有两个字母在 $[-5,0]$ 或 $[0,5]$ 之间，所以充分；
   条件（2）：取 $a=15$，$b=5$，$c=-5$，明显不充分．

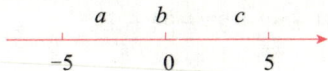

图 1-1

2. **【答案】** D
   【考点】 绝对值问题
   【解析】
   解法一：取 $a=3$，$b=2$，代入可得 $a^2+b^2=13$．
   解法二：$|a+b|+|a-b|=6 \Rightarrow (|a+b|+|a-b|)^2=6^2 \Rightarrow 2a^2+2b^2+2|a^2-b^2|=36$．
   若 $a^2 \geqslant b^2 \Rightarrow a^2=9$，$b^2=4$，所以 $a^2+b^2=13$．

3.【答案】C

【考点】绝对值方程

【解析】解法一：

当 $x \geqslant -\frac{1}{2}$ 时，有 $|x-|2x+1||=|x-(2x+1)|=|-x-1|=x+1=4 \Rightarrow x=3$；

当 $x \leqslant -\frac{1}{2}$ 时，有 $|x-|2x+1||=|x+(2x+1)|=|3x+1|=-3x-1=4 \Rightarrow x=-\frac{5}{3}$.

解法二：代入选项验证，当代入 $x=3$ 时，满足，直接可以选择该选项.

4.【答案】E

【考点】平均值问题

【解析】条件（1）、（2）单独都不充分，又因为及格率和男女的人数有关，与男女的平均分无关，无法联合.

5.【答案】E

【考点】平均值问题

【解析】

$$\bar{x}_甲=\frac{6\times10+7\times10+8\times10+9\times10}{40}=7.5$$

$$\bar{x}_乙=\frac{6\times15+7\times15+8\times10+9\times20}{60}\approx7.58$$

$$\bar{x}_丙=\frac{6\times10+7\times10+8\times15+9\times15}{50}=7.7$$

可得：$\bar{x}_丙>\bar{x}_乙>\bar{x}_甲$.

6.【答案】A

【考点】平均值问题

【解析】男员工平均年龄为：$\frac{23+26+28+30+32+34+36+38+41}{9}=32$ 岁，

全体员工的平均年龄：$\frac{32\times9+23+25+27+27+29+31}{15}=30$ 岁.

7.【答案】B

【考点】平均值和标准差

【解析】

$$E_1=\frac{86+87+88+89+90+91+92+93+94+95}{10}=90.5$$

$$E_2=\frac{80+82+84+85+88+90+93+94+96+98}{10}=89$$

所以 $E_1>E_2$，由于语文的成绩更接近于平均分，较为稳定，数学的成绩更偏离于平均分，不太稳定，所以 $\sigma_1<\sigma_2$.

8.【答案】C

【考点】平均分问题

【解析】条件（1）缺少化学系和地学系的量，所以不充分.

条件（2）缺少数学系和生物系的量，所以不充分.

现联立条件可得，总分中，物理系不变，数学系提高了180分，化学系提高了90分，生物系降低了120分，地学系降低了120分，总分提高了30分，因为平均分也提升了，充分．

9. 【答案】C

【考点】平均值和方差

【解析】易知条件（1）、（2）单独均不充分．

联合两个条件可知，由于这五个数均是整数且是一个集合，说明这五个元素均不相等，所以这五个数只能是8、9、10、11、12，充分．

10. 【答案】B

【考点】平均值

【解析】设三班学生共有 x 人，可得：

$\frac{6\,952}{81.5} < x < \frac{6\,952}{80} \Rightarrow 85.3 < x < 86.9 \Rightarrow x = 86$．

11. 【答案】D

【考点】平均值

【解析】$a_1 = 9$，$d = 9$，$n = 11$，$s_{11} = 11 \times 9 + \frac{11 \times 10}{2} \times 9 = 594$，则 $594 \div 11 = 54$．

12. 【答案】A

【解析】条件（1）：$\frac{1}{a} + \frac{1}{b} \geqslant 2\sqrt{\frac{1}{ab}}$

当 $a = b$ 时，存在最小值，充分．（若"存在"改为"能确定"，则不充分．）

条件（2）：由韦达定理：$ab = 2$．$\Delta = (a+b)^2 - 8 > 0$，$a \neq b$．

因为 $a \neq b$，不存在最小值（同上用均值不等式，不能取等号），不充分，故选A．

13. 【答案】B

【考点】均值不等式

【解析】条件（1）：$x^3 + y^3 = x^3 + \frac{1}{x^3}$，当 $x > 0$ 时，$x^3 + y^3 \geqslant 2$；当 $x < 0$ 时，$x^3 + y^3 \leqslant -2$；不充分；

条件（2）：$x^3 + y^3 = (x+y)(x^2 - xy + y^2) = 2|(x+y)^2 - 3xy| = 8 - 6xy$，又因为 $xy \leqslant \left(\frac{x+y}{2}\right)^2 = 1$，则 $x^3 + y^3 \geqslant 8 - 6 \times 1 = 2$，充分．

14. 【答案】B

【考点】均值不等式

【解析】$f(x) = 2x + \frac{a}{x^2} = x + x + \frac{a}{x^2} \geqslant 3\sqrt[3]{x \cdot x \cdot \frac{a}{x^2}} = 3\sqrt[3]{a}$，

即 $f(x_0) = 3\sqrt[3]{a} = 12 \Rightarrow a = 64$，当且仅当 $x_0 = x_0 = \frac{64}{x_0^2} \Rightarrow x_0 = 4$ 时取得最小值．

15. 【答案】B

【考点】加权平均数计算

【解析】设男员工的平均年龄和女员工的平均年龄分别为 a，b，人数分别为 x，y，

则平均年龄 $= \dfrac{ax+by}{x+y} = \dfrac{a\frac{x}{y}+b}{\frac{x}{y}+1}$

条件（1）：不知道男员工和女员工的人数，所以不充分；

条件（2）：已知 $\dfrac{x}{y}$，可求平均年龄.

16.【答案】B

【考点】均值不等式

【解析】设 x 天购买一次原料，平均每天费用为 y 元，则

$$y = \dfrac{1\,800 \times 6x + 3(6+6\times2+6\times3+\cdots+6\times x)+900}{x} = 1\,800\times6 + \dfrac{900}{x} + 9 + 9x$$

当 $\dfrac{900}{x} = 9x \Rightarrow x = 10$ 时，平均费用最小.

第三节　代数式

第一部分　知识要点

1. 常用六大公式

（1）平方差公式

$a^2-b^2=(a+b)(a-b).$

（2）完全平方公式

$(a\pm b)^2=a^2\pm 2ab+b^2.$

（3）和差的立方公式

$(a\pm b)^3=a^3\pm 3a^2b+3ab^2\pm b^3.$

（4）立方和差公式

$a^3-b^3=(a-b)(a^2+ab+b^2).$

$a^3+b^3=(a+b)(a^2-ab+b^2).$

（5）三个数的完全平方公式

$(a+b+c)^2=a^2+b^2+c^2+2ab+2bc+2ac.$

（6）配方公式

$$a^3+b^3+c^3-ab-ac-bc=\frac{1}{2}\left[(a-b)^2+(b-c)^2+(c-a)^2\right]$$

$$a^3+b^3+c^3-3abc=\frac{1}{2}(a+b+c)\left[(a-b)^2+(b-c)^2+(c-a)^2\right]$$

2. 整式及除法运算

整式：在有理式中没有除法运算或有除法运算，但除式中不含字母的式子叫作整式．整式包括单项式和多项式．整式的和、差、积仍是整式．

一元 n 次多项式：设 n 是一个非负整数，a_0，a_1，a_2，$\cdots$，a_n 都是实数，多项式 $a_nx^n+a_{n-1}x^{n-1}+\cdots+a_1x+a_0$ 被称为实系数多项式．若 $a_n\neq 0$，则称为一元 n 次实系数多项式，简称为 n 次多项式．我们用 $f(x)$，$g(x)$，$\cdots$代表多项式．例如：$f(x)=2x^3-x^2+1$ 是一个三次多项式，$g(x)=x^2+1$ 是一个二次多项式，$h(x)=6$ 是一个零次多项式（零次多项式就是只有常数项 $a_0\neq 0$ 的单项式）．

两个多项式 $f(x)=a_nx^n+a_{n-1}x^{n-1}+\cdots+a_1x+a_0$，$g(x)=b_mx^m+b_{m-1}x^{m-1}+\cdots+b_1x+b_0$ 的和、差、积仍是一个多项式，但两个多项式的商不一定是一个多项式．因此，整除就成了两个多项式之间的一种特殊关系．

整式的除法：若整式 $F(x)$ 除以整式 $f(x)$ 商式为 $g(x)$，余式为 $r(x)$，则有 $F(x)=$

$f(x)$ · $g(x)$ + $r(x)$.

当 $r(x)=0$ 时，$F(x)=f(x)$ · $g(x)$ 成立，此时则称整式 $F(x)$ 能被整式 $f(x)$ 整除.

若整式 $F(x)$ 除以 $x-a$ 的余式为 $r(x)$，则 $F(x)=(x-a)$ · $g(x)$ + $r(x)$，故 $r(a)$ = $F(a)$ 成立.

余式定理：用一次多项式 $x-a$ 去除多项式 $f(x)$，所得的余式是一个常数，这个常数值等于函数值 $f(a)$，即设 $f(x)=a_nx^n+a_{n-1}x^{n-1}+\cdots+a_1x+a_0$，则 $f(a)=a_na^n+a_{n-1}a^{n-1}+\cdots+a_1a+a_0$，得 $f(x)=q(x)(x-a)+f(a)$.

a 是 $f(x)$ 的根的充分必要条件是 $(x-a)$ | $f(x)$.

带余除法（综合除法）.举例如下：

$$
\begin{array}{r}
x+2 \\
x^2+2x-2 \overline{\big)x^3+4x^2+2x+3} \\
\underline{x^3+2x^2-2x} \\
2x^2+4x+3 \\
\underline{2x^2+4x-4} \\
7
\end{array}
$$

因式分解：把一个多项式表示成几个整式之积的形式，叫作多项式的因式分解.

【常用方法】

方法一：提取公因式.

方法二：求根法.若方程 $a_nx^n+a_{n-1}x^{n-1}+\cdots+a_1x+a_0=0$ 有 n 个根 x_1，x_2，$\cdots$，x_n，则多项式 $a_nx^n+a_{n-1}x^{n-1}+\cdots+a_1x+a_0=a_m(x-x_1)(x-x_2)$ · $\cdots$ · $(x-x_n)$.

方法三：二次三项式的十字相乘法.

方法四：待定系数法.

3. 乘方与开方

非零数的零次方幂都等于 1. $x^0=1(x\neq0)$.

任何数的 1 次方幂都等于它本身. $x^1=x$.

同底数幂相乘，底数不变，指数相加. x^a · $x^b=x^{a+b}$.

指数的乘方，底数不变，指数相乘. $(x^a)^b=x^{ab}$.

积的乘方等于乘方的积. $(xy)^a=x^ay^a$.

负指数幂等于正指数幂的倒数. $x^{-a}=\dfrac{1}{x^a}$.

$x^{\frac{m}{n}}=\sqrt[n]{x^m}\ (x\geq0)$

$\left(\dfrac{y}{x}\right)^n=\dfrac{y^n}{x^n}(x\neq0)$

$x^m\div x^n=x^{m-n}$.

$\sqrt{x^2}=|x|$

4. 二次根式

二次根式：一般地，形如 $\sqrt{a}\,(a\geq0)$ 的代数式叫作二次根式.根号下含有字母，且不能够开得尽方的式子称为无理式.

二次根式的非负性：$\sqrt{f(x)}$ 中必有 $f(x) \geqslant 0$ 且 $\sqrt{f(x)} \geqslant 0$.

共轭根式：形如 $a+c\sqrt{b}$，$a-c\sqrt{b}$ 的两个二次根式，叫作共轭根式.

若 a，b，c 是有理数，则共轭根式的和、积都是有理数；

若 a，b，c 是整数，则共轭根式的和、积都是整数.

共轭根式常用于分母（分子）有理化. 如 $\dfrac{1}{2-\sqrt{3}} = \dfrac{2+\sqrt{3}}{(2-\sqrt{3})(2+\sqrt{3})} = 2+\sqrt{3}$.

5. 指数函数与对数函数（表 1-6 和表 1-7）

指数函数：形如 $y=a^x(a>0,\ a\neq1)$ 的函数称为指数函数.

对数函数：形如 $y=\log_a x(a>0,\ a\neq1)$ 的函数称为对数函数. 它与 $y=a^x$ 互为反函数.

表 1-6　指数函数与对数函数的图像及性质

名称	指数	对数
表达式	$y=a^x(a>0,\ a\neq1)$	$y=\log_a x(a>0,\ a\neq1)$
图像		
性质	定义域：**R**；值域：$(0,+\infty)$ 恒过点 $(0,1)$ 当 $0<a<1$ 时，在定义域上单调递减 当 $a>1$ 时，在定义域上单调递增	定义域：$(0,+\infty)$；值域：**R** 恒过点 $(1,0)$ 当 $0<a<1$ 时，在定义域上单调递减 当 $a>1$ 时，在定义域上单调递增
关系	$y=a^x$ 与 $y=\log_a x$ 互为反函数，两者图像关于 $y=x$ 对称	

表 1-7　指数和对数运算公式

名称	指数	对数
定义	$a^x=N$	$\log_a N=x$
关系式	$a^x=N \Leftrightarrow \log_a N=x(a>0,\ a\neq1,\ N>0)$	
运算性质	(1) $a^m \cdot a^n=a^{m+n}$，$\dfrac{a^m}{a^n}=a^{m-n}$ (2) $(a^m)^n=(a^n)^m=a^{m\cdot n}$ (3) $(a\cdot b)^m=a^m\cdot a^n$，$\left(\dfrac{a}{b}\right)^m=\dfrac{a^m}{b^m}$ (4) $a^0=1$，$a^{-m}=\dfrac{1}{a^m}$ (5) $a^{\frac{1}{m}}=\sqrt[m]{a}$	(1) $\log_a 1=0$，$\log_a a=1$ (2) $\log_a M+\log_a N=\log_a(M\cdot N)$ (3) $\log_a M-\log_a N=\log_a \dfrac{M}{N}$ (4) $\log_a M^n=n\log_a M$ $\log_{a^m} b^n=\dfrac{n}{m}\log_a b$ (5) $\log_a M=\dfrac{\log_c M}{\log_c a}=\dfrac{\lg M}{\lg a}$ $\log_a b\cdot \log_b a=1$ (6) $a^{\log_a N}=N$ 经验公式：$a^{\lg b}=b^{\lg a}$

第二部分　经典母题

1. 计算 $(\pi^3)^{10} \cdot (\pi^{-5})^6 + \left(\dfrac{1}{4}\right)^{-\frac{1}{4}}$.

2. 写出 $\sqrt[p]{\left(\dfrac{1}{A^m}\right)^n}$ 的表达式.

3. 计算 $\sqrt{3\sqrt{3\sqrt{3}}} \cdot \sqrt{\sqrt{\sqrt{3}}}$.

4. 计算 $\dfrac{\sqrt[4]{\sqrt[3]{\sqrt{256}}}}{\sqrt[3]{2}}$.

5. 计算 $(0.125\log_a e)^{300}(8\ln a)^{300}$.

6. 计算 $\lg 49 - \lg 14 + \lg 4 - \lg \dfrac{7}{5}$.

7. 已知 $\log_3 2\,[\log_3(\log_4 x)] = 0$，求 x.

8. 计算 $\log_2 3 \cdot \log_3 4 \cdot \log_4 5 \cdot \cdots \cdot \log_{31} 32$.

9. 计算 $\log_8 81 \cdot \log_9 32$.

10. 计算 $7^{\log_4 3 \cdot \log_5 4 \cdot \log_6 5 \cdot \log_7 6}$.

11. 计算 $\left(\dfrac{1}{8}\right)^{-\frac{2}{3}} + \log_{\sqrt{2}} 0.25 - (\sqrt{3}\pi + \sqrt{2}e)^{\ln(\lg 3 \cdot \log_3 10)} + \dfrac{\lg^2 5 - \lg^2 2}{\lg 20 - \lg 8}$.

12. 已知 $x = 2\,019m+1$，$y = 2\,019m+2$，$t = 2\,019m-1$，则 $x^2+y^2+t^2-xy-yt-xt = ($ 　　$)$

　　(A) m 不确定，无法求　　　　(B) 6　　　　　　　　　　(C) 7

　　(D) 12　　　　　　　　　　　(E) 24

13. x，y，z 是不完全相等的任意实数，且 $a = x^2 - yz$，$b = y^2 - xz$，$c = z^2 - xy$，则 a，b，c (　　)

　　(A) 都大于 0　　　　　　　　(B) 至少有一个大于 0　　　　(C) 至少有一个小于 0

　　(D) 都小于 0　　　　　　　　(E) 不确定

14. a，b，c，$d \in \mathbf{R}$，则 $(ac-bd)^2 + (ad+bc)^2 = 1$.

　　(1) $a^2 + b^2 = 1$

　　(2) $c^2 + d^2 = 1$

15. 已知 $x^2 - 1 = 3x$，则 $3x^3 - 11x^2 + 3x - 5$ 的值为(　　)

　　(A) 0　　　　(B) 2　　　　(C) -7　　　　(D) 7　　　　(E) -2

16. 实数 x，y，z 满足 $|x^2 + 4xy + 5y^2| + \sqrt{z+\dfrac{1}{2}} = -2y-1$，则 $(4x-10y)^z = ($ 　　$)$

　　(A) $\dfrac{\sqrt{6}}{2}$　　　(B) $-\dfrac{\sqrt{6}}{2}$　　　(C) $\dfrac{\sqrt{2}}{6}$　　　(D) $-\dfrac{\sqrt{2}}{6}$　　　(E) $\dfrac{\sqrt{6}}{6}$

17. $A = x^2 - 2y + \dfrac{\pi}{2}$，$B = y^2 - 2z + \dfrac{\pi}{3}$，$C = z^2 - 2x + \dfrac{\pi}{6}$（$x$，$y$，$z \in \mathbf{R}$），则 A，B，C (　　)

　　(A) 都为正数　　　　　　　　(B) 都为负数　　　　　　　　(C) 至少有一个为正

　　(D) 至少有一个为负　　　　　(E) 都有可能

18. a，b，$c \in \mathbf{R}$，则 $a = b = c$.

　(1) $a^3 + b^3 + c^3 = 3abc$

　(2) $(a+b+c)^2 = 3(a^2+b^2+c^2)$

第三部分　历年真题

1. (2011 年第 2 题) 若实数 a、b、c 满足 $|a-3| + \sqrt{3b+5} + (5c-4)^2 = 0$，则 $abc = ($　　$)$

　(A) -4　　(B) $-\dfrac{5}{3}$　　(C) $-\dfrac{4}{3}$　　(D) $\dfrac{4}{5}$　　(E) 3

2. (2012 年第 12 题) 若 $x^3 + x^2 + ax + b$ 能被 $x^2 - 3x + 2$ 整除，则 ($　　$)

　(A) $a=4$，$b=4$　　　　(B) $a=-4$，$b=-4$　　　　(C) $a=10$，$b=-8$

　(D) $a=-10$，$b=8$　　　(E) $a=-2$，$b=0$

3. (2020 年第 6 题) 已知实数 x 满足 $x^2 + \dfrac{1}{x^2} - 3x - \dfrac{3}{x} + 2 = 0$，则 $x^3 + \dfrac{1}{x^3} = ($　　$)$

　(A) 12　　(B) 15　　(C) 18　　(D) 24　　(E) 27

4. (2010 年第 7 题) 多项式 $x^3 + ax^2 + bx$ 的两个因式是 $x-1$ 和 $x-2$，则第三个是 ($　　$)

　(A) $x-6$　　(B) $x-3$　　(C) $x+1$　　(D) $x+2$　　(E) $x+3$

5. (2018 年第 5 题) 设实数 a，b 满足 $|a-b|=2$，$|a^3-b^3|=26$，则 $a^2+b^2=($　　$)$

　(A) 30　　(B) 22　　(C) 15　　(D) 13　　(E) 10

6. (2009 年第 15 题) 已知实数 a、b、x、y 满足 $y + |\sqrt{x} - \sqrt{2}| = 1 - a^2$ 和 $|x-2| = y - 1 - b^2$，则 $3^{x+y} + 3^{a+b} = ($　　$)$

　(A) 25　　(B) 26　　(C) 27　　(D) 28　　(E) 29

7. (2015 年第 22 题) $M = (a_1 + a_2 + \cdots + a_{n-1})(a_1 + a_2 + \cdots + a_n)$，$N = (a_1 + a_2 + \cdots + a_n)(a_2 + a_3 + \cdots + a_{n-1})$，则 $M > N$.

　(1) $a_1 > 0$

　(2) $a_1 a_n > 0$

8. (2014 年第 17 题) 设 x 是非零实数，则 $x^3 + \dfrac{1}{x^3} = 18$.

　(1) $x + \dfrac{1}{x} = 3$

　(2) $x^2 + \dfrac{1}{x^2} = 7$

第四部分　参考答案

经典母题参考答案

1. 分析 $(\pi^3)^{10} \cdot (\pi^{-5})^6 + \left(\dfrac{1}{4}\right)^{-\frac{1}{4}} = \pi^0 + (2^{-2})^{-\frac{1}{4}} = 1 + \sqrt{2}.$

2. 分析 $\sqrt[p]{\left(\dfrac{1}{A^m}\right)^n} = A^{-\frac{mn}{p}}$.

3. 分析 $\sqrt{3\sqrt{3\sqrt[3]{3}}} \cdot \sqrt{\sqrt{\sqrt{3}}} = 3^{\frac{1}{2}+\frac{1}{4}+\frac{1}{8}+\frac{1}{8}} = 3$.

4. 分析 $\dfrac{\sqrt[4]{\sqrt[3]{\sqrt{256}}}}{\sqrt[3]{2}} = \dfrac{(2^8)^{\frac{1}{4} \times \frac{1}{3} \times \frac{1}{2}}}{2^{\frac{1}{3}}} = 1$.

5. 分析 $(0.125\log_a e)^{300}(8\ln a)^{300} = (0.125\log_a e \times 8\ln a)^{300} = 1$.

6. 分析 $\lg 49 - \lg 14 + \lg 4 - \lg\dfrac{7}{5} = \lg\dfrac{49 \times 4}{14 \times \frac{7}{5}} = \lg 10 = 1$.

7. 分析 根据题意可知 $\log_4 x = 3 \Rightarrow x = 4^3 = 64$.

8. 分析 $\log_2 3 \cdot \log_3 4 \cdot \log_4 5 \cdots \log_{31} 32 = \log_2 32 = 5$.

9. 分析 $\log_8 81 \cdot \log_9 32 = \dfrac{4}{3}\log_2 3 \times \dfrac{5}{2}\log_3 2 = \dfrac{10}{3}$.

10. 分析 $7^{\log_4 3 \cdot \log_5 4 \cdot \log_6 5 \cdot \log_7 6} = 7^{\log_7 3} = 3$.

11. 分析 $\left(\dfrac{1}{8}\right)^{-\frac{2}{3}} + \log_{\sqrt{2}} 0.25 - (\sqrt{3}\pi + \sqrt{2}e)^{\ln(\lg 3 \cdot \log_3 10)} + \dfrac{\lg^2 5 - \lg^2 2}{\lg 20 - \lg 8}$

$= (2^{-3})^{-\frac{2}{3}} + \log_{\sqrt{2}} 2^{-2} - 1 + \dfrac{(\lg 5 + \lg 2)(\lg 5 - \lg 2)}{\lg\frac{20}{8}} = 4 - 4 - 1 + 1 = 0$

12. 分析 根据经验公式得：$x^2 + y^2 + t^2 - xy - yt - xt = \dfrac{1}{2}\left[(x-y)^2 + (t-y)^2 + (x-t)^2\right]$

$= \dfrac{1}{2}\left[(1-2)^2 + (2+1)^2 + (1+1)^2\right] = 7$，选 C.

13. 分析 利用经验公式法. $a+b+c = \dfrac{1}{2}\left[(x-y)^2 + (y-z)^2 + (z-x)^2\right] > 0$，三个数的和大于 0，因此至少有一个数大于 0，故选 B.

14. 分析 $(ac-bd)^2 + (ad+bc)^2 = a^2c^2 + b^2d^2 - 2acbd + a^2d^2 + b^2c^2 + 2adbc$
$= a^2c^2 + b^2d^2 + a^2d^2 + b^2c^2 = a^2(c^2+d^2) + b^2(d^2+c^2) = (a^2+b^2)(c^2+d^2)$.
显然条件（1）、（2）单独不充分，联立有 $(a^2+b^2)(c^2+d^2) = 1$，即有 $(ac-bd)^2 + (ad+bc)^2 = 1$，则联立充分，故选 C.

15. 分析 解法一：利用综合除法. 由题意知 $x^2 - 3x - 1 = 0$，由

$$
\begin{array}{r}
3x-2 \\
x^2-3x-1\,\overline{)\,3x^3-11x^2+3x-5} \\
\underline{3x^3-9x^2-3x} \\
-2x^2+6x-5 \\
\underline{-2x^2+6x+2} \\
-7
\end{array}
$$

则 $3x^3 - 11x^2 + 3x - 5 = (x^2-3x-1)(3x-2) - 7 = 0 \cdot (3x-2) - 7 = -7$，故选 C.
解法二：降次转化，$3x^3 - 11x^2 + 3x - 5 = 3x(x^2-3x-1) + 9x^2 + 3x - 11x^2 + 3x - 5 = 3x(x^2-3x-1) - 2x^2 + 6x - 5 = 3x(x^2-3x-1) - 2(x^2-3x-1) - 7$，又 $x^2-3x-1 = 0$，故所求式的值为 -7，故选 C.

16. 分析　$|x^2+4xy+5y^2|+\sqrt{z+\dfrac{1}{2}}=-2y-1\Rightarrow|x^2+4xy+4y^2|+\sqrt{z+\dfrac{1}{2}}+y^2+$

$2y+1=0\Rightarrow(x+2y)^2+(y+1)^2+\sqrt{z+\dfrac{1}{2}}=0$，根据平方、根式的非负性得到

$\begin{cases}x+2y=0\\y+1=0\\z+\dfrac{1}{2}=0\end{cases}$，则 $x=2$，$y=-1$，$z=-\dfrac{1}{2}$，故 $(4x-10y)^z=\dfrac{\sqrt{2}}{6}$，选 C．

17. 分析　$A+B+C=(x-1)^2+(y-1)^2+(z-1)^2+\pi-3>0$，故至少有一个为正，选 C．

18. 分析　由条件（1）$a^3+b^3+c^3-3abc=0\Rightarrow$

$(a+b+c)(a^2+b^2+c^2-ab-bc-ac)=0\Rightarrow$

$(a+b+c)=0$ 或 $(a^2+b^2+c^2-ab-bc-ac)=0$

$\therefore$ 条件（1）不充分．

由条件（2）$a^2+b^2+c^2+2ab+2ac+2bc=3(a^2+b^2+c^2)\Rightarrow$

$a^2+b^2+c^2=ab+bc+ac\Rightarrow a=b=a$

$\therefore$ 由条件（2）充分，选 B．

<h1 style="text-align:center">历年真题参考答案</h1>

1.【答案】 A

【考点】 非负性

【解析】 $|a-3|\geqslant0$，$\sqrt{3b+5}\geqslant0$，$(5c-4)^2\geqslant0$，由非负性可得，$a=3$，$b=-\dfrac{5}{3}$，$c=$

$\dfrac{4}{5}\Rightarrow abc=3\times\left(-\dfrac{5}{3}\right)\times\dfrac{4}{5}=-4$

2.【答案】 D

【考点】 整式除法

【解析】 解法一：长除法

$$
\begin{array}{r}
x+4 \\
x^2-3x+2\overline{\smash{\big)}\ x^3+x^2+ax+b} \\
\underline{x^3-3x^2+2x} \\
4x^2+(a-2)x+b \\
\underline{4x^2-12x+8} \\
(a+10)x+b-8
\end{array}
$$

$\begin{cases}a+10=0\\b-8=0\end{cases}\Rightarrow\begin{cases}a=-10\\b=8\end{cases}$

解法二：余式定理

$x^3+x^2+ax+b=g(x)\times(x^2-3x+2)=g(x)\times(x-1)(x-2)$，则

$\begin{cases}1+1+a+b=0\\8+4+2a+b=0\end{cases}\Rightarrow\begin{cases}a=-10\\b=8\end{cases}$

3.【答案】 C

【考点】 思维解题法

【解析】$x^2 + \dfrac{1}{x^2} - 3x - \dfrac{3}{x} + 2 = \left(x + \dfrac{1}{x}\right)^2 - 3\left(x + \dfrac{1}{x}\right) = 0$

$x + \dfrac{1}{x} = 3$ 或 $x + \dfrac{1}{x} = 0$（舍去）

$x + \dfrac{1}{x} = 3 \Rightarrow x^2 + \dfrac{1}{x^2} = 7 \Rightarrow x^3 + \dfrac{1}{x^3} = \left(x + \dfrac{1}{x}\right)\left(x^2 - 1 + \dfrac{1}{x^2}\right) = 3 \times 6 = 18$

4.【答案】B

【考点】整式运算

【解析】多项式 $x^3 + ax + bx - 6$ 的两个因式是 $x - 1$，$x - 2$，发觉 x 的次数是 3 次的，所以第三个因式必含 x，又因为常数项是 -6，$-6 = (-1) \times (-2) \times (-3)$，所以第三个因式必含 -3，则第三个因式为 $x - 3$.

5.【答案】E

【考点】代数式计算

【解析】解法一：$|a^3 - b^3| = |(a - b)(a^2 + ab + b^2)| = |2(a^2 + ab + b^2)| = 26$，

$\therefore |a^2 + ab + b^2| = \left|\left(a + \dfrac{b}{2}\right)^2 + \dfrac{3b^2}{4}\right| = \left(a + \dfrac{b}{2}\right)^2 + \dfrac{3b^2}{4} = 13$①

$|a - b| = 2$，$(a - b)^2 = 4$

$\therefore a^2 - 2ab + b^2 = 16$②

由①②可得 $a^2 + b^2 = 10$.

解法二：取 $a = 3$，$b = 1$，则 $a^2 + b^2 = 10$

6.【答案】D

【考点】非负性

【解析】解法一：两式相加得

$|\sqrt{x} - \sqrt{2}| + |x - 2| + a^2 + b^2 = 0 \Rightarrow \begin{cases} x = 2 \\ a = 0 \text{，则 } y = 1 \text{，即所求为 } 3^3 + 3^0 = 28 \\ b = 0 \end{cases}$

解法二：观察选项可知，只有 $28 = 3^3 + 3^0$，所以答案选择 D.

7.【答案】B

【考点】符号表达式整体代入化简

【解析】题干：设 $a_2 + a_3 + \cdots + a_{n-1} = p$，则 $M = (a_1 + p)(p + a_n)$，$N = (a_1 + p + a_n)p$，

$M - N > 0 \Rightarrow M - N = a_1 a_n > 0$

8.【答案】A

【考点】乘法公式

【解析】题干 $x^3 + \dfrac{1}{x^3} = \left(x + \dfrac{1}{x}\right)\left(x^2 - 1 + \dfrac{1}{x^2}\right)$

条件（1）：由 $x + \dfrac{1}{x} = 3 \Rightarrow \left(x + \dfrac{1}{x}\right)^2 = 9 \Rightarrow x^2 + \dfrac{1}{x^2} = 7$，则可得 $x^3 + \dfrac{1}{x^3} = 3 \times (7 - 1) = 18$，条件充分；

条件（2）：由 $x^2 + \dfrac{1}{x^2} = 7 \Rightarrow \left(x + \dfrac{1}{x}\right)^2 = 9 \Rightarrow x + \dfrac{1}{x} = \pm 3$，则可得 $x^3 + \dfrac{1}{x^3} = \pm 18$，条件不充分.

第四节　分　式

第一部分　知识要点

1. 分式的概念

用 A，B 表示两个整式，$A \div B$ 就可以表示成 $\dfrac{A}{B}$ 的形式. 如果 B 中含有字母，则称 $\dfrac{A}{B}$ 为分式，其中 A 叫作分式的分子，B 叫作分式的分母.

2. 分式的运算（表 1-8）

表 1-8

分式运算	加法法则	同分母：同分母的分式相加减，把分式的分子相加减，分母不变
		异分母：异分母的分式相加减，先通分变成同分母的分式，然后再加减
	乘法法则	分式乘以分式：用分子的积作积的分子，分母的积作积的分母
	除法法则	分式除以分式：把除式的分子、分母颠倒位置后，与被除式相乘
	乘方法则	分式的乘方：把分式的分子和分母各自乘方

【注意】

(1) 分式有意义的条件：分母不等于零.

(2) 分式无意义的条件：分母等于零.

(3) 分式的值等于零的条件：分子等于零且分母不等于零.

3. 分式的性质

(1) 分式的分子与分母都乘以（或除以）同一个不为零的整式，分式的值不变.

(2) 分子、分母与分式本身的正负符号，改变其中任何两个，分式的值不变.

4. 常用公式

(1) $1+2+3+\cdots+n=\dfrac{1}{2}n(n+1)$

$1^2+2^2+3^2+\cdots+n^2=\dfrac{1}{6}n(n+1)(2n+1)$

$1^3+2^3+3^3+\cdots+n^3=\dfrac{1}{4}n^2(n+1)^2=(1+2+3+\cdots+n)^2$

(2) $\dfrac{1}{x(x+1)}=\dfrac{1}{x}-\dfrac{1}{x+1}$

$$\frac{1}{x(x+k)}=\frac{1}{k}\left(\frac{1}{x}-\frac{1}{x+k}\right)$$

$$\frac{1}{1\times2}+\frac{1}{2\times3}+\cdots+\frac{1}{n\times(n+1)}=1-\frac{1}{n+1}=\frac{n}{n+1}$$

(3) $\dfrac{1}{\sqrt{x+1}\pm\sqrt{x}}=\sqrt{x+1}\mp\sqrt{x}$（分母有理化）

$$\frac{1}{\sqrt{x+k}\pm\sqrt{x}}=\frac{1}{k}\left(\sqrt{x+k}\mp\sqrt{x}\right)$$

第二部分　经典母题

1. 计算 $\dfrac{1}{1\times2}+\dfrac{1}{2\times3}+\dfrac{1}{3\times4}+\cdots+\dfrac{1}{99\times100}.$

2. 计算 $1\,000\left(\dfrac{1}{2\times1}+\dfrac{1}{3\times2}+\cdots+\dfrac{1}{1\,000\times999}\right).$

3. 已知 $x^2-3x+1=0.$

   求：(1) $x+\dfrac{1}{x}$　　(2) $x^2+\dfrac{1}{x^2}$　　(3) $x^3+\dfrac{1}{x^3}$　　(4) $x^4+\dfrac{1}{x^4}$　　(5) $x^5+\dfrac{1}{x^5}$

   　　(6) $x^6+\dfrac{1}{x^6}$　　(7) $x^7+\dfrac{1}{x^7}$　　(8) $x^8+\dfrac{1}{x^8}$

4. 计算 $\dfrac{1}{\sqrt{2}+1}+\dfrac{1}{\sqrt{3}+\sqrt{2}}+\dfrac{1}{2+\sqrt{3}}+\cdots+\dfrac{1}{\sqrt{n+1}+\sqrt{n}}.$

5. $x=\left(\dfrac{1}{1+\sqrt{2}}+\dfrac{1}{\sqrt{2}+\sqrt{3}}+\cdots+\dfrac{1}{\sqrt{2\,020}+\sqrt{2\,021}}\right)(1+\sqrt{2\,021})=(\quad)$

   (A) 2 017　　　(B) 2 018　　　(C) 2 019　　　(D) 2 020　　　(E) 2 021

6. $\dfrac{1}{1+\sqrt{2}}+\dfrac{1}{\sqrt{2}+\sqrt{3}}+\dfrac{1}{\sqrt{3}+2}+\cdots+\dfrac{1}{\sqrt{2\,017^2-1}+2\,017}=(\quad)$

   (A) 2 015　　　(B) 2 016　　　(C) 2 017　　　(D) 2 018　　　(E) 无法确定

7. (2013 年第 5 题) 已知 $f(x)=\dfrac{1}{(x+1)(x+2)}+\dfrac{1}{(x+2)(x+3)}+\cdots+\dfrac{1}{(x+9)(x+10)}$，则 $f(8)=(\quad)$

   (A) $\dfrac{1}{9}$　　　(B) $\dfrac{1}{10}$　　　(C) $\dfrac{1}{16}$　　　(D) $\dfrac{1}{17}$　　　(E) $\dfrac{1}{18}$

第三部分　历年真题

1. (2015 年第 17 题) 已知 p，q 为非零实数，则能确定 $\dfrac{p}{q(p-1)}$ 的值.

   (1) $p+q=1$

   (2) $\dfrac{1}{p}+\dfrac{1}{q}=1$

2. (2009 年第 19 题) 对于使 $\dfrac{ax+7}{bx+11}$ 有意义的一切的 x 值，这个分式为一个定值.

(1) $7a-11b=0$

(2) $11a-7b=0$

3. (2011 年第 15 题) 已知 $x^2+y^2=9$，$xy=4$，则 $\dfrac{x+y}{x^3+y^3+x+y}=$（　　）

(A) $\dfrac{1}{2}$　　　　(B) $\dfrac{1}{5}$　　　　(C) $\dfrac{1}{6}$　　　　(D) $\dfrac{1}{13}$　　　　(E) $\dfrac{1}{14}$

第四部分　参考答案

经典母题参考答案

1. 分析 $\dfrac{1}{1\times 2}+\dfrac{1}{2\times 3}+\dfrac{1}{3\times 4}+\cdots+\dfrac{1}{99\times 100}=1-\dfrac{1}{2}+\dfrac{1}{2}-\dfrac{1}{3}+\cdots+\dfrac{1}{99}-\dfrac{1}{100}=1-\dfrac{1}{100}$

$=\dfrac{99}{100}$

2. 分析 由经验公式得

$1\,000\left(\dfrac{1}{2\times 1}+\dfrac{1}{3\times 2}+\cdots+\dfrac{1}{1\,000\times 999}\right)=1\,000\cdot\left(1-\dfrac{1}{2}+\dfrac{1}{2}-\dfrac{1}{3}+\cdots+\dfrac{1}{999}-\dfrac{1}{1\,000}\right)=$

$1\,000\times\left(1-\dfrac{1}{1\,000}\right)=999$

3. 分析 分三类

第一类　(1) $x-3+\dfrac{1}{x}=0$，故 $x+\dfrac{1}{x}=3$.

(2) $\left(x+\dfrac{1}{x}\right)^2=3^2$，故 $x^2+2+\dfrac{1}{x^2}=9$，即 $x^2+\dfrac{1}{x^2}=7$.

(4) $\left(x^2+\dfrac{1}{x^2}\right)^2=7^2$，故 $x^4+2+\dfrac{1}{x^4}=49$，即 $x^4+\dfrac{1}{x^4}=47$

(8) $\left(x^4+\dfrac{1}{x^4}\right)^2=47^2$，故 $x^8+2+\dfrac{1}{x^8}=47^2$，即 $x^8+\dfrac{1}{x^8}=2\,207$

第二类　(3) $x^3+\dfrac{1}{x^3}=\left(x+\dfrac{1}{x}\right)\left(x^2-x\cdot\dfrac{1}{x}+\dfrac{1}{x^2}\right)=\left(x+\dfrac{1}{x}\right)\left(x^2-1+\dfrac{1}{x^2}\right)$

$=3\times(7-1)=18$

(6) $\left(x^3+\dfrac{1}{x^3}\right)^2=18^2$，故 $x^6+2+\dfrac{1}{x^6}=324$，即 $x^6+\dfrac{1}{x^6}=322$

第三类　(5) $\left(x^2+\dfrac{1}{x^2}\right)\left(x^3+\dfrac{1}{x^3}\right)=\left(x^5+\dfrac{1}{x^5}\right)+\left(x+\dfrac{1}{x}\right)$

故 $x^5+\dfrac{1}{x^5}=\left(x^2+\dfrac{1}{x^2}\right)\left(x^3+\dfrac{1}{x^3}\right)-\left(x+\dfrac{1}{x}\right)=7\times 18-3=123$

或 $\left(x+\dfrac{1}{x}\right)\left(x^4+\dfrac{1}{x^4}\right)=\left(x^5+\dfrac{1}{x^5}\right)+\left(x^3+\dfrac{1}{x^3}\right)$

故 $x^5+\dfrac{1}{x^5}=\left(x+\dfrac{1}{x}\right)\left(x^4+\dfrac{1}{x^4}\right)-\left(x^3+\dfrac{1}{x^3}\right)=3\times 47-18=123$

(7) $\left(x+\dfrac{1}{x}\right)\left(x^6+\dfrac{1}{x^6}\right)=\left(x^7+\dfrac{1}{x^7}\right)+\left(x^5+\dfrac{1}{x^5}\right)$

故 $x^7+\dfrac{1}{x^7}=\left(x+\dfrac{1}{x}\right)\left(x^6+\dfrac{1}{x^6}\right)-\left(x^5+\dfrac{1}{x^5}\right)=3\times322-123=843$

4. 分析 由经验公式得

$$\dfrac{1}{\sqrt{2}+1}+\dfrac{1}{\sqrt{3}+\sqrt{2}}+\dfrac{1}{2+\sqrt{3}}+\cdots+\dfrac{1}{\sqrt{n+1}+\sqrt{n}}$$

$$=\sqrt{2}-1+\sqrt{3}-\sqrt{2}+2-\sqrt{3}+\cdots+\sqrt{n+1}-\sqrt{n}=\sqrt{n+1}-1$$

5. 分析 解法一：利用经验公式法，根式型结果为尾减首，系数看分母根式下差值，因此结果为：$x=(\sqrt{2\,021}-1)(1+\sqrt{2\,021})=2\,020$

选 D.

解法二：分母有理化后有

$$\left[(\sqrt{2}-1)+(\sqrt{3}-\sqrt{2})+\cdots+(\sqrt{2\,021}-\sqrt{2\,020})\right](1+\sqrt{2\,021})$$

$$\Rightarrow x=(\sqrt{2\,021}-1)(1+\sqrt{2\,021})=2\,020$$

选 D.

6. 分析 解法一：利用经验公式法，根式为尾减首，因此结果为 $=2\,017-1=2\,016$，选 B.

解法二：根据 $\dfrac{1}{\sqrt{x}+\sqrt{x+1}}=\sqrt{x+1}-\sqrt{x}$

原式 $=(\sqrt{2}-1)+(\sqrt{3}-\sqrt{2})+\cdots+(2\,017-\sqrt{2\,017^2-1})=2\,017-1=2\,016$，选 B.

7. 分析 由裂项公式可得

$$f(x)=\dfrac{1}{(x+1)(x+2)}+\dfrac{1}{(x+2)(x+3)}+\cdots+\dfrac{1}{(x+9)(x+10)}=\dfrac{1}{x+1}-\dfrac{1}{x+10},$$

所以可得 $f(8)=\dfrac{1}{9}-\dfrac{1}{18}=\dfrac{1}{18}$，选 E.

历年真题参考答案

1.【答案】 B

【考点】 分式求值运算

【解析】 条件（1）：可知 $q=1-p$，$\dfrac{p}{q(p-1)}=\dfrac{p}{-(1-p)^2}$，不充分；

条件（2）：可知 $p+q=pq$，$\dfrac{p}{q(p-1)}=\dfrac{p}{pq-q}=\dfrac{p}{p+q-q}=1$，充分.

2.【答案】 B

【考点】 分式求值等比定理

【解析】 条件（1）：$7a-11b=0$，令 $a=11$，$b=7\Rightarrow\dfrac{ax+7}{bx+11}=\dfrac{11x+7}{7x+11}$，不为定值，不充分.

条件（2）：$a=\dfrac{7b}{11}$ 代入式子，可化简得 $\dfrac{ax+7}{bx+11}=\dfrac{7}{11}$，充分.

3.【答案】C

【考点】整式乘法

【解析】 $\dfrac{x+y}{x^3+y^3+x+y}=\dfrac{x+y}{(x+y)(x^2-xy+y^2)+x+y}=\dfrac{1}{x^2-xy+y^2+1}$，代入已知的

值，最后得到答案为 $\dfrac{1}{6}$.

第二章

应用题

第一节　比例销售问题

第一部分　知识要点

1. 比例定理

合比定理　$\dfrac{a}{b}=\dfrac{c}{d}\Leftrightarrow\dfrac{a+b}{b}=\dfrac{c+d}{d}$

分比定理　$\dfrac{a}{b}=\dfrac{c}{d}\Leftrightarrow\dfrac{a-b}{b}=\dfrac{c-d}{d}$

合分比定理　$\dfrac{a}{b}=\dfrac{c}{d}\Leftrightarrow\dfrac{a+b}{a-b}=\dfrac{c+d}{c-d}$

比例定理　$\dfrac{a}{b}=\dfrac{c}{d}=\dfrac{a+c}{b+d}=\dfrac{a-c}{b-d}(b\pm d\neq0)$

$\dfrac{a}{b}=\dfrac{c}{d}=\dfrac{e}{f}=\dfrac{a+c+e}{b+d+f}(b+d+f\neq0)$

2. 百分率

(1) $a(1+x\%)=A$，a 为原价，$x\%$ 为升幅，A 为新价.

(2) $b(1-x\%)=B$，b 为原价，$x\%$ 为降幅，B 为新价.

(3) 甲比乙大 $x\%\Leftrightarrow\dfrac{\text{甲}-\text{乙}}{\text{乙}}=x\%$，甲是乙的 $x\%\Leftrightarrow\text{甲}=x\%\text{乙}$.

3. 利润问题

利润＝售价－进价，利润率＝$\dfrac{\text{利润}}{\text{进价}}\times100\%=\dfrac{\text{售价}-\text{进价}}{\text{进价}}\times100\%$

利润＝利润率×进价，售价＝进价×（1＋利润率）

4. 比例问题

按比例分配的应用题，就是把一个数量按一定的比例进行分配的应用题. 解答这类应用题的关键是根据已知条件把已知数量与份数对应起来，把题中的比例转化成一个数的几分之几来计算；也可设参量"k"，化为整数比，求单个量份数，即求各个量的值.

$$某量的数量＝总数量×\frac{某量的份数}{总份数}$$

若各个量间的比为 $a:b:c$，则可设各个量的值分别为 ak，bk，ck，即有 $ak＋bk＋ck＝$ 总数量.

第二部分　经典母题

1. （2014 年第 1 题）某部门在一次联欢活动中共设了 26 个奖，奖品均价为 280 元，其中一等奖单价为 400 元，其他奖品均价为 270 元，则一等奖的个数为（　　）
   (A) 6　　　　　(B) 5　　　　　(C) 4　　　　　(D) 3　　　　　(E) 2

2. 一公司向银行借款 34 万元，欲按 $\frac{1}{2}:\frac{1}{3}:\frac{1}{9}$ 的比例分配给下属甲、乙、丙三个车间，则甲车间应得（　　）万元
   (A) 4　　　　　(B) 8　　　　　(C) 12　　　　　(D) 17　　　　　(E) 18

3. 某公司得到一笔贷款共 68 万元，用于下属三个工厂的改造，结果甲、乙、丙三个工厂按比例分别得到 36 万元、24 万元和 8 万元.
   (1) 甲、乙、丙三个工厂按 $\frac{1}{2}:\frac{1}{3}:\frac{1}{9}$ 的比例分配贷款
   (2) 甲、乙、丙三个工厂按 $9:6:2$ 的比例分配贷款

4. （2010 年第 1 题）电影开演时，影院内女士与男士的人数比例为 5：4，电影开演后无人入场．一小时后，女士有 20％离场，男士有 15％离场，则此时影院内女士与男士的比例为（　　）
   (A) 4：5　　　　(B) 1：1　　　　(C) 5：4　　　　(D) 20：17　　　　(E) 85：64

5. 某商店将某种品牌的电脑按进价提高 35％，然后打出"九折酬宾，外送 50 元车费"的广告，结果每台电脑获利 208 元，那么每台电脑的进价是（　　）元
   (A) 500　　　　(B) 650　　　　(C) 880　　　　(D) 1 000　　　　(E) 1 200

第三部分　历年真题

1. （2020 年第 1 题）某产品去年涨价 10％，今年涨价 20％，则该产品这两年涨价（　　）
   (A) 15％　　　　(B) 16％　　　　(C) 30％　　　　(D) 32％　　　　(E) 33％

2. （2015 年第 1 题）若实数 a，b，c 满足 $a:b:c＝1:2:5$，且 $a＋b＋c＝24$，则 $a^2＋b^2＋c^2＝$（　　）
   (A) 30　　　　(B) 90　　　　(C) 120　　　　(D) 240　　　　(E) 270

3. （2019 年第 3 题）某影城统计了一季度的观众人数，如图 2-1，则一季度的男士观众人数与女士观众人数之比为（　　）
   (A) 3：4　　　　(B) 5：6　　　　(C) 12：13　　　　(D) 13：12　　　　(E) 4：3

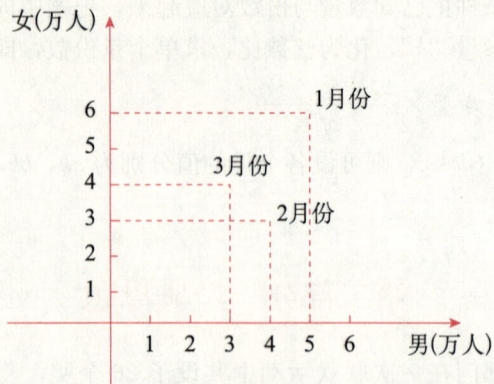

图 2-1

4. （2018年第1题）学校竞赛设一等奖、二等奖和三等奖，比例为 $1:3:8$，获奖率为 30%，已知10人获得一等奖，则参加竞赛的人数为（　　）

(A) 300　　　　(B) 400　　　　(C) 500　　　　(D) 550　　　　(E) 600

5. （2017年第20题）能确定某企业产值的月平均增长率.

(1) 已知一月份的产值

(2) 已知全年的总产值

6. （2020年第8题）某网店对单价为55元、75元、80元的三种商品进行促销，促销策略是每单满200元减 m 元，如果每单减 m 元后实际售价均不低于原价的8折，那么 m 的最大值为（　　）

(A) 40　　　　(B) 41　　　　(C) 43　　　　(D) 44　　　　(E) 48

7. （2015年第2题）某公司共有甲、乙两个部门，如果从甲部门调10人到乙部门，那么乙部门人数是甲部门的两倍；如果把乙部门的员工的 $\dfrac{1}{5}$ 调到甲部门，那么两个部门的人数相等.该公司的总人数为（　　）

(A) 150　　　　(B) 180　　　　(C) 200　　　　(D) 240　　　　(E) 250

8. （2017年第7题）某公司用1万元购买了价格分别是1 750元和950元的甲、乙两种办公室设备，则购买的甲、乙办公室设备的件数分别为（　　）

(A) 3，5　　　　(B) 5，3　　　　(C) 4，4　　　　(D) 2，6　　　　(E) 6，2

9. （2018年第24题）如果甲公司的年终奖总额增加 25%，乙公司的年终奖总额减少 10%，两者相等，则能确定两公司的员工人数之比.

(1) 甲公司的人均年终奖与乙公司相同

(2) 两公司的员工人数之比与两公司的年终奖总额之比相等

10. （2018年第22题）甲购买了若干件 A 玩具，乙购买了若干件 B 玩具送给幼儿园，甲比乙少花了100元，则能确定甲购买的玩具件数.

(1) 甲与乙共购买了50件玩具

(2) A 玩具的价格是 B 玩具的 2 倍

11. （2017年第1题）某品牌的电冰箱连续两次降价 10% 后的售价是降价前的（　　）

(A) 80%　　　　(B) 81%　　　　(C) 82%　　　　(D) 83%　　　　(E) 85%

12. (2017 年第 4 题) 张老师到一所中学进行招生咨询，上午接受了 45 名同学的咨询，其中的 9 位同学下午又咨询了张老师，占张老师下午咨询学生的 10%. 一天中向张老师咨询的学生人数为（ ）

    (A) 81 　　　(B) 90 　　　(C) 115 　　　(D) 126 　　　(E) 135

13. (2016 年第 1 题) 某家庭在一年总支出中，子女教育支出与生活资料支出的比为 3∶8，文化娱乐支出与子女教育支出的比为 1∶2. 已知文化娱乐支出占家庭总支出的 10.5%，则生活资料支出占家庭总支出的（ ）

    (A) 40% 　　　(B) 42% 　　　(C) 48% 　　　(D) 56% 　　　(E) 64%

14. (2009 年第 1 题) 一家商店为回收资金，把甲、乙两件商品以 480 元一件卖出，已知甲商品赚了 20%，乙商品亏了 20%，则商店盈亏结果为（ ）

    (A) 不亏不赚 　(B) 亏了 50 元 　(C) 赚了 50 元 　(D) 赚了 40 元 　(E) 亏了 40 元

15. (2010 年第 2 题) 某商品成本价为 240 元，按标价 8 折卖出，利润为 15%，则标价为（ ）

    (A) 276 元 　　(B) 331 元 　　(C) 345 元 　　(D) 360 元 　　(E) 400 元

16. (2013 年第 22 题) 已知 x、y、z 是非零实数，则 $\dfrac{2x+3y-4z}{-x+y-2z}=1$.

    (1) $3x-2y=0$
    (2) $2y-z=0$

17. (2017 年第 16 题) 某人需要处理若干份文件，第 1 个小时处理了全部文件的 $\dfrac{1}{5}$，第二个小时处理了剩余文件的 $\dfrac{1}{4}$，则此人需要处理的文件数为 25 份.

    (1) 前两个小时处理了 10 份文件
    (2) 第二个小时处理了 5 份文件

18. (2012 年第 23 题) 已知三种水果的平均价格为 10 元/千克，则每种水果的价格均不超过 18 元/千克.

    (1) 三种水果中价格最低的为 6 元/千克
    (2) 购买重量分别是 1 千克、1 千克和 2 千克的三种水果共用了 46 元

19. (2009 年第 2 题) 某国参加北京奥运会的男女运动员比例原为 19∶12，由于先增加若干名女运动员，使男女运动员比例变为 20∶13，后又增加了若干名男运动员，于是男女运动员比例最终变为 30∶19，如果后增加的男运动员比先增加的女运动员多 3 人，则最后运动员的总人数为（ ）

    (A) 686 　　　(B) 637 　　　(C) 700 　　　(D) 661 　　　(E) 600

20. (2014 年第 7 题) 某公司投资一个项目，已知上半年完成了预算的 $\dfrac{1}{3}$，下半年完成了剩余部分的 $\dfrac{2}{3}$，此时还有 8 千万元投资未完成，则该项目的预算为（ ）

    (A) 3 亿元 　(B) 3.6 亿元 　(C) 3.9 亿元 　(D) 4.5 亿元 　(E) 5.1 亿元

21. (2016 年第 5 题) 某商场将每台进价为 2 000 元的冰箱以 2 400 元销售时，每天销售 8 台，调研表明这种冰箱的售价每降低 50 元，每天就能多销售 4 台. 若要每天销售利润

最大，则该冰箱的定价应为（　　）

(A) 2 200　　　(B) 2 250　　　(C) 2 300　　　(D) 2 350　　　(E) 2 400

22. (2013 年第 6 题) 甲、乙两商店同时购进了一批某品牌电视机，当甲商店售出 15 台时乙商店售出了 10 台，此时两店库存之比为 8 : 7，库存之差为 5，则甲、乙两商店总进货量为（　　）

(A) 85　　　(B) 90　　　(C) 95　　　(D) 100　　　(E) 125

第四部分　参考答案

经典母题参考答案

1. **分析**　解法一：设一等奖 x 个，其他奖品有 y 个，则有

$$\begin{cases} x+y=26 \\ 400x+270y=280\times26 \end{cases} \Rightarrow \begin{cases} x=2 \\ y=24 \end{cases}$$

故选 E.

解法二：十字交叉法

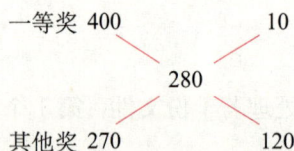

```
一等奖 400              10
              280
其他奖 270             120
```

即 $\dfrac{1}{12}=\dfrac{x}{y}$，又有 $x+y=26$，易知 $x=2$；即一等奖有 2 个，选 E.

2. **分析**　解法一：甲：乙：丙 $=\dfrac{1}{2}:\dfrac{1}{3}:\dfrac{1}{9}=\dfrac{甲}{\frac{1}{2}}=\dfrac{乙}{\frac{1}{3}}=\dfrac{丙}{\frac{1}{9}}=k$，即甲 $=\dfrac{1}{2}k$，乙 $=\dfrac{1}{3}k$，

丙 $=\dfrac{1}{9}k$，由 $\dfrac{1}{2}k+\dfrac{1}{3}k+\dfrac{1}{9}k=34$，知 $k=36$，故甲车间应得 18 万元，故选 E.

解法二：甲：乙：丙 $=\dfrac{1}{2}:\dfrac{1}{3}:\dfrac{1}{9}=9:6:2$，故甲车间应得 $\dfrac{9}{9+6+2}\times34=18$ 万元，

故选 E.

3. **分析**　因甲：乙：丙 $=\dfrac{1}{2}:\dfrac{1}{3}:\dfrac{1}{9}=9:6:2$，则甲工厂得到 $68\times\dfrac{9}{9+6+2}=36$ 万元，

乙工厂得到 $68\times\dfrac{6}{9+6+2}=24$ 万元，丙工厂得到 $68\times\dfrac{2}{9+6+2}=8$ 万元，条件（1）和

（2）等价，均充分，故选 D.

4. **分析**　解法一：女：男 $=[5\times(1-0.2)]:[4\times(1-0.15)]=4:3.4=20:17$.

解法二：设原来女士有 500 人，男士 400 人，则离场后女士剩 $500\times(1-0.2)=400$ 人，

男士剩 $400\times(1-0.15)=340$，$400:340=20:17$. 选 D

5. **分析**　设每台电脑的进价为 x 元，由题意可列方程 $1.35x\times0.9-x-50=208$，$x=$

1 200，故选 E.

历年真题参考答案

1.【答案】 D

　　【解析】 $(1+0.1)(1+0.2)-1=0.32$

2.【答案】 E

　　【考点】 比例问题

　　【解析】 由 $a:b:c=1:2:5$，可设 $a=k$，$b=2k$，$c=5k$，$k+2k+5k=24$，则 $k=3$，所以 $a^2+b^2+c^2=270$.

3.【答案】 C

　　【考点】 简单的比例问题

　　【解析】 由图可知，一季度男观众的人数为：$5+4+3=12$ 万；女观众的人数为：$6+4+3=13$ 万，所以男女观众人数之比为 $12:13$.

4.【答案】 B

　　【考点】 比例问题

　　【解析】 由题意知，二等奖人数 30 人，三等奖人数为 80 人.

　　∴获奖的总人数为 $10+30+80=120$ 人，则参加竞赛的人数为 $120÷30\%=400$ 人.

5.【答案】 C

　　【考点】 比和比例、百分比

　　【解析】 条件（1）、（2）单独明显不充分，联立（1）（2）可得，设一月份的产值为 a，全年的总产值为 b，月平均增长率为 q，则根据题意可得 $a+a(1+q)+\cdots+a(1+q)^{11}=b$，可以求出 q.

6.【答案】 B

　　【解析】 m 的最大值要以价格最低来计算才能保障均不低于原价的 8 折.

　　价格最低为 $55+75+75=205.205-m \geqslant 0.8×205 \Rightarrow m \leqslant 41$，选 B.

7.【答案】 D

　　【考点】 比例应用题

　　【解析】 解法一：设甲部门 x 人，乙部门 y 人.

　　联立 $2(x-10)=y+10$，$x+\dfrac{1}{5}y=\dfrac{4}{5}y$，可得 $x=90$，$y=150 \Rightarrow x+y=240$

　　解法二："从甲部门调10人到乙部门，那么乙部门的人数是甲部门的2倍"，说明总数肯定是3的倍数，排除 C、E，再根据"把乙部门的员工的 $\dfrac{1}{5}$ 调到甲部门，那么两个部门的人数相等"只能选 D.

　　解法三："把乙部门的员工的 $\dfrac{1}{5}$ 调到甲部门，那么两个部门的人数相等"，乙部门剩下4份，甲部门也是4份，所以总数一定是8的倍数，直接选 D.

8.【答案】 A

　　【考点】 不定方程

　　【解析】 设购买的甲、乙办公室设备的件数分别为 x，y，则根据题意可得 $1\,750x+950y=10\,000 \Rightarrow 35x+19y=200$，由于 y 是 5 的倍数，只有答案 A 满足题意.

9.【答案】D

【考点】比例问题

【解析】设甲公司年终奖为 x，乙公司年终奖为 y，则 $(1+25\%)x=0.9y$①

条件（1）：设甲公司人数为 a，乙公司人数为 b，则 $\dfrac{x}{a}=\dfrac{y}{b}$②.

①②可得，$\dfrac{a}{b}=\dfrac{18}{25}$，充分.

条件（2）：$\dfrac{a}{b}=\dfrac{18}{25}$，充分.

10.【答案】E

【考点】列方程解应用题

【解析】设甲、乙购买的玩具数量分别为 x，y；A、B 两种玩具的价格分别为 a，b，则：

条件（1）：$x+y=50$，$by-ax=100$，无法确定 x 的值，所以不充分.

条件（2）：$a=2b$，$by-ax=100$，无法确定 x 的值，所以不充分.

现联立两条件，可得：$x+y=50$，$a=2b$，$by-ax=100$，也无法确定 x 的值，比如 $x=0$，$y=2$ 或 $x=10$，$y=5$，仍不能确定甲购买的玩具件数.

11.【答案】B

【考点】比和比例、增长率问题

【解析】解法一：设进价为 100 元，则第一次降价后价格为 $100\times(1-10\%)=90$ 元，第二次降价后价格为 $90(1-10\%)=81$ 元，所以两次降价 10% 后的售价是降价前的 81%.

解法二：设进价为 a，则连续两次降价后的价格为 $a(1-10\%)^2=81\%a$.

12.【答案】D

【考点】比例问题

【解析】根据题意得下午咨询张老师的人数为 $9\div10\%=90$ 人，去掉其中重复的 9 人，下午咨询的人数为 81 人，一天中向张老师咨询的学生人数 $81+45=126$ 人.

13.【答案】D

【考点】比例问题

【解析】解法一：由子女教育支出：生活资料支出$=3:8=6:16$，文化娱乐支出：子女教育支出$=1:2=3:6$，得出文化娱乐支出：子女教育支出：生活资料支出$=3:6:16$，所以，生活资料支出占家庭总支出的比例为 $\dfrac{10.5\%}{3}\times16=56\%$.

解法二：设子女教育支出为 30 元，则生活资料支出为 80 元，文化娱乐支出为 15 元，家庭总支出为 $\dfrac{15}{10.5\%}$，所以，生活资料支出占家庭总支出的比例为 $80\div\dfrac{15}{10.5\%}=56\%$.

14.【答案】E

【考点】利润率问题

【解析】解法一：设甲成本为 x，乙成本为 y，得 $1.2x=480$，$0.8y=480$，推出 $x=$

400，$y=600$

因此有 $960-400-600=-40$ 元，亏了 40 元.

解法二：$480\times2-\dfrac{480}{1+20\%}-\dfrac{480}{1-20\%}=-40$.

15.【答案】C

【考点】利润率问题

【解析】设标价为 x，则有 $\dfrac{0.8x-240}{240}=0.15\Rightarrow x=345$.

16.【答案】C

【考点】比例运算

【解析】两个条件单独显然都不充分，联合可知：$x:y:z=2:3:6$，令 $x=2k$，$y=3$，$z=6k$，代入 $\dfrac{2x+3y-4z}{-x+y-2z}$，可知其结果为 1，充分.

17.【答案】D

【考点】比和比例

【解析】条件（1）：设总文件数为 x，则 $\dfrac{1}{5}x+\dfrac{4}{5}\cdot\dfrac{1}{4}x=10\Rightarrow x=25$，充分.

条件（2）：设总文件数为 x，则 $\dfrac{4}{5}\cdot\dfrac{1}{4}x=5\Rightarrow x=25$，充分.

18.【答案】D

【考点】不定方程

【解析】条件（1）：价格最低的是 6 元/千克，因此当两种水果单价均为 6 元/千克时，第三种水果单价最高，为 18 元/千克，充分；

条件（2）：设三种水果的价格分别为 x，y，z，则 $x+y+z=30$，$x+y+2z=46$，推出 $x+y=14$，$z=16$，充分.

19.【答案】B

【考点】比例问题

【解析】解法一：设最初男运动员为 $19x$，女运动员为 $12x$，增加的女运动员为 y，则增加的男运动员为 $y+3$，得 $\dfrac{19x}{12x+y}=\dfrac{20}{13}$，$\dfrac{19x+y+3}{12x+y}=\dfrac{30}{19}\Rightarrow x=20$，$y=7$，所以最后总人数为 $(19x+y+3)+(12x+y)=637$ 人.

解法二：统一变量法.

原男：原女$=19:12=380:240$；增加女运动员后，原男：现女$=20:13=380:247$，又增加男运动员后，现男：现女$=30:19=390:247$；观察可得：增加的女运动员是 7 份，增加的男运动员是 10 份，多了 3 份，对应 3 人，可得 1 份就是 1 人，现在共有 637 份，则为 637 人.

解法三：最终人数一定能被 49 整除，在 A 和 B 中选.

20.【答案】B

【考点】比例问题（总量还原）

【解析】根据题意可知第一次完成预算的 $\dfrac{1}{3}$，第二次完成预算的 $\dfrac{2}{3}\times\dfrac{2}{3}=\dfrac{4}{9}$，还剩余

预算的 $\frac{2}{9}$，故预算即为 $0.8 \div \frac{2}{9} = 3.6$ 亿元.

21.【答案】B

【考点】函数最值问题

【解析】解法一：设售价降低 x 个 50 元，则多销售 $4x$ 台，设每天的利润为 y，根据题意可得，$y = (400 - 50x)(8 + 4x) = 200(8 - x)(2 + x)$，由均值不等式可知，当 $8 - x = 2 + x$，即 $x = 3$ 时 y 最小，所以，售价为 $2\,400 - 3 \times 50 = 2\,250$ 元.

解法二：$y = (400 - 50x)(8 + 4x) = -200x^2 + 1\,200x + 3\,200$，当 $x = 3$ 时 y 最小，所以，售价为 $2\,400 - 3 \times 50 = 2\,250$ 元.

22.【答案】D

【考点】比例问题

【解析】解法一：设甲、乙两店进货量分别为 x，y 台，设售出后甲店库存为 $8k$，则乙店库存为 $7k$，由题意可得 $8k - 7k = 5$，则 $k = 5$，所以甲、乙两商店总进货量为 $15 + 10 + 8 \times 5 + 7 \times 5 = 100$.

解法二：利用总数减去 25 后必定是 15 的倍数，只有 100 符合.

第二节 工程问题

第一部分 知识要点

1. 考点讲解

工作量＝工作效率×工作时间；工作时间＝$\dfrac{\text{工作量}}{\text{工作效率}}$；工作效率＝$\dfrac{\text{工作量}}{\text{工作时间}}$.

总效率＝各效率的代数和.

【注意】

对于一道题，工作量往往是一定的，可以将总的工作量看作"1".

2. 若甲单独完成需要 m 天，乙单独完成需要 n 天，则

(1) 甲、乙的工作效率分别为 $\dfrac{1}{m}$，$\dfrac{1}{n}$；

(2) 甲、乙合作的效率为 $\dfrac{1}{m}+\dfrac{1}{n}$；

(3) 甲、乙合作完成需要的时间为 $\dfrac{1}{\frac{1}{m}+\frac{1}{n}}=\dfrac{mn}{m+n}$；

(4) 甲、乙两人合作完成：工作总量＝甲完成的工作量＋乙完成的工作量.

第二部分 经典母题

1. 有一项工程，甲队单独做需要 15 天完成，乙队单独做需要 10 天完成．现在甲队先做 12 天后，余下的由乙队去做，乙队还需要（　　）天完成

　　(A) $\dfrac{1}{5}$ 　　　　(B) $\dfrac{3}{4}$ 　　　　(C) $\dfrac{4}{5}$ 　　　　(D) 1 　　　　(E) 2

2. 有一水池，单开甲管 4 小时可把水池注满水，单开乙管 6 小时可把满池水放完，如果两管同时开 2 小时后，水池还能装 3.5m³ 水，则这个水池的容量是（　　）m³

　　(A) 4.2 　　　　(B) 6 　　　　(C) 10 　　　　(D) 16 　　　　(E) 21

3. (2013 年第 1 题) 某工厂生产一批零件，计划 10 天完成任务，实际提前 2 天完成，则每天的产量比计划平均提高了（　　）

　　(A) 15％ 　　　　(B) 20％ 　　　　(C) 25％ 　　　　(D) 30％ 　　　　(E) 35％

4. (2019 年第 1 题) 某车间计划 10 天完成一项任务，工作了 3 天后因故停工 2 天，若要

按原计划完成任务，则工作效率需要提高（　　　）

(A) 20%　　　(B) 30%　　　(C) 40%　　　(D) 50%　　　(E) 60%

第三部分　历年真题

1. (2019 年第 11 题) 某单位要铺设草坪，若甲、乙合作需 6 天完成，工时费 2.4 万元．若甲公司单独做 4 天以后由乙公司接着做 9 天完成，工时费共计 2.35 万元．若由甲公司单独完成该项目，则工时费共计（　　　）万元

(A) 2.25　　　(B) 2.35　　　(C) 2.4　　　(D) 2.45　　　(E) 2.5

2. (2015 年第 12 题) 一件工作，甲、乙两人合作需要 2 天，人工费 2 900 元；乙、丙两人合作需要 4 天，人工费 2 600 元；甲、丙两人合作 2 天完成了全部工作量的 $\frac{5}{6}$，人工费 2 400 元．甲单独做该工作需要的时间与人工费分别为（　　　）

(A) 3 天，3 000 元

(B) 3 天，2 850 元

(C) 3 天，2 700 元

(D) 4 天，3 000 元

(E) 4 天，2 900 元

3. (2014 年第 2 题) 某单位进行办公室装修，若甲、乙两个装修公司合作，需 10 周完成，工时费为 100 万元；甲公司单独做 6 周后由乙公司接着做 18 周完成，工时费为 96 万元，则甲公司每周的工时费为（　　　）万元

(A) 7.5　　　(B) 7　　　(C) 6.5　　　(D) 6　　　(E) 5.5

4. (2011 年第 14 题) 某施工队承担了开凿一条长为 2 400m 隧道的工程，在掘进 400m 后，由于改进了施工工艺，每天比原计划多掘进 2m，最后提前 50 天完成了施工任务，原计划施工工期是（　　　）

(A) 200 天　　　(B) 240 天　　　(C) 250 天　　　(D) 300 天　　　(E) 350 天

5. (2012 年第 10 题) 某单位春季植树 100 棵，前两天安排乙组植树，其余任务由甲、乙两组用 3 天完成．已知甲组每天比乙组多植树 4 棵，则甲组每天植树（　　　）

(A) 11 棵　　　(B) 12 棵　　　(C) 13 棵　　　(D) 15 棵　　　(E) 17 棵

6. (2011 年第 24 题) 现有一批文字材料需要打印，两台新型打印机单独完成此任务分别需要 4 小时与 5 小时，两台旧型打印机单独完成此任务分别需要 9 小时与 11 小时．则能在 2.5 小时内完成此任务．

(1) 安排两台新型机同时打印

(2) 安排一台新型打印机与两台旧型打印机同时打印

7. (2013 年第 4 题) 某工程由甲公司承包需 60 天完成，由甲、乙共同承包需 28 天完成，由乙、丙共同承包需 35 天完成，则由丙公司承包完成该工程所需天数为（　　　）

(A) 85　　　(B) 90　　　(C) 95　　　(D) 100　　　(E) 105

第四部分　参考答案

经典母题参考答案

1. 分析　解法一：甲队的效率为 $\dfrac{1}{15}$，乙队的效率为 $\dfrac{1}{10}$，则乙队还需要 $\dfrac{1-12\times\frac{1}{15}}{\frac{1}{10}}=2$ 天完成，故选 E.

解法二：方程思想. 设乙队还需要 x 天完成，$\dfrac{1}{15}\times12+\dfrac{1}{10}x=1\Rightarrow x=2$，故选 E.

解法三：利用思维解题法. 以天数对应的工作量为等量关系，甲队 15 天工作量＝乙队 10 天工作量，则：甲队 12 天工作量＝乙队 8 天工作量，即甲队做 12 天相当于乙队做 8 天，故乙队还需要 $10-8=2$ 天完成，故选 E.

2. 分析　设这个水池的容量为 x m³，则有 $\left(\dfrac{x}{4}-\dfrac{x}{6}\right)\times2+3.5=x$，解得 $x=4.2$，故选 A.

3. 分析　解法一：设原计划每天的产量为 a，实际比原计划提高了 x，根据题意可列式子：$8a(1+x)=10a\Rightarrow x=25\%$，选 C.

解法二：设零件总量为 10 件，则原计划每天生产 1 件，现在每天生产 1.25 件，提高 25%.

4. 分析　解法一：由于工作 3 天之后，还剩余 7 天的工作量，现在是需要在 5 天完成，所以工作效率需要提高 $\dfrac{7-5}{5}\times100\%=40\%$，选 C.

解法二：工作 3 天之后还剩的工作量是：$1-3\times\dfrac{1}{10}=\dfrac{7}{10}$；需要在 5 天完成，则其工作效率为：$\dfrac{7}{10}\div5=\dfrac{7}{50}$，所以工作效率需要提高：$\left(\dfrac{7}{50}-\dfrac{1}{10}\right)\div\dfrac{1}{10}=\dfrac{2}{5}=40\%$，选 C.

历年真题参考答案

1.【答案】E

【考点】工程问题＋列方程解应用题

【解析】设甲单独做需要 x 天，乙单独做需要 y 天，则 $6\left(\dfrac{1}{x}+\dfrac{1}{y}\right)=1$，$\dfrac{4}{x}+\dfrac{9}{y}=1$，则 $x=10$，$y=15$.

设甲的工时费为 a 万元，乙的工时费为 b 万元，则 $6a+6b=2.4$，$4a+9b=2.35$，则 $a=0.25$，$b=0.15$，所以甲单独做的工时费为 $0.25\times10=2.5$ 万元.

2.【答案】A

【考点】工程问题

【解析】设甲、乙、丙的效率分别为 V_1，V_2，V_3，每天的人工费分别为 x，y，z. 则有 $V_1+V_2=\dfrac{1}{2}$；$V_2+V_3=\dfrac{1}{4}$；$V_1+V_3=\dfrac{5}{12}$，推出 $V_1=\dfrac{1}{3}$，故甲需要 3 天完成. 同理

$2(x+y)=2\,900$；$4(y+z)=2\,600$；$2(x+z)=2\,400$. 推出 $x=1\,000$.

3.【答案】 B

【考点】 工程问题

【解析】 设甲、乙两公司每周的工时费分别为 x、y 万元，则 $10x+10y=100$；$6x+18y$ $=96$，推出 $x=7$，$y=3$.

4.【答案】 D

【考点】 工程问题

【解析】 设原计划每天掘 x 米，由题意可得 $\dfrac{400}{x}+\dfrac{2\,000}{x+2}+50=\dfrac{2\,400}{x}\Rightarrow x=8$，所以答案为 D.

5.【答案】 D

【考点】 工程问题

【解析】 设甲每天植树 x 棵，乙每天植树 y 棵，则有 $2y+3(x+y)=100$；$x-y=4$，推出 $x=15$；$y=11$.

6.【答案】 D

【考点】 工程问题

【解析】 条件（1）：$1\div\left(\dfrac{1}{4}+\dfrac{1}{5}\right)=\dfrac{20}{9}<2.5$，充分.

条件（2）：在新的打印机中选打字慢的，可使工作时间更长，$1\div\left(\dfrac{1}{5}+\dfrac{1}{9}+\dfrac{1}{11}\right)<2.5$，充分.

7.【答案】 E

【考点】 工程问题

【解析】 设总工程量为 1，由题意可得，乙的工作效率为 $\dfrac{1}{28}-\dfrac{1}{60}=\dfrac{2}{35\times3}$，则丙的工作效率为 $\dfrac{1}{35}-\dfrac{2}{35\times3}$，从而可得丙完成该工程所需天数为 $1\div\left(\dfrac{1}{35}-\dfrac{2}{35\times3}\right)=105$ 天.

第三节　行程问题

第一部分　知识要点

1. 路程 s、速度 v、时间 t 之间的关系

$$s = vt, \quad t = \frac{s}{v}, \quad v = \frac{s}{t}$$

2. 直线相遇公式（$v_1 > v_2$）

相遇问题：$s_{相遇} = s_1 + s_2 = v_1 t + v_2 t = (v_1 + v_2)t$

追及问题：$s_{追及} = s_1 - s_2 = v_1 t - v_2 t = (v_1 - v_2)t$

3. 水中行程问题

船顺流时速度 $v_{顺} = v_{船} + v_{水}$

船逆流时速度 $v_{逆} = v_{船} - v_{水}$

4. 环形跑道问题（环形跑道一圈路程为 s，$v_{甲} > v_{乙}$）

两人逆向跑动：(1) $s_{甲} + s_{乙} = s$（相遇一次），(2) $s_{甲} + s_{乙} = ns$（相遇 n 次）（每相遇一次，甲、乙路程之和为一圈）.

两人同向跑动：(1) $s_{甲} - s_{乙} = s$（相遇一次）.(2) $s_{甲} - s_{乙} = ns$（相遇 n 次）（每相遇一次，甲比乙多跑一圈）.

5. 相对速度问题

相对速度常用于两个对象同时运动且较为复杂的题型，可将一个对象作为参照物，看成相对静止的. 同向运动：$v_1 - v_2$；相向运动：$v_1 + v_2$.

6. 较为复杂的行程问题

(1) 火车(汽车) 问题：火车(汽车) 本身长度也是"路程"的一部分，以火车(汽车) 头或尾作为运动点，按常见问题考虑.

(2) 公交发车时间间隔(调和中项) 问题：某人以一定速度出行，每隔一定时间 t_1 迎面遇到一辆公交车，每隔一定时间 t_2 从背后超过一辆公交车，则发车时间间隔 $t = \dfrac{2t_1 t_2}{t_1 + t_2}$.

(3) 往返相遇问题：两个对象从一条线段的两端或一端出发，在两端点之间不断往返，求一定时间后相遇的次数或第 n 次相遇的时间等（全程表示线段两端的距离）.

两个对象从两端点同时出发，相向而行，不断往返：

第 n 次迎面相遇，两个对象运动路程和 $= (2n-1) \times$ 全程.

　　第 n 次追上相遇，两个对象运动路程差＝$(2n-1)×$全程.

　　两个对象从一端点同时出发，同向而行，不断往返：

　　第 n 次迎面相遇，两个对象运动路程和＝$2n×$全程.

　　第 n 次追上相遇，两个对象运动路程差＝$2n×$全程.

第二部分　经典母题

1. 甲、乙两人在环形跑道上跑步，他们同时从起点出发，当方向相反时，每隔48s 相遇一次，当方向相同时，每隔 10min 相遇一次，若甲每分钟比乙快 40m，则甲、乙两人的跑步速度分别是（　　）m/min.

   (A) 470，430　　(B) 380，340　　(C) 370，330　　(D) 280，240　　(E) 270，230

2. 两个码头相距198km，如果一艘客轮顺流而下行驶完全程需要 6h，逆流而上行驶完全程需要 9h，那么该客轮的航速和这条河的水流速度分别为（　　）km/h.

   (A) 27.5 和 5.5　　　　　　　(B) 27.5 和 11　　　　　　　(C) 26.4 和 5.5

   (D) 26.4 和 11　　　　　　　(E) 均不对

3. 王明回家，距家门 300m，妹妹和小狗一起向他奔来，王明和妹妹的速度都是 50 m/min，小狗的速度是200m/min，小狗遇到王明后，用同样的速度不停地往返于王明与妹妹之间，当王明和妹妹相距 10m 时，则小狗共跑了（　　）m.

   (A) 500　　　(B) 560　　　(C) 580　　　(D) 600　　　(E) 620

第三部分　历年真题

1. (2017 年第 18 题) 某人从 A 地出发，先乘时速为 220 千米/时的动车，后转乘时速为 100 千米/时的汽车，则 A，B 两地的距离为 960 千米.

   (1) 乘动车的时间和乘汽车的时间相同

   (2) 乘动车的时间与乘汽车的时间之和为 6 小时

2. (2013 年第 13 题) 甲、乙两人在两地间相向往返而行，已知两地间距离为 1 800 米，甲的速度为 100 米/分钟，乙的速度为 80 米/分钟，甲、乙两人同时出发，则两人第 3 次相遇时，甲距其出发点（　　）

   (A) 600 米　　(B) 900 米　　(C) 1 000 米　　(D) 1 400 米　　(E) 1 600 米

3. (2013 年第 2 题) 甲、乙两人同时从 A 点出发，经 400 米跑道同向匀速行走，25 分钟后乙比甲少走了一圈，若乙走一圈需要 8 分钟，则甲的速度是（　　）（单位：米/分钟）

   (A) 62　　　(B) 65　　　(C) 66　　　(D) 67　　　(E) 69

4. (2016 年第 3 题) 上午 9 时一辆货车从甲地出发以 90 千米每小时的速度前往乙地，同时一辆客车以 100 千米每小时的速度从乙地出发前往甲地，中午 12 时两车相遇，则当客车到达甲地时货车距离乙地的距离是（　　）

   (A) 30 千米　　(B) 43 千米　　(C) 45 千米　　(D) 50 千米　　(E) 57 千米

5. (2016 年第 2 题) 有一批同规格的正方形瓷砖，用它们铺满整个正方形区域时剩余 180 块，将此正方形区域的边长增加一块瓷砖的长度时，还需要增加 21 块瓷砖才能铺满，

该批瓷砖共有(　　)

(A) 9 981 块　　(B) 10 000 块　　(C) 10 180 块　　(D) 10 201 块　　(E) 10 222 块

6. (2011 年第 1 题) 已知船在静水中的速度为 28km/h, 河水的流速为 2km/h, 则此船在相距 78km 的两地间往返一次所需要的时间是(　　)

(A) 5.9h　　(B) 5.6h　　(C) 5.4h　　(D) 4.4h　　(E) 4h

7. (2019 年第 13 题) 火车行驶 72km 用时 1 小时, 速度 v 与行驶时间 t 的关系如图 2-2 所示, 则 $v_0 =$ (　　)

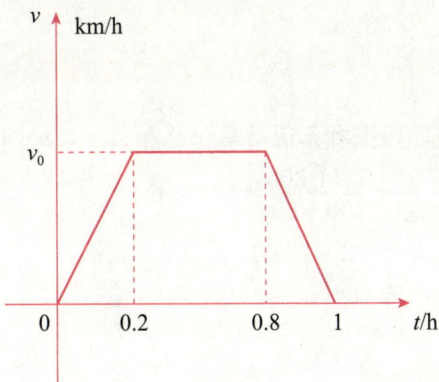

图 2-2

A. 72　　(B) 80　　(C) 90　　(D) 85　　(E) 100

8. (2015 年第 5 题) 某人驾车从 A 地赶往 B 地, 前一半路程比计划多用时 45 分钟, 平均速度只有计划的 80%. 若后一半路程的平均速度为 120 千米/小时, 此人还能按原定时间到达 B 地, 则 A, B 两地的距离为(　　)

(A) 450　　(B) 480　　(C) 520　　(D) 540　　(E) 600

9. (2014 年第 6 题) 甲、乙两人上午 8：00 分别自 A、B 两地出发相向而行, 9：00 第一次相遇, 之后速度均提高了 1.5 公里/小时, 甲到 B 地, 乙到 A 地后都立刻沿原路返回, 若两人在 10：30 第二次相遇, 则 A、B 两地之间的距离为(　　)公里

(A) 5.6　　(B) 7　　(C) 8　　(D) 9　　(E) 9.5

第四部分　参考答案

经典母题参考答案

1. 分析　设跑道长为 s m, 乙的速度为 v m/min, 则甲的速度为 $(v+40)$ m/min, 由题意得

$$\begin{cases} (v+v+40) \times 0.8 = s \\ (v+40-v) \times 10 = s \end{cases} \Rightarrow \begin{cases} s = 400 \\ v = 230 \end{cases}, \text{ 故选 E.}$$

2. 分析　设该客轮的航速和这条河的水速分别为 v_1 km/h 和 v_2 km/h.

由题意列方程组：$\begin{cases} 6(v_1+v_2) = 198 \\ 9(v_1-v_2) = 198 \end{cases} \Rightarrow \begin{cases} v_1 = 27.5 \\ v_2 = 5.5 \end{cases}$, 故选 A.

3. 分析　设当王明和妹妹相距 10m 时, 小狗共跑了 t min, 由题意得 $50t + 10 + 50t = 300$,

解得 $t=2.9$，则小狗共跑了 $200 \times 2.9 = 580\mathrm{m}$，故选 C.

历年真题参考答案

1.【答案】 C

【考点】 行程问题

【解析】 条件（1）和（2）单独明显不充分.

设乘坐动车的时间为 3 小时，则乘坐汽车的时间也为 3 小时，所以 $220 \times 3 + 100 \times 3 = 960$ 千米.

2.【答案】 D

【考点】 往返相遇问题

【解析】 第 n 次迎面相遇，两个对象运动路程总和 $s_n = (2n-1)s$

第 3 次相遇时，$t = \dfrac{5s}{v_\text{甲} + v_\text{乙}} = \dfrac{5 \times 1\,800}{100 + 80} = 50$（分钟）

$s_\text{甲} = v_\text{甲} \times t = 100 \times 50 = 5\,000 = 2 \times 1\,800 + 1\,400$

甲距离其出发点 1400 米，选 D.

3.【答案】 C

【考点】 行程问题

【解析】 设甲、乙的速度分别为 v_1 和 v_2，由同向行走可得 $25(v_1 - v_2) = 400$，$v_2 = \dfrac{400}{8} = 50$，可得 $v_1 = 66$.

4.【答案】 E

【考点】 行程问题

【解析】 解法一：甲、乙两地的距离为 $(90+100) \times 3 = 570$ 千米，当客车到达甲地时用时 $570 \div 100 = 5.7$ 小时，所以货车距乙地的距离为 $570 - 5.7 \times 90 = 57$ 千米.

解法二：相遇时耗时 3 小时，货车、客车分别行驶 270 千米、300 千米，分别剩余 300 千米、270 千米. 所以，客车到达甲地另需时 2.7 小时，这段时间货车可行 243 千米，还剩 $300 - 243 = 57$ 千米.

5.【答案】 C

【考点】 算术问题

【解析】 解法一：设原来每边需要 x 块，则有 $(x+1)^2 - x^2 = 180 + 21 \Rightarrow x = 100$，所以共有 $100^2 + 180 = 10\,180$ 块.

解法二：选项中的值减掉 180 应该是完全平方数，加上 21 也应该是一个完全平方数.

6.【答案】 B

【考点】 行程问题

【解析】 顺流速度 $=28+2=30$（km/h），逆流速度 $=28-2=26$（km/h），所以答案为 $\dfrac{78}{30} + \dfrac{78}{26} = 5.6\mathrm{h}$.

7.【答案】 C

【考点】 行程问题

【解析】梯形的面积就是火车行驶的距离，所以 $\dfrac{0.6+1}{2} \cdot v_0 = 72 \Rightarrow v_0 = 90$.

8.【答案】D

　　【考点】行程问题

　　【解析】设计划的速度为 v，时间为 t.

$$\begin{cases} 0.8v \times \left(\dfrac{t}{2} + \dfrac{45}{60}\right) = \dfrac{vt}{2} \\ 120 \times \left(\dfrac{t}{2} - \dfrac{45}{60}\right) = \dfrac{vt}{2} \end{cases} \Rightarrow \begin{cases} v = 90 \\ t = 6 \end{cases} \Rightarrow s = vt = 540.$$

9.【答案】D

　　【考点】行程问题

　　【解析】设甲、乙初始的速度分别为 x、y 公里/小时，A、B 两地相距 s 公里.

$$\begin{cases} x \times 1 + y \times 1 = s \\ (x+1.5) \times 1.5 + (y+1.5) \times 1.5 = 2s \end{cases} \Rightarrow s = 9，即 A、B 两地相距 9 公里.$$

第四节　浓度问题

第一部分　知识要点

1. 浓度计算

$$溶液＝溶质＋溶剂，\quad 浓度＝\frac{溶质}{溶液}\times100\%＝\frac{溶质}{溶质＋溶剂}\times100\%.$$

2. 重要定理

溶质守恒原则：溶质不会因为溶剂的增加（减少）而增加（减少）.

3. 稀释问题

（1）设已知溶液质量为 M g，每次操作先倒出 M_0 g 溶液，再倒入 M_0 g 溶剂（清水），重复 n 次：$c_n＝c_0\times\left(\dfrac{M-M_0}{M}\right)^n＝c_0\times\left(1-\dfrac{M_0}{M}\right)^n$（多次混合问题第 I 型，$c_0$ 为原浓度，c_n 为新浓度）.

（2）设已知溶液质量为 M g，每次操作先倒入 M_0 g 溶剂（清水），再倒出 M_0 g 溶液，重复 n 次：$c_n＝c_0\times\left(\dfrac{M}{M+M_0}\right)^n$（多次混合问题第 II 型，$c_0$ 为原浓度，c_n 为新浓度）.

4. 溶液混合问题

（1）直接法：以两种溶液混合为例，设两种溶液质量分别为 M_1，M_2，浓度分别为 c_1，c_2，混合后溶液浓度为 c，则 $M_1c_1＋M_2c_2＝(M_1＋M_2)c$.

（2）采用十字交叉法：

第二部分　经典母题

1. 若用浓度分别为 30% 和 20% 的甲、乙两种含盐溶液配成浓度为 24% 的含盐溶液 500 g，则甲、乙两种溶液应各取（　　）g

   (A) 180 和 320　(B) 185 和 315　(C) 190 和 310　(D) 195 和 305　(E) 200 和 300

2. 现有两种消毒溶液，若从甲中取 $2\,100$ g，乙中取 700 g，混合而成的消毒溶液的浓度为 3%；若从甲中取 900 g，乙中取 $2\,700$ g，混合而成的消毒溶液的浓度为 5%，则甲、乙

两种消毒溶液的浓度分别为(　　)

(A) 3%，6%　　(B) 3%，4%　　(C) 2%，6%　　(D) 4%，6%　　(E) 均不正确

第三部分　历年真题

1. (2014 年第 8 题) 某容器中装满了浓度为 90% 的酒精，倒出 1 升后用水将容器注满，搅拌均匀后又倒出 1 升，再用水将容器注满．已知此时的酒精浓度为 40%，则该容器的容积是(　　)升
   (A) 2.5　　　(B) 3　　　(C) 3.5　　　(D) 4　　　(E) 4.5

2. (2016 年第 20 题) 将 2 升甲酒精和 1 升乙酒精混合得到丙酒精，则能确定甲、乙两种酒精的浓度．
   (1) 1 升甲酒精和 5 升乙酒精混合后的浓度是丙酒精浓度的 1/2 倍
   (2) 1 升甲酒精和 2 升乙酒精混合后的浓度是丙酒精浓度的 2/3 倍

3. (2009 年第 4 题) 在某实验中，三个试管各盛水若干克，现将浓度为 12% 的盐水 10 克倒入 A 管中，混合后取 10 克倒入 B 管中，混合后再取 10 克倒入 C 管中，结果 A、B、C 三个试管中盐水的浓度分别为 6%、2%、0.5%，那么三个试管中原来盛水最多的试管及其盛水量是(　　)
   (A) A 试管，10 克　　　　　(B) B 试管，20 克
   (C) C 试管，30 克　　　　　(D) D 试管，40 克
   (E) C 试管，50 克

第四部分　参考答案

经典母题参考答案

1. **分析**　解法一：设甲溶液取 x g，则乙溶液取 $(500-x)$ g.
   根据溶质守恒原则，列方程：
   $0.3x+0.2(500-x)=0.24\times500\Rightarrow x=200$，故选 E.

   解法二：设甲溶液取 x g，乙溶液取 y g，列方程组 $\begin{cases}x+y=500\\0.3x+0.2y=0.24\times500\end{cases}\Rightarrow\begin{cases}x=200\\y=300\end{cases}$，故选 E.

   解法三：利用十字交叉法．甲溶液取 $500\times\dfrac{2}{2+3}=200$ g，故选 E.

2. **分析**　解法一：设甲的浓度为 x，乙的浓度为 y，据题意有
   $\begin{cases}2\,100x+700y=(2\,100+700)\times3\%\\900x+2\,700y=(900+2\,700)\times5\%\end{cases}\Rightarrow\begin{cases}x=2\%\\y=6\%\end{cases}$，故选 C.

   解法二：利用猜想法．设甲的浓度为 x，乙的浓度为 y，观察可知，甲溶液量多，乙溶液量少，混合后浓度较小，即甲溶液使混合后溶液浓度向小的方向走；而甲溶液量少，乙溶液量多，混合后浓度较大，即乙溶液使混合后溶液浓度向大的方向走．由浓度大小

关系得 $x<3\%<5\%<y$，对比选项，只有 C 项符合，故选 C.

历年真题参考答案

1.【答案】B

【考点】浓度问题

【解析】设该容器的容积为 V 升，第一次倒出 1 升后用水注满的浓度为 $\dfrac{0.9\times(V-1)}{V}$，

第二次倒出 1 升后用水注满的浓度为

$$\dfrac{\dfrac{0.9\times(V-1)}{V}\cdot(V-1)}{V}=0.9\times\dfrac{(V-1)^2}{V^2}=40\%\Rightarrow V=3.$$

2.【答案】E

【考点】浓度问题

【解析】设甲酒精浓度为 x，乙酒精浓度为 y，则丙酒精的浓度为 $\dfrac{2x+y}{3}$.

条件（1）：$\dfrac{x+5y}{6}=\dfrac{1}{2}\cdot\dfrac{2x+y}{3}\Rightarrow x=4y$，不充分；

条件（2）：$\dfrac{x+2y}{3}=\dfrac{2}{3}\cdot\dfrac{2x+y}{3}\Rightarrow x=4y$，不充分；

联合后同样只能得到 $x=4y$，不充分.

3.【答案】C

【考点】浓度问题

【解析】解法一：设 A 试管中的水有 x 克，可得 $\dfrac{12\%\times10}{x+10}=6\%\Rightarrow x=10$，同理，可以算

出 B 试管中的水有 20 克，C 试管中的水有 30 克.

解法二：混合后 A 试管浓度为 6%，用交叉法得：

加水量＝10 克，同理用交叉法求出 B 试管中的水有 20 克，C 试管中的水有 30 克.

第五节　综合问题

第一部分　知识要点

1. 分段计费问题

分段计费是指不同的范围对应着不同的计费方式，在实际中应用很广泛，比如电费、水费、邮费、个税、出租车费、销售提成等．解题思路的关键点有两个：一是先计算每个分界点的值，确定所给的数值落入哪个范围；二是对应选取正确的计费表达式，按照所给的标准进行求解．

2. 集合问题

（1）两个集合（图 2 - 3）

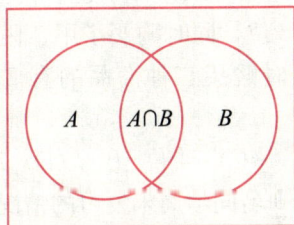

图 2 - 3

公式：$A \cup B = A + B - A \cap B = 全集 - \overline{A} \cap \overline{B}$.

（2）三个集合（图 2 - 4）

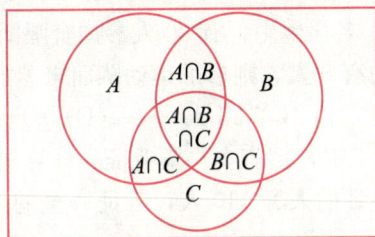

图 2 - 4

公式：$A \cup B \cup C = A + B + C - A \cap B - B \cap C - A \cap C + A \cap B \cap C = 全集 - \overline{A} \cap \overline{B} \cap \overline{C}$

第二部分　经典母题

1. 1 000m 大道两侧从起点开始每隔 10m 各种一棵树，相邻两棵树之间放一盆花，这样需

要（　　）棵树和（　　）盆花

(A) 200，200　(B) 202，200　(C) 202，202　(D) 200，202　(E) 201，201

2. 车间共有 40 人，某技术操作考核的平均成绩为 80 分，其中男工的平均成绩为 83 分，女工的平均成绩为 78 分，则该车间有女工（　　）人

(A) 16　　　(B) 18　　　(C) 20　　　(D) 24　　　(E) 28

3. (2011 年第 13 题) 在年底的献爱心活动中，某单位共有 100 人参加捐款，经统计，捐款总额是 19 000 元，个人捐款数额有 100 元、500 元和 2 000 元三种，该单位捐款 500 元的人数为（　　）

(A) 13　　　(B) 18　　　(C) 25　　　(D) 30　　　(E) 38

第三部分　历年真题

1. (2018 年第 3 题) 某单位采取分段收费的方式收取网络流量（单位：GB）费用：每月流量 20（含）以内免费，流量 20 到 30（含）的每 GB 收费 1 元．流量 30 到 40（含）的每 GB 收费 3 元，流量 40 以上的每 GB 收费 5 元，小王这个月用了 45GB 的流量，则他应该交费（　　）

(A) 45 元　　(B) 65 元　　(C) 75 元　　(D) 85 元　　(E) 135 元

2. (2018 年第 9 题) 有 96 位顾客至少购买了甲、乙、丙三种商品中的一种，经调查，同时购买了甲、乙两种商品的有 8 位，同时购买了甲、丙两种商品的有 12 位，同时购买乙、丙两种商品的有 6 位，同时购买三种商品的有 2 位，则仅购买一种商品的顾客有（　　）

(A) 70 位　　(B) 72 位　　(C) 74 位　　(D) 76 位　　(E) 82 位

3. (2017 年第 9 题) 老师问班上 50 名同学周末复习的情况，结果有 20 人复习过数学，30 人复习过语文，6 人复习过英语，且同时复习了数学和语文的有 10 人，同时复习语文和英语的有 2 人，同时复习英语和数学的有 3 人，若同时复习过这三门课的人数为 0，则没复习过这三门课程的学生人数为（　　）

(A) 7　　　(B) 8　　　(C) 9　　　(D) 10　　　(E) 11

4. (2011 年第 3 题) 某年级 60 名学生中，有 30 人参加合唱团、45 人参加运动队，其中参加合唱团而未参加运动队的有 8 人，则参加运动队而未参加合唱团的有（　　）

(A) 15 人　　(B) 22 人　　(C) 23 人　　(D) 30 人　　(E) 37 人

5. (2010 年第 8 题) 某公司员工中，拥有本科毕业证、计算机等级证、汽车证人数分别是 130、110、90，其中只有一证的人为 140 人，三证齐全的人有 30 人，则恰有两证的人数为（　　）

(A) 45　　　(B) 50　　　(C) 52　　　(D) 65　　　(E) 100

6. (2011 年第 5 题) 2007 年，某市的全年研究与实验发展（R&D）经费支出为 300 亿元，比 2006 年增长 20%；该市的 GDP 为 10 000 亿元，比 2006 年增长 10%．则 2006 年，该市的 R&D 经费支出占当年 GDP 的（　　）

(A) 1.75%　(B) 2%　　(C) 2.5%　　(D) 2.27%　　(E) 3%

7. (2019 年第 6 题) 将一批树苗种在一个正方形的花园的边上，四角都种，如果每隔 3 米

种一棵，那么剩余 10 棵树苗，如果每隔 2 米种一棵，那么刚好种满正方形的三条边，则这批树苗有（　　）

(A) 54 棵　　　(B) 60 棵　　　(C) 70 棵　　　(D) 82 棵　　　(E) 92 棵

8.（2011 年第 23 题）某年级共有 8 个班，在一次年级考试中，共 21 名学生不及格，每班不及格的学生最多有 3 名，则（一）班至少有一名学生不及格.

(1)（二）班的不及格人数多于（三）班

(2)（四）班不及格的学生有 2 名

9.（2013 年第 23 题）某单位年终共发了 100 万元奖金，奖金金额分别是一等奖 1.5 万元，二等奖 1 万元，三等奖 0.5 万元，则该单位至少有 100 人.

(1) 得二等奖的人数最多

(2) 得三等奖的人数最多

10.（2020 年第 3 题）总成绩＝甲成绩×30%＋乙成绩×20%＋丙成绩×50%，考试通过的标准是：每部分≥50 分，且总成绩≥60 分．已知某人甲成绩 70 分，乙成绩 75 分，且通过了这项考试，则此人丙成绩的分数至少是（　　）

(A) 48　　　(B) 50　　　(C) 55　　　(D) 60　　　(E) 62

11.（2015 年第 11 题）某新型产业在 2005 年末至 2009 年末产值的年平均增长率为 q，在 2009 年末至 2013 年末产值的年平均增长率比前四年下降了 40%，2013 年的产值约为 2005 年产值的 14.46（≈1.95^4）倍，则 q 的值约为（　　）

(A) 30%　　　(B) 35%　　　(C) 40%　　　(D) 45%　　　(E) 50%

12.（2015 年第 21 题）几个朋友外出游玩，购买了一些瓶装水，则能确定购买的瓶装水数量.

(1) 每人分 3 瓶，剩 30 瓶

(2) 每人分 10 瓶，则只有一人不够

13.（2020 年第 20 题）某旅游团租用 n 辆车，则能确定旅游团的人数.

(1) 若租用 20 座的车，则恰有 1 辆没坐满

(2) 若租用 12 座的车，则缺 10 个座

14.（2020 年第 22 题）已知甲、乙、丙三人共捐款 3 500 元，则能确定每人的捐款金额.

(1) 三人的捐款金额各不相同

(2) 三人的捐款金额都是 500 的倍数

15.（2009 年第 17 题）A 企业的职工人数今年比前年增加了 30%.

(1) A 企业的职工人数去年比前年减少了 20%

(2) A 企业的职工人数今年比去年增加了 50%

16.（2010 年第 20 题）甲企业今年每个员工的平均成本是去年平均成本的 60%.

(1) 甲企业今年总成本比去年少 25%，员工多 25%

(2) 甲企业今年总成本比去年少 28%，员工多 20%

17.（2012 年第 1 题）某商品的定价为 200 元，受金融危机的影响，连续两次降价 20% 后的售价为（　　）

(A) 114 元　　(B) 120 元　　(C) 128 元　　(D) 144 元　　(E) 160 元

18.（2013 年第 1 题）某工厂生产一批零件，计划 10 天完成任务，实际提前 2 天完成，则每天的产量比计划平均提高了（　　）

(A) 15%   (B) 20%   (C) 25%   (D) 30%   (E) 35%

19. （2010年第21题）该股票涨了.

    （1）某股票连续三天涨10%，又连续三天跌10%

    （2）某股票连续三天跌10%，又连续三天涨10%

第四部分　参考答案

经典母题参考答案

1. **分析**　解法一：需要树的数量为 $2\left(\dfrac{1\,000}{10}+1\right)=202$ 棵，需要花的数量为 $2\times\dfrac{1\,000}{10}=$ 200 盆，故选 B.

    解法二：利用排除法．显然树比花多2棵，故选 B.

2. **分析**　解法一：设男工人数为 x，则女工人数为 $40-x$，列方程 $83x+78(40-x)=80\times$ 40，得 $x=16$，则 $40-x=24$，故选 D.

    解法二：利用数形结合法．女工人数为 $40\times\dfrac{3}{2+3}=24$，故选 D.

3. **分析**　设捐款数额为100元、500元和2 000元的人数依次为 x，y，z，则有

$$\begin{cases} x+y+z=100 \\ 100x+500y+2\,000z=19\,000 \end{cases} \Rightarrow \begin{cases} x+y+z=100 \\ x+5y+20z=190 \end{cases} \Rightarrow 4y+19z=90.$$

由偶数＋偶数＝偶数，知 z 为偶数，则当 $z=2$ 时，$y=13$，$x=85$，是整数解，满足题意，故选 A.

历年真题参考答案

1. 【答案】B

    【考点】分段计费问题

    【解析】由题意知，小王在 20～30（GB）需要交费：$10\times 1=10$ 元；$30～40$（GB）需要交费：$10\times 3=30$ 元；40 以上需要交费：$5\times 5=25$ 元，所以共需要交费 65 元.

2. 【答案】C

    【考点】容斥问题

    【解析】如图 2-5，仅购买一种商品的顾客有：$96-(10+2+4+6)=74$ 位.

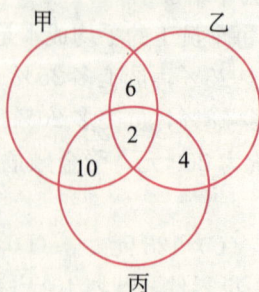

图 2-5

3.【答案】C

　　【考点】三个集合容斥问题

　　【解析】根据文氏图（图2-6）可得没复习过这三门课程的学生人数为 $50-(7+10+3+18+2+1)=9$ 人.

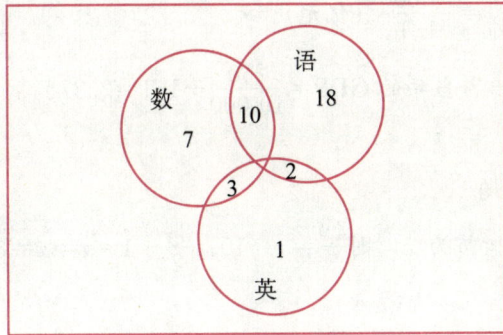

图2-6

4.【答案】C

　　【考点】应用题：文氏图

　　【解析】如图2-7所示：参加运动队而未参加合唱团的有23人.

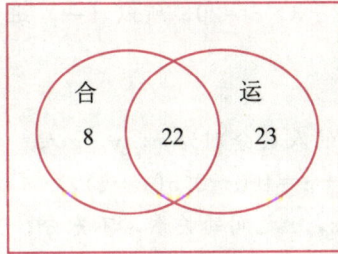

图2-7

5.【答案】B

　　【解析】如图2-8：

$$\frac{130+110+90-140-30\times3}{2}=50$$

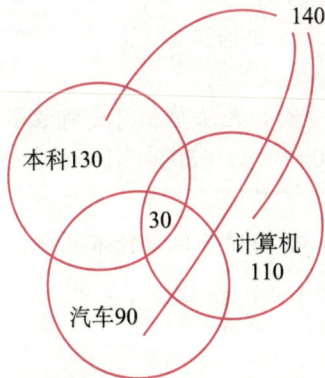

图2-8

6. 【答案】D

【考点】增长率问题

【解析】2006 年 R&D 经费支出 $=\dfrac{300}{1.2}=250$（亿元），

2006 年 GDP $=\dfrac{10\ 000}{1+10\%}=\dfrac{10\ 000}{1.1}$（亿元）$\Rightarrow$

2006 年 R&D 经费支出占当年的 GDP $=\dfrac{250}{10\ 000}\div 1.1=2.27\%$

7. 【答案】D

【考点】列方程解应用题

【解析】设边长为 y，树苗为 x，则 $\dfrac{4y}{3}=x-10$；$\dfrac{3y}{2}+1=x\Rightarrow x=82$；$y=54$.

8. 【答案】D

【考点】应用题：抽屉原理

【解析】条件（1）：（三）班至多有 2 人不及格，（二）、（四）、（五）、（六）、（七）、（八）班至多各 3 人不及格，这时不及格人数为 $2+3\times 6=20$，所以（一）班至少有 1 人不及格，充分；

条件（2）：（四）班 2 人不及格，（二）、（三）、（五）、（六）、（七）、（八）班至多各 3 人不及格，这时不及格人数为 $2+3\times 6=20$，所以（一）班至少有 1 人不及格，充分.

9. 【答案】B

【考点】不定方程

【解析】设得一、二、三等奖的人数分别为 x，y，z 人.

$1.5x+y+0.5z=100\Rightarrow x+y+z=100-0.5(x-z)$，

条件（1）：很明显不能得到 x，z 之间的关系，不充分；

条件（2）：可得到 $x-z\leqslant 0$，所以 $x+y+z\geqslant 100$，充分.

10. 【答案】B

【解析】$70\times 30\%+75\times 20\%+x\times 50\%\geqslant 60$（$x\geqslant 50$）$\Rightarrow x\geqslant 48\Rightarrow$ 取 $x=50$.

11. 【答案】E

【考点】平均增长率

【解析】设 2005 年产值为 a，可得 $a(1+q)^4(1+0.6q)^4=14.46a\Rightarrow q=50\%$.

12. 【答案】C

【考点】带余除法

【解析】显然由条件（1）和（2），无法单独得出瓶装水数量.

联合：设人数为 x 人，$0<10x-(3x+30)\leqslant 10\Rightarrow 30<7x\leqslant 40\Rightarrow x=5$.

13. 【答案】E

【解析】设车数为 x，人数为 y. 明显条件单独不充分，有 2 个未知数.

$20(x-1)<y<20x$；$12x+10=y\Rightarrow\dfrac{10}{8}<x<\dfrac{30}{8}\Rightarrow x=2$，$x=3$，故无法确定人数，选 E.

14. 【答案】E

【解析】明显条件（1）和条件（2）单独都不充分.

(1)＋(2)：$500x+500y+500z=3\,500\Rightarrow x+y+z=7$（$x\neq y\neq z$）.

不能确定甲、乙、丙金额，有6种可能，选E.

15.【答案】E

【考点】增长率问题

【解析】条件（1）：无法确定今年的人数，所以不充分.

条件（2）：无法确定前年的人数，所以不充分.

联立条件：设前年的人数为a，则去年的人数为$(1-20\%)\,a=0.8a$，今年的人数为

$(1+50\%)\times 0.8a=1.2a$，今年比前年增加了$\dfrac{1.2a-a}{a}=20\%$，所以不充分.

16.【答案】D

【考点】增长率问题

【解析】设去年人数为100，去年的成本为100，则人均成本为1.

条件（1）：得到今年人数是125，成本为75，$75\div 125=0.6$，充分；

条件（2）：得到今年人数是120，成本是72，$72\div 120=0.6$，充分.

17.【答案】C

【考点】增长率问题

【解析】$200\times(1-20\%)^2=128$元.

18.【答案】C

【考点】增长率问题

【解析】解法一：设原计划每天的产量为a，实际比原计划提高了x，根据题意可列式子：$8a(1+x)=10a\Rightarrow x=25\%$.

解法二：设零件总量为10件，则原计划每天生产1件，现在每天生产1.25件，提高25%.

19.【答案】E

【考点】增长率问题

【解析】设股票的原价是a元.

条件（1）：$a\,(1+10\%)^3\,(1-10\%)^3<a$，不充分.

条件（2）：$a\,(1-10\%)^3\,(1+10\%)^3<a$，不充分.

第三章

函数、方程和不等式

第一节　函数与二次函数

第一部分　知识要点

1. 函数的概念和性质

函数：设有两个变量 x，y，若对于变量 x 在允许范围内的任意一个值，变量 y 都有唯一确定的值与之对应，则称变量 y 是变量 x 的函数．其中 x 叫作自变量，y 叫作因变量．记作 $y = f(x)$.

使函数 $y = f(x)$ 的自变量 x 有意义的值的集合，叫作该函数的定义域；函数 y 的取值集合，叫作该函数的值域.

【性质】

（1）函数的奇偶性.

对于函数 $y = f(x)$ 定义域中的任意 x，若均有 $f(-x) = f(x)$ 成立，则称 $y = f(x)$ 为偶函数；若均有 $f(-x) = -f(x)$ 成立，则称 $y = f(x)$ 为奇函数.

（2）单调性.

设函数 $y = f(x)$ 在区间 G 上有定义，对于区间 G 中的任意两个值 x_1，$x_2 (x_1 < x_2)$，若都有 $f(x_1) < f(x_2)$ 成立，则称函数 $y = f(x)$ 是区间 G 上的增函数，区间 G 叫作该函数的单调递增区间；若都有 $f(x_1) > f(x_2)$ 成立，则称函数 $y = f(x)$ 是区间 G 上的减函数，区间 G 叫作该函数的单调递减区间．此时称 $y = f(x)$ 为区间 G 上的单调函数，G 叫作该函数的单调区间.

2. 一元二次函数

一元二次函数：函数 $y = ax^2 + bx + c (a \neq 0)$ 叫作一元二次函数（以下简称为二次函数）．将二次函数的解析式配方后，得 $y = f(x) = a \left(x + \dfrac{b}{2a} \right)^2 + \dfrac{4ac - b^2}{4a}$.

（1）标准式：$y = ax^2 + bx + c$

（2）零点式：$y=a(x-x_1)(x-x_2)$

若函数（抛物线）$f(x)$ 与 x 轴有交点，此交点叫作 $f(x)$ 的零点，该交点的横坐标是一元二次方程 $ax^2+bx+c=0(a\neq 0)$ 的实根.

【性质】

（1）二次函数的定义域是 $(-\infty,+\infty)$.

（2）开口方向：由 a 决定，当 $a>0$ 时，开口向上；当 $a<0$ 时，开口向下.

（3）对称轴：$x=-\dfrac{b}{2a}$；顶点坐标：$\left(-\dfrac{b}{2a},\dfrac{4ac-b^2}{4a}\right)$.

（4）y 轴上的截距为 c，当 $c=0$ 时，二次函数的图像过原点.

（5）最值：当 $a>0$（$a<0$）时，有最小（大）值 $\dfrac{4ac-b^2}{4a}$，无最大（小）值.

3. 最值函数

（1）max 表示最大值函数.

例如，max $\{x,y,z\}$ 表示 x，y，z 中最大的数.

（2）min 表示最小值函数.

例如，min $\{x,y,z\}$ 表示 x，y，z 中最小的数.

4. 绝对值函数

（1）$y=|ax+b|$

先画 $y=ax+b$ 的图像，再将 x 轴下方的图像翻到 x 轴上方.

（2）$y=|ax^2+bx+c|$

先画 $y=ax^2+bx+c$ 的图像，再将 x 轴下方的图像翻到 x 轴上方.

（3）$|ax+by|=c$

表示两条平行的直线 $ax+by=\pm c$，且两者关于原点对称.

（4）$|ax|+|by|=c$

当 $a=b$ 时，表示正方形，当 $a\neq b$ 时，表示菱形.

5. 分段函数

有些函数，对于定义域内的自变量 x 的不同值，不能用一个统一的解析式表示，而是要用两个或两个以上的式子进行表示，这类函数称为分段函数. 分段函数表示不同的取值范围对应不同的表达式.

第二部分　经典母题

1. 设二次函数 $f(x)=ax^2+bx+c$ 的对称轴为 $x=1$，其图像经过点 $(2,0)$，则 $\dfrac{f(-1)}{f(1)}$
   $=(\quad)$
   （A）3　　　　（B）2　　　　（C）-2　　　　（D）-3　　　　（E）4

2. 设 $f(x)$ 是二次多项式，且 $f(2)=f(-1)=0$，$f(1)=-4$，则 $f(0)=(\quad)$
   （A）-10　　　（B）-8　　　（C）-4　　　（D）0　　　　（E）6

3. 如果函数 $f(x)=x^2+bx+c$ 对于任意实数 t 都有 $f(2+t)=f(2-t)$，则（　　）

(A) $f(2)<f(1)<f(4)$ (B) $f(1)<f(2)<f(4)$

(C) $f(4)<f(2)<f(1)$ (D) $f(2)<f(4)<f(1)$

(E) 不确定

第三部分　历年真题

1. （2014 年第 25 题）已知二次函数 $f(x)=ax^2+bx+c$，则能确定 a，b，c 的值.

(1) 曲线 $y=f(x)$ 经过点 $(0，0)$ 和点 $(1，1)$

(2) 曲线 $y=f(x)$ 与直线 $y=a+b$ 相切

2. （2010 年第 9 题）某商品的进价为每件 90 元，若定价为 100 元，则一天可卖 500 件，在此基础上，定价每加 1 元，则少卖 10 件，若想获得最大利润，则应定价为（　　）

(A) 115   (B) 120   (C) 125   (D) 130   (E) 135

3. （2013 年第 12 题）已知抛物线 $y=x^2+bx+c$ 的对称轴为 $x=1$，且过点 $(-1，1)$，则（　　）

(A) $b=-2$，$c=-2$ (B) $b=2$，$c=2$

(C) $b=-2$，$c=2$ (D) $b=-1$，$c=-1$

(E) $b=1$，$c=1$

4. （2016 年第 12 题）设抛物线 $y=x^2+2ax+b$ 与 x 轴相交于 A，B 两点，点 C 坐标为 $(0，2)$，若 $\triangle ABC$ 的面积等于 6，则（　　）

(A) $a^2-b=9$ (B) $a^2+b=9$

(C) $a^2-b=36$ (D) $a^2+b=36$

(E) $a^2-4b=9$

5. （2018 年第 15 题）函数 $f(x)=\max\{x^2，-x^2+8\}$ 的最小值为（　　）

(A) 8   (B) 7   (C) 6   (D) 5   (E) 4

6. （2020 年第 23 题）设函数 $f(x)=(ax-1)(x-4)$，则在 $x=4$ 左侧附近有 $f(x)<0$.

(1) $a\geqslant\dfrac{1}{4}$

(2) $a<4$

7. （2018 年第 25 题）设函数 $f(x)=x^2+ax$，则 $f(x)$ 的最小值与 $f(f(x))$ 的最小值相等.

(1) $a\geqslant2$

(2) $a\leqslant0$

8. （2017 年第 19 题）直线 $y=ax+b$ 与抛物线 $y=x^2$ 有两个交点.

(1) $a^2>4b$

(2) $b>0$

9. （2014 年第 18 题）已知曲线 l：$y=a+bx-6x^2+x^3$，则 $(a+b-5)(a-b-5)=0$.

(1) l 过点 $(1，0)$

(2) l 过点 $(-1，0)$

第四部分　参考答案

经典母题参考答案

1. 分析 解法一：由题意知，$\begin{cases} f(2)=4a+2b+c=0 \\ x=-\dfrac{b}{2a}=1 \end{cases} \Rightarrow \begin{cases} b=-2a \\ c=0 \end{cases} \Rightarrow \dfrac{f(-1)}{f(1)}=\dfrac{3a}{-a}=-3$. 故选 D.

解法二：利用二次函数的对称性．点 $(2，0)$ 关于 $x=1$ 的对称点为 $(0，0)$，因此 $f(x)$ 的图像过点 $(2，0)$，$(0，0)$，即 $f(x)=0$ 有两个根 0 和 2，所以 $f(x)=ax(x-2) \Rightarrow \dfrac{f(-1)}{f(1)}=\dfrac{3a}{-a}=-3$. 故选 D.

2. 分析 由 $f(2)=f(-1)=0$，可设 $f(x)=a(x-2)(x+1)$．又由 $f(1)=-4$ 知，$a=2$，故 $f(x)=2(x-2)(x+1)$，从而 $f(0)=-4$，故选 C.

3. 分析 解法一：利用对称性．二次函数具有对称图像．由题意知图像明显关于 $x=2$ 对称，而 x 对应的函数值与 x 到对称轴的距离（取正数）呈正比关系．又 4，1，2 到 2 的距离分别为 2，1，0，因此有 $f(2)<f(1)<f(4)$，故选 A.

解法二：由 $f(2+t)=f(2-t) \Rightarrow b=-4$，则 $f(x)=x^2-4x+c$，把 $x=1，2，4$ 依次代入比较，可以得到 $f(2)<f(1)<f(4)$，故选 A.

历年真题参考答案

1. 【答案】C

【考点】二次函数

【解析】解法一：条件 (1)：$\begin{cases} f(0)=c=0 \\ f(1)=a+b=1 \end{cases}$，能确定 c，但不能确定 a、b，不充分.

条件 (2)：$ax^2+bx+c=a+b$ 有两个相等的实数根，即 $\Delta=b^2-4a(c-a-b)=0$，该不定方程有无数组解，无法确定 a、b、c，不充分.

联合：$\begin{cases} c=0 \\ a+b=1 \\ b^2-4a(c-a-b)=0 \end{cases}$，解得 $\begin{cases} a=-1 \\ b=2 \\ c=0 \end{cases}$，$a$、$b$、$c$ 被确定，充分.

解法二：要想求 3 个参数 a，b，c，必须有 3 个方程，然而条件 (1) 只能列出 2 个方程，条件 (2) 只能列出 1 个方程，单独均不充分，联合充分.

2. 【答案】B

【考点】二次函数求最值

【解析】解法一：均值不等式

设定价上涨 x 元，则每天卖出 $500-10x$ 件，每件利润为 $10+x$ 元.

利润 $y=(10+x)(500-10x)=10(10+x)(50-x)$，

当 $10+x=50-x \Rightarrow x=20$ 时，利润最大，则定价为 $100+20=120$.

解法二：二次函数求最值.

同解法一得 $y=(10+x)(500-10x)=-10x^2+400x+5\,000$，当 $x=-\dfrac{400}{2\times(-10)}=20$

时，利润最大，则定价为 $100+20=120$.

3.【答案】 A

【考点】 一元二次函数的图像

【解析】 由题意可得 $\begin{cases} -\dfrac{b}{2}=1 \\ (-1)^2+b\cdot(-1)+c=1 \end{cases} \Rightarrow \begin{cases} b=-2 \\ c=-2 \end{cases}$.

4.【答案】 A

【考点】 二次函数与几何结合

【解析】 三角形的底边是 $|AB|$，高是 2，则 $S=\dfrac{1}{2}\times|AB|\times 2=6\Rightarrow|AB|=6$，由韦

达定理可得 $|AB|=|x_1-x_2|=\sqrt{(x_1-x_2)^2}=\sqrt{(x_1+x_2)^2-4x_1x_2}=\sqrt{4a^2-4b}=6$.

5.【答案】 E

【考点】 函数最值问题

【解析】 ①当 $x^2\geqslant-x^2+8$ 时，即 $x\geqslant 2$ 或 $x\leqslant-2$，则 $f(x)=x^2$，其最小值为 4；

②当 $x^2\leqslant-x^2+8$ 时，即 $-2\leqslant x\leqslant 2$，则 $f(x)=-x^2+8$，其最小值也为 4.

综上 $f(x)$ 的最小值为 4.

6.【答案】 A

【考点】 数形结合法

【解析】 函数 $f(x)=0$ 的两根分别为 $x_1=\dfrac{1}{a}$，$x_2=4$.

条件（1）：$a>\dfrac{1}{4}\Rightarrow 0<\dfrac{1}{a}<4$.

由图 3-1 看出，条件（1）满足结论.

条件（2）：$a<4\Rightarrow\dfrac{1}{a}>\dfrac{1}{4}$

$\Rightarrow\dfrac{1}{a}<4$ 或 $\dfrac{1}{a}=4$ 或 $\dfrac{1}{a}>4$ 或 $\dfrac{1}{a}>0$，若 $\dfrac{1}{a}>4$，如图 3-2 所示，很显然不充分，故

选 A.

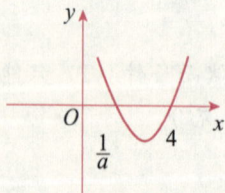

图 3-1

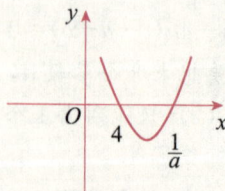

图 3-2

7.【答案】 D

【考点】 函数最值问题

【解析】$f(x)=x^2+ax$ 的顶点坐标为 $\left(-\dfrac{a}{2},\ -\dfrac{a^2}{4}\right)$，对于 $f(x)$ 来说，当 $x=-\dfrac{a}{2}$ 时，

$f_{\min}(x)=-\dfrac{a^2}{4}$，即 $f(x)$ 的值域为 $\left[-\dfrac{a^2}{4},\ +\infty\right)$，那么 $f(f(x))$ 的定义域就是

$\left[-\dfrac{a^2}{4},\ +\infty\right)$，若要使 $f(x)$ 的最小值与 $f(f(x))$ 的最小值相等，则需满足 $-\dfrac{a}{2}\geqslant$

$-\dfrac{a^2}{4}$，解得 $a\leqslant0$ 或 $a\geqslant2$，所以两个条件均充分.

8.【答案】B

【考点】一元二次方程根的判别式

【解析】题干等价于 $x^2=ax+b$ 有两个不同的实数根，所以 $\Delta=a^2+4b>0$，所以条件

（1）不充分，条件（2）充分.

9.【答案】A

【考点】曲线方程

【解析】条件（1）：将（1，0）代入得 $a+b=5$，充分；

条件（2）：将（-1，0）代入得 $a-b=7$，不充分.

第二节　方程与方程组

第一部分　知识要点

1. 方程的定义及方程的解

含有未知数的等式称为方程，能使方程左右两端相等的未知数的值为方程的解.

例如：对方程 $f(x) = g(x)$ 来说，若 a 值存在，且使得 $f(a) = g(a)$ 成立，则 $x = a$ 是方程 $f(x) = g(x)$ 的解. 又如方程为 $f(x) = 0$ 形式，其中 $f(x)$ 为代数多项式，若存在 a，使 $f(a) = 0$ 成立，则可称 a 为方程 $f(x) = 0$ 的根.

2. 一元一次方程

含有一个未知数，且未知数的最高次数是 1 的方程，称为一元一次方程，其一般形式为 $ax = b(a \neq 0)$，方程的解为 $x = \dfrac{b}{a}$.

3. 二元一次方程组

形如 $\begin{cases} a_1 x + b_1 y = c_1 \\ a_2 x + b_2 y = c_2 \end{cases}$ (a_1 与 b_1，a_2 与 b_2 不同时为 0）的方程组，称为二元一次方程组.

二元一次方程组是由两个二元一次方程组成的. 这两个二元一次方程的公共解就是这个二元一次方程组的解.

【解法】

方法一：加减消元法

$$\begin{cases} a_1 x + b_1 y = c_1 & ① \\ a_2 x + b_2 y = c_2 & ② \end{cases}$$

①$\times b_2 -$②$\times b_1$，消去 y（也可消去 x），得 $(a_1 b_2 - a_2 b_1) x = b_2 c_1 - b_1 c_2$，从所得一元一次方程中解出 x，再将 x 的值代入①（或②），求出 y 的值，从而得出方程组的解.

方法二：代入消元法

由①得 $y = \dfrac{c_1 - a_1 x}{b_1}(b_1 \neq 0)$，将其代入②，得到关于 x 的一元一次方程，解之即可.

【注意】

此知识点也可与解析几何联系起来，将两个二元一次方程看成是两条直线的表达式，解的情况就对应两条直线位置关系的情况.

（1）如果 $\dfrac{a_1}{a_2} \neq \dfrac{b_1}{b_2}$，则方程组有唯一解（两条直线相交）.

(2) 如果 $\dfrac{a_1}{a_2}=\dfrac{b_1}{b_2}\neq\dfrac{c_1}{c_2}$，则方程组无解（两条直线平行）.

(3) 如果 $\dfrac{a_1}{a_2}=\dfrac{b_1}{b_2}=\dfrac{c_1}{c_2}$，则方程组有无穷多解（两条直线重合）.

4. 一元二次方程

只含一个未知数，且未知数的最高次数是二次的方程，叫作一元二次方程. 其一般形式为 $ax^2+bx+c=0(a\neq0)$.

【常用解法】

(1) 直接开方法

例如：$2x^2-8=0\Rightarrow x^2=4\Rightarrow x=\pm2$

(2) 配方后再开方

例如：$x^2-4x-2=0\Rightarrow(x-2)^2-6=0\Rightarrow x=2\pm\sqrt{6}$

(3) 分解因式法

例如：$3x^2-5x-2=0\Rightarrow(3x+1)(x-2)=0\Rightarrow x_1=-\dfrac{1}{3}$，$x_2=2$

(4) 求根公式法

对于一元二次方程 $ax^2+bx+c=0(a\neq0)$，它的解为 $x_{1,2}=\dfrac{-b\pm\sqrt{b^2-4ac}}{2a}(b^2-4ac\geqslant0)$，令 $\Delta=b^2-4ac$，此方程的解将依 Δ 值的不同分为如下三种情况：

① 当 $\Delta>0$ 时，方程有两个不相等实根，根的表达式为 $x_{1,2}=\dfrac{-b\pm\sqrt{\Delta}}{2a}$.

② 当 $\Delta=0$ 时，方程有两个相等实根 $x_{1,2}=\dfrac{-b}{2a}$.

③ 当 $\Delta<0$ 时，方程无实根.

由于 Δ 在判断一元二次方程的解的情况时的重要作用，把 $\Delta=b^2-4ac$ 称为一元二次方程的根的判别式.

【根与系数的关系】

设一元二次方程 $ax^2+bx+c=0(a\neq0)$ 的两个根分别为 x_1，x_2，则有：$x_1+x_2=-\dfrac{b}{a}$，$x_1x_2=\dfrac{c}{a}$.

【注意】

运用韦达定理的前提条件是 $\Delta\geqslant0$，即根存在.

第二部分　经典母题

1. a，b，c 是 $\triangle ABC$ 的三边长，且方程 $x^2-2(a+b+c)\,x+3(a^2+b^2+c^2)=0$ 有两个相等实根，则 $\triangle ABC$ 为（　　）三角形

（A）直角　　　（B）等腰　　　（C）等腰直角　　　（D）等边　　　（E）斜

2. （2019年第20题）关于 x 的方程 $x^2 + ax + b - 1 = 0$ 有实数根.

    (1) $a + b = 0$

    (2) $a - b = 0$

3. 若 $m, n \in \mathbf{R}$，$m \neq n$，$m^2 - 3m + 1 = 0$，$n^2 + 1 = 3n$，则 $\dfrac{1}{1 + m^2} + \dfrac{1}{1 + n^2} = ($ $)$

    (A) $\dfrac{1}{2}$ (B) 1 (C) 2 (D) 3 (E) $\dfrac{2}{3}$

4. 方程 $x^2 + 2\sqrt{5}x - 3 = 0$ 的解的情况是(   )

    (A) 没有实根

    (B) 有两个正根

    (C) 有两个负根

    (D) 有两个异号根，且正根的绝对值大

    (E) 有两个异号根，且负根的绝对值大

5. 若 x_1，x_2 是 $x^2 + 3x + 1 = 0$ 的两个根，求值：

    (1) $x_1^2 + x_2^2$

    (2) $\dfrac{x_2}{x_1} + \dfrac{x_1}{x_2}$

    (3) $x_1^3 + x_2^3$

    (4) $x_1^4 + x_2^4$

    (5) $x_1^5 + x_2^5$

    (6) $|x_1 - x_2|$

    (7) $\sqrt{\dfrac{x_2}{x_1}} + \sqrt{\dfrac{x_1}{x_2}}$

    (8) $x_1^7 + x_2^7$

    (9) $2x_1^2 + 4x_2^2 + 6x_2 + 1$

6. x_1，x_2 是方程 $x^2 + bx + c = 0$ 的两个实根，$b^2 = 4c + 9$，则 $|x_2 - x_1| = ($ $)$

    (A) 1 (B) 2 (C) 3 (D) 4

    (E) 都不对

7. 若 $5 - \sqrt{6}$ 是方程 $x^2 + mx + n = 0$ 的一个根，m，n 均是有理数，则 $m + n = ($ $)$

    (A) 12 (B) 11 (C) 10 (D) 9 (E) 1

8. 方程 $x^2 - 4(m - 1)x + 3m^2 - 2m + 2k = 0$（$m$ 为有理数）的根为有理数，则 $k = ($ $)$

    (A) -2 (B) 2 (C) -2.5 (D) 2.5 (E) 3

9. 若方程 $x^2 + px + q = 0$ 的一个根是另一个根的2倍，则 p 和 q 应满足(   )

    (A) $p^2 = 4q$ (B) $2p^2 = 9q$ (C) $4p = 9q^2$ (D) $2p = 3q^2$

    (E) 均不正确

10. 若方程 $x^2 + px + 43 = 0$ 恰有两个正整数解 x_1 和 x_2，则 $\dfrac{(x_1 + 1)(x_2 + 1)}{p} = ($ $)$

    (A) -2 (B) -1 (C) -0.5 (D) 1 (E) 2

11. 方程 $x^2 - 3x + m = 0$ 的一个根的相反数是方程 $x^2 + 3x - m = 0$ 的一个根，则方程 $x^2 +$

$3x+m=0$ 的根为（　　）

(A) 1，2　　　(B)-1，2　　　(C)-1，-2　　　(D) 0，3　　　(E) 0，-3

12. 解方程$(2x^2-3x+1)^2=22x^2-33x+1$.

第三部分　历年真题

1. (2015 年第 13 题) 已知 x_1，x_2 是方程 $x^2+ax-1=0$ 的两个实根，则 $x_1^2+x_2^2=$（　　）

(A) a^2+2　　(B) a^2+1　　(C) a^2-1　　(D) a^2-2　　(E) $a+2$

2. (2013 年第 19 题) 已知二次函数 $f(x)=ax^2+bx+c$，则方程 $f(x)=0$ 有两个不同实根.

(1) $a+c=0$

(2) $a+b+c=0$

3. (2010 年第 18 题) 出售 1 件甲比出售 1 件乙利润高.

(1) 出售 5 件甲、4 件乙共获利 50 元

(2) 出售 4 件甲、5 件乙共获利 47 元

4. (2010 年第 22 题) 一共有 50 名学生，女生 26 人，选拔测试中，有 27 名未通过，则有 9 名男生通过.

(1) 在通过的人中，女生比男生多 5 人

(2) 在男生中，未通过的人比通过的人多 6 人

5. (2019 年第 19 题) 能确定小明的年龄.

(1) 小明的年龄是完全平方数

(2) 20 年后小明的年龄是完全平方数

6. (2012 年第 15 题) 在一次捐赠活动中，某市将捐赠的物品打包成件，其中帐篷和食品共 320 件，帐篷比食品多 80 件，则帐篷的件数是（　　）

(A) 180　　(B) 200　　(C) 220　　(D) 240　　(E) 260

7. (2012 年第 16 题) 一元二次方程 $x^2+bx+1=0$ 有两个不同的实根.

(1) $b<-2$

(2) $b>2$

8. (2013 年第 3 题) 甲班共有 30 名学生，在一次满分为 100 分的考试中，全班平均成绩为 90 分，则成绩低于 60 分的学生最多有（　　）名

(A) 8　　(B) 7　　(C) 6　　(D) 5　　(E) 4

9. (2014 年第 1 题) 某部门在一次联欢活动中共设了 26 个奖，奖品均价为 280 元，其中一等奖单价为 400 元，其他奖品均价为 270 元，则一等奖的个数为（　　）

(A) 6　　(B) 5　　(C) 4　　(D) 3　　(E) 2

10. (2016 年第 9 题) 现有长方形木板 340 张，正方形木板 160 张（图 3-3），这些木板正好可以装配若干竖式和横式的无盖箱子（图 3-4），则装配成的竖式和横式箱子的个数分别为（　　）

(A) 25，80　　(B) 60，50　　(C) 20，70　　(D) 60，40　　(E) 40，60

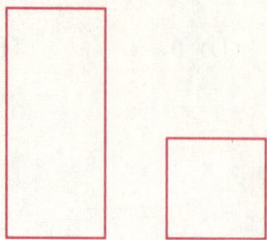

图 3-3

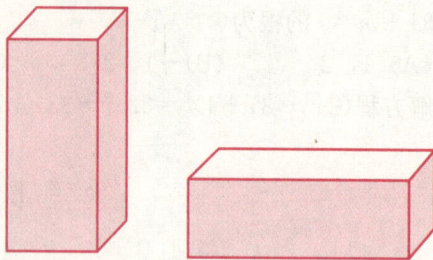

图 3-4

11. (2009 年第 7 题) $3x^2+bx+c=0(c\neq0)$ 的两个根为 α、β，如果又以 $\alpha+\beta$、$\alpha\beta$ 为根的一元二次方程为 $3x^2-bx+c=0$，则 b 和 c 分别为(   )

(A) 2，6   (B) 3，4   (C) 2，6   (D)-3，-6

(E) 以上均不对

第四部分　参考答案

经典母题参考答案

1. 分析　由方程有两个相等实根得：$\Delta=0$，即 $\Delta=4(a+b+c)^2-4\times3(a^2+b^2+c^2)=0\Rightarrow$ $a^2+b^2+c^2+2(ab+bc+ac)=3(a^2+b^2+c^2)$ $\Rightarrow a^2+b^2+c^2=ab+bc+ac\Rightarrow a=b=c$，则 $\triangle ABC$ 为等边三角形，故选 D.

2. 分析　题干等价于 $\Delta=a^2-4(b-1)\geqslant0$

条件 (1)：$b=-a$，代入可得 $a^2+4a+4=(a+2)^2\geqslant0$，充分.

条件 (2)：$b=a$，代入可得 $a^2-4a+4=(a-2)^2\geqslant0$，充分. 选 D.

3. 分析　观察可知 m，n 是方程 $x^2-3x+1=0$ 的两个根，且 $1+m^2=3m$，$1+n^2=3n$. 由韦达定理得，$m+n=3$，$mn=1$，则 $\dfrac{1}{1+m^2}+\dfrac{1}{1+n^2}=\dfrac{1}{3m}+\dfrac{1}{3n}=\dfrac{1}{3}\times\dfrac{m+n}{nm}=1$，故选 B.

4. 分析　利用思维解题法及排除法，直接由题干判断. ①$\Delta=32>0$，有实数根，排除 A 项；②$x_1x_2=-3<0$，两根异号，排除 B，C 两项；③$x_1+x_2=-2\sqrt{5}<0$，负根的绝对值大，排除 D 项，故选 E.

5. 分析　分四类. $x_1+x_2=-3$，$x_1x_2=1$.

第一类：

(1) $x_1^2+x_2^2=(x_1+x_2)^2-2x_1x_2=(-3)^2-2\times1=7$

(2) $\dfrac{x_2}{x_1}+\dfrac{x_1}{x_2}=\dfrac{x_1^2+x_2^2}{x_1x_2}=\dfrac{7}{1}=7$

(4) $x_1^4+x_2^4=(x_1^2+x_2^2)^2-2x_1^2x_2^2=7^2-2(x_1x_2)^2=49-2=47$

(6) $|x_1-x_2|=\sqrt{(x_1-x_2)^2}=\sqrt{(x_1+x_2)^2-4x_1x_2}=\sqrt{5}$

第二类：

(3) $x_1^3+x_2^3=(x_1+x_2)(x_1^2-x_1x_2+x_2^2)=-3\times(7-1)=-18$

(7) $\left(\sqrt{\dfrac{x_2}{x_1}}+\sqrt{\dfrac{x_1}{x_2}}\right)^2=\dfrac{x_2}{x_1}+\dfrac{x_1}{x_2}+2=\dfrac{x_1^2+x_2^2}{x_1x_2}+2=\dfrac{7}{1}+2=9$

第三类：

(5) $(x_1+x_2)(x_1^4+x_2^4)=(x_1^5+x_2^5)+(x_1 x_2^4+x_1^4 x_2)$

故 $x_1^5+x_2^5=(x_1+x_2)(x_1^4+x_2^4)-x_1 x_2(x_1^3+x_2^3)=-3\times 47-1\times(-18)=-123$

(8) $(x_1^2+x_2^2)(x_1^5+x_2^5)=(x_1^7+x_2^7)+(x_1^2 x_2^5+x_2^2 x_1^5)$

故 $x_1^7+x_2^7=(x_1^2+x_2^2)(x_1^5+x_2^5)-x_1^2 x_2^2(x_1^3+x_2^3)=7\times(-123)-1^2\times(-18)=-843$

第四类：

(9) $2x_1^2+4x_2^2+6x_2+1=2(x_1^2+x_2^2)+2x_2^2+6x_2+1$

$=2(x_1^2+x_2^2)+2(x_2^2+3x_2)+1=2\times 7+2\times(-1)+1=13$

6. 分析　利用经验公式法．$|x_1-x_2|=\dfrac{\sqrt{\Delta}}{|a|}=\sqrt{b^2-4c}=3$，故选 C．

7. 分析　利用经验公式法．根据方程根的形式 $x_{1,2}=\dfrac{-b\pm\sqrt{\Delta}}{2a}$，如果一元二次方程的系数为有理数，那么两个根的区别处为 $\pm\sqrt{\Delta}$，因此，如果 $5-\sqrt{6}$ 是其中一个根，那么另一个根为 $5+\sqrt{6}$，根据韦达定理有 $5+\sqrt{6}+5-\sqrt{6}=-m\Rightarrow m=-10$，$(5+\sqrt{6})\times(5-\sqrt{6})=n\Rightarrow n=19$，则 $m+n=9$，故选 D．

8. 分析　利用"双 Δ"法．

根为有理数，则 Δ 是一个完全平方数，即 Δ 的 Δ 为 0．

因为 $\Delta_x=16(m-1)^2-4(3m^2-2m+2k)=4(m^2-6m+4-2k)$，

则 $\Delta_m=6^2-4\times(4-2k)=20+8k=0\Rightarrow k=-2.5$，故选 C．

9. 分析　解法一：利用特值法．设方程为 $(x-1)(x-2)=0$，即 $x^2-3x+2=0$，可得 $p=-3$，$q=2$，明显地，B 项正确，故选 B．

解法二：利用思维解题法．设方程的一个根为 a，则另一个根为 $2a$，由韦达定理得 $3a=-p$，$2a^2=q$，得 $2p^2=9q$，故选 B．

10. 分析　由韦达定理得，$x_1 x_2=43=1\times 43$，可令 $x_1=1$，$x_2=43$，则 $p=-(x_1+x_2)=-44$，故所求式 $\dfrac{2\times 44}{-44}=-2$，故选 A．

11. 分析　利用思维解题法．设 n 为方程 $x^2-3x+m=0$ 的一个根，$-n$ 是方程 $x^2+3x-m=0$ 的一个根，则有 $n^2-3n+m=0=n^2+3(-n)-m\Rightarrow m=0$，故所求方程为 $x^2+3x=0$，即 $x(x+3)=0$，解得 $x_1=0$，$x_2=-3$，故选 E．

12. 分析　高次方程用换元法．可令 $t=2x^2-3x+1$，则 $22x^2-33x+1=11(2x^2-3x)+1=11t-11+1=11t-10$，则原方程等价于 $t^2=11t-10\Rightarrow(t-1)(t-10)=0\Rightarrow t_1=1$，$t_2=10$，因此原方程可化为：

① $2x^2-3x+1=1$，即 $x(2x-3)=0$，解得 $x_1=0$，$x_2=\dfrac{3}{2}$

② $2x^2-3x+1=10$，即 $2x^2-3x-9=0\Rightarrow(2x+3)(x-3)=0$，解得 $x_3=3$，$x_4=-\dfrac{3}{2}$

历年真题答案

1.【答案】A

【考点】 韦达定理

【解析】 $x_1+x_2=-a$；$x_1x_2=-1$，$x_1^2+x_2^2=(x_1+x_2)^2-2x_1x_2=a^2+2$.

2. **【答案】** A

【考点】 方程根的判断

【解析】 题干等价于求 $\Delta>0$.

条件（1）：$\Delta=b^2-4ac=b^2+4a^2$，由于 $f(x)$ 为二次函数，所以 $a\neq0$，故 $\Delta>0$，充分.

条件（2）：$\Delta=b^2-4ac=(a+c)^2-4ac=(a-c)^2\geqslant0$，不充分.

3. **【答案】** C

【考点】 二元一次方程

【解析】 单独明显不充分，条件（1）、（2）联合，设甲的利润为 x，乙的利润为 y，则
$$\begin{cases}5x+4y=50\\4x+5y=47\end{cases}\Rightarrow x-y=3$$，甲利润比乙利润高，充分.

4. **【答案】** D

【考点】 二元一次方程

【解析】 条件（1）：设通过的女生为 x，通过的男生为 y，$\begin{cases}x+y=23\\x-y=5\end{cases}\Rightarrow y=9$ 充分.

条件（2）：设男生通过的人数为 x，未通过的为 y，$\begin{cases}x+y=24\\y-x=6\end{cases}\Rightarrow x=9$ 充分.

5. **【答案】** C

【考点】 不定方程

【解析】 条件（1）和（2）单独明显不充分，所以联立.

设小明的年龄为 x，则
$$\begin{cases}x=k_1^2\\x+20=k_2^2\end{cases}\Rightarrow k_2^2-k_1^2=20\Rightarrow(k_2+k_1)(k_2-k_1)=2\times10\Rightarrow\begin{cases}k_1=4\\k_2=6\end{cases}\Rightarrow x=16$$，充分.

6. **【答案】** B

【考点】 一元二次方程组

【解析】 设帐篷 x 件，食品 y 件，则
$$\begin{cases}x+y=300\\x-y=80\end{cases}\Rightarrow\begin{cases}x=200\\y=120\end{cases}$$

7. **【答案】** D

【考点】 一元二次方程的判别式

【解析】 $\Delta=b^2-4>0\Rightarrow b<-2$ 或 $b>2$，所以条件（1）和（2）均充分.

8. **【答案】** B

【考点】 抽屉原理

【解析】 解法一：欲使成绩低于 60 分的人数最多，则不及格的学生分数越接近 60 分越好，及格的同学分数越接近 100 越好，那么要满足低于 60 分的学生考 59 分，其他学生考 100 分. 设考 59 分的人数为 x 人，则考 100 分的人数为 $30-x$ 人. 可列式子 $59x+100(30-x)=30\times90$，解得 $x=7.3$，取最大整数解为 7.

解法二：代入验证.

假设是 8 人，最高分为 472 分，那么其余 22 人都为 100 分，总分也达不到 2 700 分．假设是 7 人，最高分为 413 分，剩余 23 人都为 100 分，总分之和可以超过 2 700 分，符合条件．

9. 【答案】E

【考点】二元一次方程组

【解析】解法一：设一等奖有 x 个，其他奖品有 y 个，则有

$$\begin{cases} x+y=26 \\ 400x+270y=280\times 26 \end{cases} \Rightarrow \begin{cases} x=2 \\ y=24 \end{cases}$$

解法二：十字交叉法

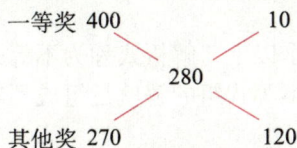

即 $\dfrac{1}{12}=\dfrac{x}{y}$，又有 $x+y=26$，易知 $x=2$，即一等奖有 2 个．

10. 【答案】E

【考点】二元一次方程组

【解析】解法一：设竖式箱子有 x 个，横式箱子有 y 个，则有

$$\begin{cases} 4x+3y=340 \\ x+2y=160 \end{cases} \Rightarrow \begin{cases} x=40 \\ y=60 \end{cases}$$

解法二：观察选项，从 D 和 E 中选．

11. 【答案】D

【考点】韦达定理

【解析】解法一：由题干可得

$$\begin{cases} \alpha+\beta=-\dfrac{b}{3} \\ \alpha\beta=\dfrac{c}{3} \end{cases} ，且又有 \begin{cases} (\alpha+\beta)+\alpha\beta=\dfrac{b}{3} \\ (\alpha+\beta)\,\alpha\beta=\dfrac{c}{3} \end{cases} \Rightarrow \begin{cases} -\dfrac{b}{3}+\dfrac{c}{3}=\dfrac{b}{3} \\ -\dfrac{b}{3}\times\dfrac{c}{3}=\dfrac{c}{3} \end{cases} \Rightarrow \begin{cases} b=-3 \\ c=-6 \end{cases}$$

解法二：根据结论 $ax^2+bx+c=0$ 与 $ax^2-bx+c=0$ 的根互为相反数，即 $3x^2+bx+c=0$ 的根为 α,β，则 $3x^2-bx+c=0$ 的根为 $-\alpha,-\beta \Rightarrow \begin{cases} -\alpha=\alpha+\beta \\ -\beta=\alpha\beta \end{cases} \Rightarrow \begin{cases} \alpha=-1 \\ \beta=2 \end{cases} \Rightarrow \begin{cases} b=-3 \\ c=-6 \end{cases}$

第三节　不等式与不等式组

第一部分　知识要点

1. 不等式的定义及性质

用不等号连接的两个（或两个以上）解析式称为不等式，能使其成立的未知数的值的集合，叫作这个不等式的解集．不等式组的解就是组成不等式组的所有不等式解集的公共部分（即交集）．

不等式（组）解集的区间表示法：

满足 $a<x<b$ 的 x 的集合叫作开区间，记作 $(a，b)$；

满足 $a\leqslant x\leqslant b$ 的 x 的集合叫作闭区间，记作 $[a，b]$；

满足 $a\leqslant x<b$ 或 $a<x\leqslant b$ 的 x 的集合叫作半闭半开区间或半开半闭区间，记作 $[a，b)$ 或 $(a，b]$；

满足 $x>a$ 或 $x\leqslant a$ 的 x 的集合，记作 $(a，+\infty)$ 或 $(-\infty，a]$；

实数集 **R** 记作 $(-\infty，+\infty)$．

求不等式（组）的解集的过程，叫作解不等式（组）．

【性质】

(1) 传递性：$a>b，b>c \Rightarrow a>c$

(2) 同向相加性：$\left.\begin{array}{r}a>b\\c>d\end{array}\right\} \Rightarrow a+c>b+d$

(3) 同向皆正相乘性：$\left.\begin{array}{r}a>b>0\\c>d>0\end{array}\right\} \Rightarrow ac>bd$

(4) 皆正倒数性：$a>b>0 \Leftrightarrow \dfrac{1}{b}>\dfrac{1}{a}>0$

(5) 皆正乘（开）方性：$a>b>0 \Leftrightarrow a^n>b^n>0(n\in \mathbf{Z}^+)$

2. 一元一次不等式（组）及其解法

一元一次不等式的**标准型**为 $ax>b(a\neq 0)$ 或 $ax<b(a\neq 0)$．

一元一次**不等式**的解法：将所给一元一次不等式化为标准型后，不等式两边同时除以未知数 x 的系数 a．

一元一次**不等式组**的解法：分别求出组成不等式组的每个一元一次不等式的解集后，求这些解集的交集（可以应用数轴，求出交集）．

3. 一元二次不等式

一元二次不等式的标准型为 $ax^2+bx+c>0(a>0)$ 或 $ax^2+bx+c<0(a>0)$．

【步骤】

(1) 先化成标准型：$ax^2+bx+c>0$（或<0），且 $a>0$；

(2) 计算对应方程的判别式 Δ；

(3) 求对应方程的根；

(4) 利用口诀"大于取两边，小于取中间"写出解集.

【函数、方程、不等式的关系】（表 3-1）

表 3-1

$\Delta=b^2-4ac$	$\Delta>0$	$\Delta=0$	$\Delta<0$
一元二次方程 $ax^2+bx+c=0$ $(a>0)$ 的根	有两个相异实根 $x_{1,2}=\dfrac{-b\pm\sqrt{b^2-4ac}}{2a}$	有两个相等实根 $x_{1,2}=\dfrac{-b}{2a}$	没有实根
$ax^2+bx+c>0$ $(a>0)$ 的解集	$(-\infty,x_1)\bigcup(x_2,+\infty)$	$x\in\mathbf{R}$ 且 $x\neq-\dfrac{b}{2a}$	$(-\infty,+\infty)$ （实数集）
$ax^2+bx+c<0$ $(a>0)$ 的解集	(x_1,x_2)	无解	无解
二次函数 $y=ax^2+bx+c$ $(a>0)$ 的图像			

第二部分 经典母题

1. 不等式 $ax^2+bx+c\geqslant 0$ 的解集为 $[-2,3]$，则不等式 $cx^2-bx+a<0$ 的解集为（ ）

   (A) $\left(-\dfrac{1}{2},\dfrac{1}{3}\right)$ (B) $\left(-\dfrac{1}{3},\dfrac{1}{2}\right)$

   (C) $\left(-\dfrac{1}{2},-\dfrac{1}{3}\right)$ (D) $\left(-\infty,\dfrac{1}{2}\right)\bigcup\left(\dfrac{1}{3},+\infty\right)$

   (E) 都不正确

2. 已知不等式 $ax^2+bx+2>0$ 的解集是 $\left(-\dfrac{1}{2},\dfrac{1}{3}\right)$，则 $a+b=$（ ）

   (A) -10 (B) -14 (C) 10 (D) $-\dfrac{1}{10}$ (E) $-\dfrac{1}{14}$

3. 解不等式 $\dfrac{3x^2-14x+14}{x^2-6x+8}\leqslant 1$.

第三部分 历年真题

1. （2010 年第 25 题）设 a,b,c,d 是正实数，则 $\sqrt{a}+\sqrt{d}\leqslant\sqrt{2(b+c)}$.

管理类专业学位联考名师联盟系列（汪学能、汪海洋、潘杰、赵小林）数学分册

(1) $a+d=b+c$

(2) $ad=bc$

2. （2020年第2题）$A=\{x\mid |x-a|<1,x\in \mathbf{R}\}$，$B=\{x\mid |x-b|<2,x\in \mathbf{R}\}$，则 $A\subset B$ 的充分必要条件是（　　）

(A) $|a-b|\leqslant 1$ 　　　　(B) $|a-b|\geqslant 1$

(C) $|a-b|<1$ 　　　　(D) $|a-b|>1$

(E) $|a-b|=1$

3. （2015年第24题）已知 x_1，x_2，x_3 为实数，$\bar{x}$ 为 x_1，x_2 和 x_3 的平均值，则 $|x_k-\bar{x}|\leqslant 1$，$k=1$，2，3.

(1) $|x_k|\leqslant 1$，$k=1$，2，3

(2) $x_1=0$

4. （2016年第19题）设 x，y 是实数，则 $x\leqslant 6$，$y\leqslant 4$.

(1) $x\leqslant y+2$

(2) $2y\leqslant x+2$

5. （2017年第2题）不等式 $|x-1|+x\leqslant 2$ 的解集为（　　）

(A) $(-\infty,1]$ 　　　　(B) $\left(-\infty,\dfrac{3}{2}\right]$

(C) $\left[1,\dfrac{3}{2}\right]$ 　　　　(D) $[1,+\infty)$

(E) $\left[\dfrac{3}{2},+\infty\right)$

6. （2016年第25题）已知 $f(x)=x^2+ax+b$，则 $0\leqslant f(1)\leqslant 1$.

(1) $f(x)$ 在区间 $[0,1]$ 中有两个零点

(2) $f(x)$ 在区间 $[1,2]$ 中有两个零点

7. （2015年第18题）已知 a，b 为实数，则 $a\geqslant 2$，$b\geqslant 2$.

(1) $a+b\geqslant 4$

(2) $ab\geqslant 4$

8. （2014年第19题）不等式 $|x^2+2x+a|\leqslant 1$ 的解集为空集.

(1) $a<1$

(2) $a>2$

9. （2013年第21题）已知 a、b 是实数，则 $|a|\leqslant 1$，$|b|\leqslant 1$.

(1) $|a+b|\leqslant 1$

(2) $|a-b|\leqslant 1$

10. （2012年第21题）已知 a，b 是实数，则 $a>b$.

(1) $a^2>b^2$

(2) $a^2>b$

11. （2012年第24题）某户要建一个长方形的羊栏的面积大于 500m^2.

(1) 羊栏的周长为 120m

(2) 羊栏对角线的长不超过 50m

12. （2010年第16题）$a|a-b|\geqslant |a|(a-b)$.

(1) 实数 $a>0$

(2) 实数 a、b 满足 $a>b$.

13. (2010 年第 24 题) 设 a、b 为非负实数, 则 $a+b\leqslant\dfrac{5}{4}$.

    (1) $ab\leqslant\dfrac{1}{16}$

    (2) $a^{2}+b^{2}\leqslant1$

14. (2009 年第 18 题) $|\log_{a}x|>1$.

    (1) $x\in[2,4]$, $\dfrac{1}{2}<a<1$

    (2) $x\in[4,6]$, $1<a<2$

第四部分　参考答案

经典母题参考答案

1. 分析 利用逆向思维解题法. 易知不等式 $(x+2)(x-3)\leqslant0$ 的解集为 $[-2,3]$, 因此有 $ax^{2}+bx+c\geqslant0$ 与 $(x+2)(x-3)\leqslant0$ 等价, 又 $(x+2)(x-3)\leqslant0\Rightarrow-x^{2}+x+6\geqslant0$, 故可令 $a=-1$, $b=1$, $c=6$. 因此所求不等式为 $6x^{2}-x-1<0$, 即 $(2x-1)(3x+1)<0$, 故解集为 $\left(-\dfrac{1}{3},\dfrac{1}{2}\right)$, 故选 B.

2. 分析 利用逆向思维法. $ax^{2}+bx+2>0$ 的解集是 $\left(-\dfrac{1}{2},\dfrac{1}{3}\right)$ 相当于 $ax^{2}+bx+2=0$ 的解是 $-\dfrac{1}{2}$, $\dfrac{1}{3}$, 利用韦达定理得 $\begin{cases}-\dfrac{1}{2}+\dfrac{1}{3}=-\dfrac{b}{a}\\[2mm]-\dfrac{1}{2}\times\dfrac{1}{3}=\dfrac{2}{a}\end{cases}\Rightarrow\begin{cases}a=-12\\b=-2\end{cases}$, 所以 $a+b=-14$, 故选 B.

3. 分析 $\dfrac{3x^{2}-14x+14}{x^{2}-6x+8}-1\leqslant0\Leftrightarrow\dfrac{3x^{2}-14x+14-(x^{2}-6x+8)}{x^{2}-6x+8}\leqslant0\Rightarrow\dfrac{2x^{2}-8x+6}{x^{2}-6x+8}\leqslant0\Rightarrow$
$\dfrac{2(x-1)(x-3)}{(x-2)(x-4)}\leqslant0$

如图 3-5 所示, 明显得到解集为 $[1,2)\cup[3,4)$.

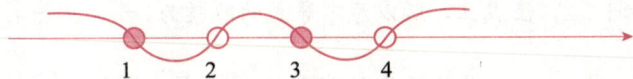

图 3-5

历年真题答案解析

1.【答案】 A

【解析】 因为不等式的两边都是正实数, 可两边平方:

$(\sqrt{a}+\sqrt{d})^{2}\leqslant[\sqrt{2(b+c)}]^{2}\Rightarrow a+d+2\sqrt{ad}\leqslant2(b+c)$.

条件（1）：$a+d=b+c$.

$a+d+2\sqrt{ad}\leqslant 2(b+c)\Rightarrow a+d+2\sqrt{ad}\leqslant 2(a+d)\Rightarrow \sqrt{ad}\leqslant a+d$.

不等式成立，充分.

条件（2）：举反例：$a=4$，$d=1$，$b=2$，$c=2$，显然不充分，故选 A.

2.【答案】A

【解析】

$|x-a|<1\Rightarrow -1<x-a<1\Rightarrow a-1<x<a+1$

$|x-b|<2\Rightarrow -2<x-b<2\Rightarrow b-2<x<b+2$

$A\subset B\Rightarrow \left.\begin{array}{c}a+1\leqslant b+2\\a-1\geqslant b-2\end{array}\right\}\Rightarrow -1\leqslant a-b\leqslant 1\Rightarrow |a-b|\leqslant 1$

3.【答案】C

【考点】 绝对值不等式：三角不等式

【解析】 条件（1）：当 $x_1=-1$，$x_2=1$，$x_3=1$ 时，$|x_1-\bar{x}|>1$，不充分.

条件（2）：$x_1=0$，明显不充分.

联合：$\bar{x}=\dfrac{x_2+x_3}{3}$，$|x_1-\bar{x}|=\left|\dfrac{x_2+x_3}{3}\right|\leqslant \dfrac{|x_2|+|x_3|}{3}\leqslant 1$，

$|x_2-\bar{x}|=\left|\dfrac{2x_2-x_3}{3}\right|\leqslant \dfrac{2|x_2|+|x_3|}{3}\leqslant 1$.

同理：$|x_3-\bar{x}|=\left|\dfrac{2x_3-x_2}{3}\right|\leqslant \dfrac{2|x_3|+|x_2|}{3}\leqslant 1$.

4.【答案】C

【考点】 不等式

【解析】 条件（1）：举反例 $x=7$，$y=7$，不充分.

条件（2）：举反例 $x=9$，$y=5$，不充分.

联合：两式相加得：$x+2y\leqslant x+y+4\Rightarrow y\leqslant 4$，又因为 $x\leqslant y+2\leqslant 4+2=6$，所以 $x\leqslant 6$，充分.

5.【答案】B

【考点】 绝对值不等式

【解析】 解法一：当 $x\geqslant 1$ 时，原不等式为 $x-1+x\leqslant 2\Rightarrow x\leqslant \dfrac{3}{2}$；当 $x<1$ 时，原不等式

为 $1-x+x\leqslant 2\Rightarrow 1\leqslant 2$，恒成立，所以原不等式的解集为 $\left(-\infty,\dfrac{3}{2}\right]$.

解法二：取特值，令 $x=0$，满足题意，排除 C、D、E，再令 $x=\dfrac{3}{2}$，满足题意，排除 A，所以答案选择 B.

6.【答案】D

【考点】 二次函数与不等式

【解析】 解法一：设函数 $f(x)=x^2+ax+b$ 与 x 轴的两个交点坐标分别为 $(x_1，0)$ 和 $(x_2，0)$，则 $f(x)=(x-x_1)(x-x_2)$，则 $f(1)=(1-x_1)(1-x_2)$.

条件（1）：$0\leqslant x_1\leqslant 1$，$0\leqslant x_2\leqslant 1\Rightarrow 0\leqslant 1-x_1\leqslant 1$，$0\leqslant 1-x_2\leqslant 1\Rightarrow 0\leqslant f(x)\leqslant 1$.

条件（2）：$1 \leqslant x_1 \leqslant 2$，$1 \leqslant x_2 \leqslant 2 \Rightarrow -1 \leqslant 1 - x_1 \leqslant 0$，$-1 \leqslant 1 - x_2 \leqslant 0 \Rightarrow 0 \leqslant f(x) \leqslant 1$.

解法二：（1）$\begin{cases} f(0) \geqslant 0 \\ f(1) \geqslant 0 \\ 0 \leqslant -\dfrac{a}{2} \leqslant 1 \\ \Delta = a^2 - 4b > 0 \end{cases} \Rightarrow \begin{cases} b \geqslant 0 \\ 1 + a + b \geqslant 0 \\ -1 \leqslant \dfrac{a}{2} \leqslant 0 \\ b < \dfrac{a^2}{4} \end{cases}$

则 $f(1) = 1 + a + b < 1 + a + \dfrac{a^2}{4} = \left(1 + \dfrac{a}{2}\right)^2 \leqslant 1$；

（2）$\begin{cases} f(1) \geqslant 0 \\ f(2) \geqslant 0 \\ 1 \leqslant -\dfrac{a}{2} \leqslant 2 \\ \Delta = a^2 - 4b > 0 \end{cases} \Rightarrow \begin{cases} 1 + a + b \geqslant 0 \\ 4 + 2a + b \geqslant 0 \\ -1 \leqslant \dfrac{a}{2} \leqslant 0 \\ b < \dfrac{a^2}{4} \end{cases}$

则 $f(1) = 1 + a + b < 1 + a + \dfrac{a^2}{4} = \left(1 + \dfrac{a}{2}\right)^2 \leqslant 1$.

7.【答案】A

【考点】不等式

【解析】条件（1）：$a + b \geqslant 4$，则必有 $a \geqslant 2$ 或 $b \geqslant 2$，充分.

条件（2）：a，b 都为 -3，则不等条件不成立，不充分.

8.【答案】B

【考点】绝对值不等式

【解析】解法一：$|x^2 + 2x + a| > 1$ 的解集为 **R**，所以有 $x^2 + 2x + a - 1 > 0$ 或 $x^2 + 2x + a + 1 < 0$ 恒成立，$y = x^2 + 2x + a + 1$ 是开口向上的抛物线，不可能小于 0 恒成立，所以只有 $x^2 + 2x + a - 1 > 0$ 恒成立 $\Rightarrow \Delta < 0 \Rightarrow a > 2$，条件（2）充分.

解法二：$x^2 + 2x + (a - 1) > 0 \Leftrightarrow (x + 1)^2 + (a - 2) > 0$，该不等式恒成立 $\Leftrightarrow a - 2 > 0 \Rightarrow a > 2$，易知条件（1）不充分，条件（2）充分.

9.【答案】C

【考点】三角不等式

【解析】条件（1）：$a = -2$，$b = 1$，不充分.

条件（2）：$a = 2$，$b = 1$，不充分.

联合：$2|a| = |(a + b) + (a - b)| \leqslant |a + b| + |a - b| = 2 \Rightarrow |a| \leqslant 1$，

$2|b| = |(a + b) - (a - b)| \leqslant |a + b| + |a - b| = 2 \Rightarrow |b| \leqslant 1$，充分.

10.【答案】E

【考点】简单不等式

【解析】当 $a = -4$，$b = 2$ 时，条件（1）和（2）都满足，但 $a < b$，故条件（1）和条件（2）都不成立，联合也不成立.

11.【答案】C

【考点】不等式

【解析】 显然条件（1）和条件（2）单独都不充分.

设长、宽分别为 a，b，则

$$\begin{cases} a+b=60 \\ \sqrt{a^2+b^2} \leqslant 50 \end{cases} \Rightarrow \begin{cases} a^2+b^2+2ab=3\ 600 \\ a^2+b^2 \leqslant 2\ 500 \end{cases} \Rightarrow ab \geqslant 550 > 500，充分.$$

12.【答案】 A

【考点】 由不等式判断符号

【解析】 $a|a-b| \geqslant |a|(a-b) \Rightarrow \dfrac{a}{|a|} \geqslant \dfrac{a-b}{|a-b|}$

条件（1）：当 a 大于 0 时，等号左边恒等于 1，所以恒成立，充分.

条件（2）：当 a 为负数时，不成立，不充分.

13.【答案】 C

【考点】 不等式

【解析】 条件（1）：若 $a=10$，$b=\dfrac{1}{200}$，不充分.

条件（2）：若 $a=0.8$，$b=0.6$，不充分.

联合：$2ab \leqslant \dfrac{1}{8}$，$a^2+b^2 \leqslant 1 \Rightarrow a+b < \dfrac{5}{4}$，充分.

14.【答案】 D

【考点】 对数不等式

【解析】 条件（1）：$|\log_a x| > 1 \Rightarrow \log_a x < -1 \Rightarrow x > \dfrac{1}{a}$，充分.

条件（2）：$|\log_a x| > 1 \Rightarrow \log_a x > 1 \Rightarrow x > a$，充分.

第四章

平面几何

第一节　三角形及其性质

第一部分　知识要点

1. 直线与直线的位置关系

（1）两条直线相交（图 4 - 1）

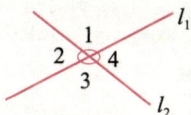

图 4 - 1

两条直线 l_1 与 l_2 相交，构成两组对顶角∠1，∠3 和∠2，∠4，如图所示，则有
∠1＝∠3，∠2＝∠4.

【性质】

对顶角相等.

（2）两条直线平行（图 4 - 2）

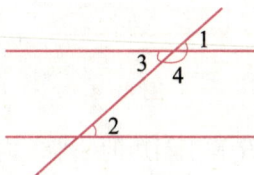

图 4 - 2

如图所示，∠1 与∠2 是同位角，两直线平行，同位角相等，∠1＝∠2；

∠2 与∠3 是内错角，内错角相等，∠2＝∠3；

∠1 与∠3 是对顶角，对顶角相等，∠1＝∠3；

∠2 与∠4 是同旁内角，同旁内角互补，∠2＋∠4＝180°.

（3）直线被一组平行直线截得的线段成比例

如图 4-3 所示：

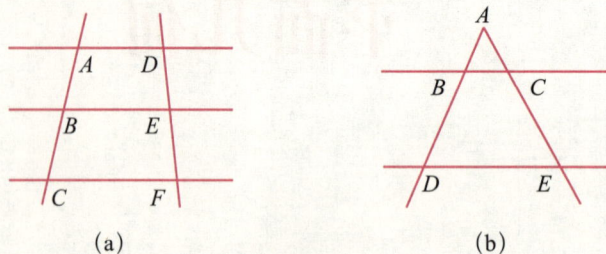

(a)　　　　　　　　　　　(b)

图 4-3

$$\frac{AB}{BC}=\frac{DE}{EF},\ \frac{AB}{AC}=\frac{DE}{DF},\ \frac{BC}{AC}=\frac{EF}{DF}\qquad \frac{AB}{BD}=\frac{AC}{CE},\ \frac{AB}{AD}=\frac{AC}{AE},\ \frac{BD}{AD}=\frac{CE}{AE}$$

2. 一般三角形及其性质

（1）角与边

三角形内角之和为 180°，三角形的外角等于不相邻两个内角和．三角形任意两边之和大于第三边，任意两边之差小于第三边．

（2）三角形的面积

$S=\frac{1}{2}ah=\sqrt{p(p-a)(p-b)(p-c)}=\frac{1}{2}ab\sin C$，其中 $p=\frac{1}{2}(a+b+c)$，h 是底边 a 上的高，∠C 是 a，b 边所夹的角．

3. 特殊三角形面积

（1）直角三角形

勾股定理： $c^2=a^2+b^2$，如图 4-4 所示．

常用勾股数：（3，4，5），（6，8，10），（5，12，13），（7，24，25）.

两锐角互余：∠A＋∠B＝90°.

斜边上的中点 D 到直角三角形三个顶点的距离相等（$BD=DA=DC$）.

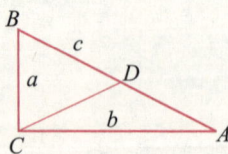

图 4-4

外接圆圆心为斜边中点，半径 R 等于斜边的一半．内切圆半径为 r，则有 $a+b-c=2r$.

中位线： 两边中点的连线为三角形的中位线．中位线平行于第三边且等于其一半．

①等腰直角三角形：如图 4-5 所示，三边之比为 $1:1:\sqrt{2}$，锐角为 45°.

②有一内角为 30°的直角三角形：如图 4-6 所示，三边之比为 $1:\sqrt{3}:2$，30°角的对边是斜边的一半，$CB=\frac{1}{2}AB$.

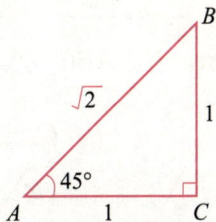

图 4-5

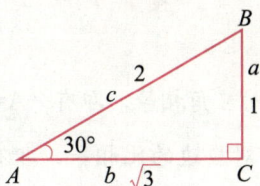

图 4-6

（2）等腰三角形

如图 4-7 所示，顶角为 $\angle A$，底角为 $\angle B$ 和 $\angle C$，$\angle B=\angle C$，$AB=AC$. 顶角平分线、底边上的高、底边上的中线三线合一，均为 AD.

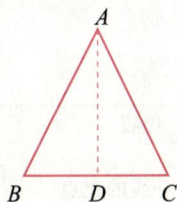

图 4-7

（3）等边三角形

如图 4-8 所示，在 $\triangle ABC$ 中，$AB=BC=AC=a$，$\angle A=\angle B=\angle C=60°$，高与边的比为 $\dfrac{\sqrt{3}}{2}$，$S_{\triangle ABC}=\dfrac{\sqrt{3}}{4}a^2$，内切圆半径 $r=\dfrac{h}{3}=\dfrac{\sqrt{3}}{6}a$，外接圆半径 $R=\dfrac{2}{3}h=\dfrac{\sqrt{3}}{3}a=2r$.

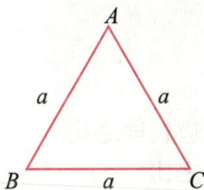

图 4-8

【鸟头定理】

两个三角形中有一个角相等或者互补，这两个三角形叫作共角三角形. 共角三角形的面积比等于对应角（相等角或互补角）两夹边的乘积之比.

4. 三角形全等与相似

（1）全等三角形

对应线段（对应边、对应边上的高、中线、角平分线）均相等，且对应角也相等.

（2）相似三角形

两个三角形相似，如图 4-9 所示，有 $\triangle ABC \backsim \triangle A'B'C'$.

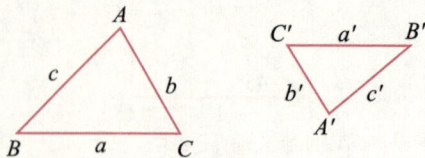

图 4-9

【性质】

（1）相似三角形（相似图形）对应角相等，即有 $\angle A = \angle A'$，$\angle B = \angle B'$，$\angle C = \angle C'$.

（2）相似三角形（相似图形）对应边的比相等，即有 $\dfrac{AB}{A'B'} = \dfrac{AC}{A'C'} = \dfrac{BC}{B'C'} = k$.

（3）相似三角形（相似图形）对应高、中线、角平分线的比也等于对应边的比（相似比）.

（4）相似三角形（相似图形）的周长比等于相似比，即 $\dfrac{l}{l'} = k$.

（5）相似三角形（相似图形）的面积比等于相似比的平方，即 $\dfrac{S_{\triangle ABC}}{S_{\triangle A'B'C'}} = \left(\dfrac{AB}{A'B'}\right)^2 = k^2$.

5. 三角形的"四心"（表 4-1）

表 4-1

四心	定义	位置	特征
内心	内切圆的圆心	角平分线的交点	内心到三边距离相等，$S = \dfrac{r}{2}(a+b+c)$，S 为面积，r 为内切圆的半径
外心	外接圆的圆心	三边的中垂线的交点	外心到三个顶点距离相等，直角三角形的外心在斜边的中点
重心		三边中点的交点	重心把三角形分为三个面积相等的三角形
垂心		三条高的交点	

6. 三角形面积的性质

（1）同高等底：面积相等.

（2）同底等高：面积相等.

（3）等高不等底：面积比等于底边长度之比.

（4）等底不等高：面积比等于高之比.

（5）既不等底也不等高，但相似：面积比等于相似比的平方.

7. 三角形正、余弦的性质

正弦定理： $\dfrac{a}{\sin A} = \dfrac{b}{\sin B} = \dfrac{c}{\sin C} = 2R$（$R$ 为三角形外接圆半径）；

$a : b : c = \sin A : \sin B : \sin C$

余弦定理： $\cos A = \dfrac{b^2 + c^2 - a^2}{2bc}$，$\cos B = \dfrac{a^2 + c^2 - b^2}{2ac}$，$\cos C = \dfrac{a^2 + b^2 - c^2}{2ab}$

8. 射影定理

在直角三角形 ABC 中，$BD \perp AC$，如图 4-10 所示，则满足 $BD^2 = AD \cdot DC$，$AB^2 = AD \cdot AC$，$BC^2 = CD \cdot CA$.

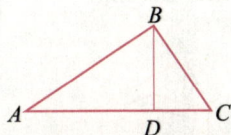

图 4-10

第二部分 经典母题

1. (2018 年第 4 题) 如图 4-11，圆 O 是三角形 ABC 的内切圆，若三角形 ABC 的面积与周长的大小之比为 $1:2$，则圆 O 的面积为（　　）

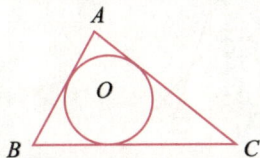

图 4-11

(A) π　　　　(B) 2π　　　　(C) 3π　　　　(D) 4π　　　　(E) 5π

2. (2014 年第 3 题) 如图 4-12，已知 $AE = 3AB$，$BF = 2BC$. 若 $\triangle ABC$ 的面积是 2，则 $\triangle AEF$ 的面积为（　　）

(A) 14　　　　(B) 12　　　　(C) 10　　　　(D) 8　　　　(E) 6

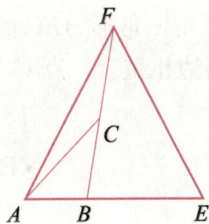

图 4-12

3. 如图 4-13 所示，一个矩形分成四个部分，$S_{黄} = 4$，$S_{蓝} = 6$，则红色区域面积为（　　）

(A) 9　　　　(B) 10　　　　(C) 11　　　　(D) 12　　　　(E) 13

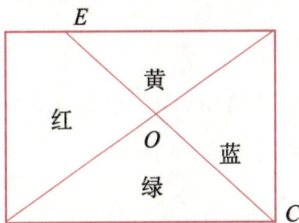

图 4-13

4. （2010 年第 5 题）如图 4 - 14，直角三角形 ABC 内有座山，从 BC 边上某点 D 开一条隧道通到点 A，要求隧道长度最短，已知 AB 长 5km，AC 长 12km，则隧道 AD 的长度约为（   ）

(A) 4.12km   (B) 4.22km   (C) 4.42km   (D) 4.62km   (E) 4.92km

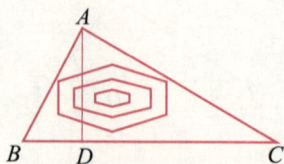

图 4 - 14

5. 如图 4 - 15 所示，梯子 AB（CD）长度为 2.5m，距墙角 $OB=0.7$m，由于自重，使梯子滑出 BD，高度下降 AC，又测得 $AC=0.4$m，则 $BD=$（   ）m

(A) 0.7   (B) 0.8   (C) 0.9   (D) 1   (E) 1.2

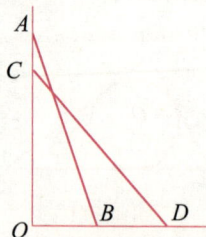

图 4 - 15

第三部分　历年真题

1. （2009 年第 12 题）如图 4 - 16，直角三角形 ABC 的斜边 $AB=13$ 厘米，直角边 $AC=5$ 厘米，把 AC 对折到 AB 上去与斜边相重合，点 C 与点 E 重合，折痕为 AD，则图中阴影部分的面积为（   ）平方厘米.

(A) 20   (B) $\dfrac{40}{3}$ (C) $\dfrac{38}{3}$ (D) 14   (E) 12

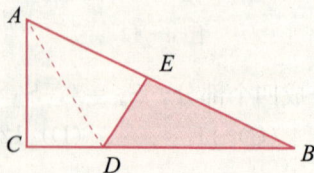

图 4 - 16

2. （2010 年第 25 题）如图 4 - 17，$\triangle ABC$ 中，已知 $EF//BC$，则 $\triangle AEF$ 的面积等于梯形 $EBCF$ 的面积.

(1) $|AG|=2|GD|$

(2) $|BC|=\sqrt{2}|EF|$

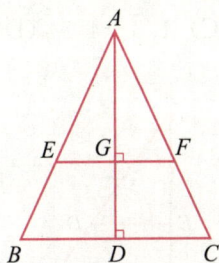

图 4-17

3. （2012 年第 2 题）如图 4-18，△ABC 是直角三角形，S_1，S_2，S_3 为正方形，已知 a、b、c 分别是 S_1，S_2，S_3 的边长，则（　　）

(A) $a=b+c$

(B) $a^2=b^2+c^2$

(C) $a^2=2b^2+2c^2$

(D) $a^3=b^3+c^3$

(E) $a^3=2b^3+2c^3$

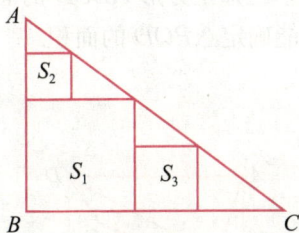

图 4-18

4. （2011 年第 20 题）已知三角形 ABC 的三条边长分别为 a，b，c，则三角形 ABC 是等腰直角三角形.

(1) $(a-b)(c^2-a^2-b^2)=0$

(2) $c=\sqrt{2}b$

5. （2016 年第 8 题）如图 4-19，在四边形 $ABCD$ 中，$AB/\!/CD$，AB 与 CD 的边长分别为 4 和 8，若 △ABE 的面积为 4，则四边形 $ABCD$ 的面积为（　　）

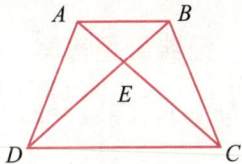

图 4-19

(A) 24　　(B) 30　　(C) 32　　(D) 36　　(E) 40

6. （2010 年第 10 题）已知△ABC 和△A'B'C'满足 $AB:A'B'=AC:A'C'=2:3$，$\angle A+\angle A'=\pi$，则△ABC 和△A'B'C'的面积比为（　　）

(A) $\sqrt{2}:\sqrt{3}$　(B) $\sqrt{3}:\sqrt{5}$　(C) 2:3　(D) 2:5　(E) 4:9

7. （2013 年第 7 题）如图 4-20，在直角三角形 ABC 中，$AC=4$、$BC=3$，$DE/\!/BC$，已知梯形 $BCED$ 的面积为 3，则 DE 的长为（　　）

(A) $\sqrt{3}$　　　(B) $\sqrt{3}+1$　　　(C) $4\sqrt{3}-4$　　　(D) $\dfrac{3\sqrt{2}}{2}$　　　(E) $\dfrac{\sqrt{2}}{2}$

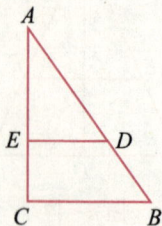

图 4－20

8. （2013 年第 18 题）△ABC 的边长分别为 a，b，c，则△ABC 为直角三角形.

(1) $(c^2-a^2-b^2)(a^2-b^2)=0$

(2) △ABC 的面积为 $\dfrac{1}{2}ab$

9. （2019 年第 21 题）如图 4－21，已知正方形 $ABCD$ 的面积，O 为 BC 上一点，P 为 AO 的中点，Q 为 DO 上一点，则能确定△PQD 的面积.

(1) O 为 BC 的三等分点

(2) Q 为 DO 的三等分点

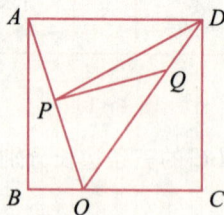

图 4－21

第四部分　参考答案

经典母题答案

1. 分析　如图 4－22，$S_{\triangle ABC}=ar+br+cr$，$C_{\triangle ABC}=2a+2c+2c$，则

$$\dfrac{S_{\triangle ABC}}{C_{\triangle ABC}}=\dfrac{ar+br+cr}{2a+2b+2c}=\dfrac{1}{2}，\therefore r=1，\text{所以圆 } O \text{ 的面积为 } \pi，\text{选 A.}$$

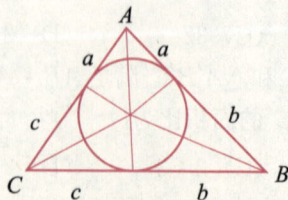

图 4－22

2. 分析　两三角形的高相等，则面积比等于底边比．

$$\begin{cases} \dfrac{S_{\triangle ABF}}{S_{\triangle ABC}}=\dfrac{BF}{BC}=\dfrac{2}{1} \\[2mm] \dfrac{S_{\triangle AEF}}{S_{\triangle ABF}}=\dfrac{AE}{AB}=\dfrac{3}{1} \end{cases} \Rightarrow S_{\triangle AEF}=6S_{\triangle ABC}=12,\ 选\ B.$$

3. 分析　对于黄色区域和蓝色区域有：两个三角形等高不同底，两个三角形的底的比即为面积比，则 $OE:OC=4:6$．

因为黄色区域和绿色区域是相似三角形，两个三角形的面积比为其相似比的平方，因此有 $S_黄:S_绿=\left(\dfrac{4}{6}\right)^2=4:9$，即绿色区域面积为 9．

又因为 $S_黄+S_红=S_绿+S_蓝$，都为矩形的一半，所以红色区域面积为 11，故选 C．

4. 分析　由三角形的面积公式得

$$BC\times AD=AB\times AC \Rightarrow 13\times AD=5\times 12 \Rightarrow AD\approx 4.62,\ 选\ D.$$

5. 分析　利用勾股数．由勾股数（7，24，25），$OB=0.7\text{m}$，$AB=2.5\text{m}$，得：$AO=2.4\text{m}$．又 $AC=0.4\text{m}$，则 $OC=2\text{m}$．

由勾股数（3，4，5），且 $OC=2\text{m}$，$CD=2.5\text{m} \Rightarrow OD=1.5\text{m}$，因此 $BD=1.5-0.7=0.8\text{m}$，故选 B．

<h2 style="color:red;text-align:center">历年真题答案</h2>

1.【答案】B

【考点】组合图形面积

【解析】

解法一：$BC=\sqrt{AB^2-AC^2}=12$，$BE=AB-AC=8$，根据勾股定理

$(12-CD)^2+8=DE^2 \Rightarrow CD=\dfrac{10}{3}$，$S_阴=\dfrac{1}{2}\times 8\times\dfrac{10}{3}=\dfrac{40}{3}$．

解法二：$\triangle BED\sim\triangle BCA\Rightarrow\dfrac{BE}{BC}=\dfrac{ED}{AC}\Rightarrow\dfrac{8}{12}=\dfrac{ED}{5}\Rightarrow ED=\dfrac{10}{3}$，

则 $S_阴=\dfrac{1}{2}\times 8\times\dfrac{10}{3}=\dfrac{40}{3}$

解法三：$S_{\triangle ACD}=S_{\triangle AED}=x$，解得 $BE=8$，$AE=5\Rightarrow S_{\triangle BED}:S_{\triangle AED}=8:5$，

$\Rightarrow S_{\triangle BED}=\dfrac{8x}{5}$，因此 $\dfrac{8}{5}x+x+x=30\Rightarrow x=\dfrac{25}{3}$，$S_{\triangle BED}=\dfrac{8}{5}\times\dfrac{25}{3}=\dfrac{40}{3}$．

2.【答案】B

【考点】三角形相似

【解析】条件（1）：$|AG|=2|GD|\Rightarrow S_{\triangle AEF}:S_{\triangle ABC}=4:9\Rightarrow S_{\triangle AEF}:S_{梯形EBCF}=4:5$，不充分．

条件（2）：$|BC|=\sqrt{2}|EF|\Rightarrow S_{\triangle AEF}:S_{\triangle ABC}=1:2\Rightarrow S_{\triangle AEF}:S_{梯形EBCF}=1:1$，充分．

3.【答案】A

【考点】三角形相似

【解析】

解法一：

如图 4-23 所示：$\triangle DEG \sim \triangle EHF$，得

$$\frac{DG}{EH} = \frac{GE}{HF} \Rightarrow \frac{c}{a-b} = \frac{a-c}{b} \Rightarrow a = b+c$$

解法二：特值成等腰直角三角形，可以得到 $\begin{cases} a=2c \\ a=2b \end{cases} \Rightarrow a = b+c$

解法三：用刻度尺量出结果.

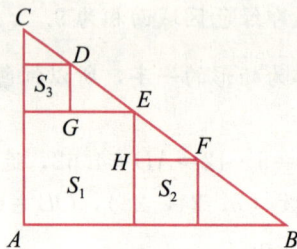

图 4-23

4. **【答案】** C

【考点】 代数式与几何结合

【解析】 条件（1）：得 $a=b$ 或 $c^2=a^2+b^2$，三角形为等腰三角形或直角三角形，不充分.

条件（2）：不能确定三角形的形状.

联合 $\begin{cases} c=\sqrt{2}b \\ a=b \end{cases} \Rightarrow c^2=a^2+b^2 \Rightarrow \begin{cases} c=\sqrt{2}b \\ c^2=a^2+b^2 \end{cases} \Rightarrow a=b$ 且 $c^2=a^2+b^2$，是等腰直角三角形，

充分.

5. **【答案】** D

【考点】 梯形

【解析】 $\triangle ABE \sim \triangle CDE$，相似比为 $\frac{4}{8} = \frac{1}{2}$，又因为面积比等于相似比的平方，所以：

$\dfrac{S_{\triangle ABE}}{S_{\triangle CDE}} = \left(\dfrac{1}{2}\right)^2 = \dfrac{1}{4} = \dfrac{4}{S_{\triangle CDE}}$，所以 $S_{\triangle CDE}=16$. 又因为在梯形中，对角面积的乘积相等，

且 $S_{\triangle ADE}=S_{\triangle BCE}$，所以 $(S_{\triangle ADE})^2 = 4 \times 16 \Rightarrow S_{\triangle ADE}=8$，所以 $S=4+16+8+8=36$.

6. **【答案】** E

【考点】 特值三角形相似

【解析】 根据题意可以令 $\angle A = \angle A' = \dfrac{\pi}{2}$，$AB:A'B'=AC:A'C'=2:3$，所以 $\triangle ABC \sim$

$\triangle A'B'C'$，则 $S_{\triangle ABC}$ 和 $S_{\triangle A'B'C'}$ 的比为 $4:9$.

7. **【答案】** D

【考点】 三角形相似

【解析】 相似三角形的面积比等于相似比的平方，由题意可得 $S_{\triangle ABC} = \dfrac{1}{2} \times 4 \times 3 = 6$，

$S_{\triangle AED}=6-3=3$，又因为 $DE /\!/ BC$，所以可得 $ABC \backsim ADE$，面积比为 $2:1$，所以相似

比 $\dfrac{BC}{DE}=\sqrt{\dfrac{1}{2}}\Rightarrow DE=\dfrac{3\sqrt{2}}{2}$.

8.【答案】 B

【考点】 三角形的判定

【解析】 条件（1）：由条件可得 $c^2-a^2-b^2=0$（$\triangle ABC$ 为直角三角形）或者 $a^2-b^2=0$（$\triangle ABC$ 为等腰三角形），不充分.

条件（2）：显然可得 $\triangle ABC$ 为直角三角形，充分.

9.【答案】 B

【考点】 平面几何

【解析】 条件（1）：由于点 Q 的位置不确定，所以 $\triangle PQD$ 的面积也无法确定，不充分.

条件（2）：$S_{\triangle AOD}=\dfrac{1}{2}S_{正ABCD}$，又因为 P 为 AO 的中点，所以 $S_{\triangle POD}=S_{\triangle ADP}=\dfrac{1}{4}S_{正ABCD}$，因为 Q 为 OD 的三等分点，所以 $S_{\triangle PQD}=\dfrac{1}{3}S_{\triangle POD}=\dfrac{1}{12}S_{正ABCD}$，充分.

第二节　四边形及其性质

第一部分　知识要点

1. 平行四边形

平行四边形两边长是 a，b，以 b 为底边的高为 h，面积为 $S=bh$，周长 $C=2$ $(a+b)$. 两对角线互相平分，如图 4-24 所示.

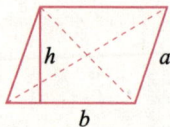

图 4-24

2. 矩形

矩形两边长为 a，b，面积为 $S=ab$，周长 $C=2$ $(a+b)$，对角线 $l=\sqrt{a^2+b^2}$，两对角线互相平分，如图 4-25 所示.

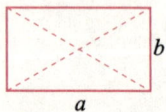

图 4-25

3. 菱形

菱形是四条边边长相等的平行四边形，面积为 $S=ah=\dfrac{1}{2}l_1l_2$，其中，l_1，l_2 为两条对角线的长，周长为 $C=4a$，两对角线互相垂直平分.

4. 梯形

梯形上底为 a，下底为 b，高为 h，中位线 $MN=\dfrac{1}{2}$ $(a+b)$，面积为 $S=\dfrac{1}{2}$ $(a+b)$ h.

5. 正方形

四边边长均为 a，四个内角都是直角，面积 $S=a^2$，周长 $C=4a$.

第二部分　经典母题

1. 方程 $x^2-(1-\sqrt{3})^2+\sqrt{3}=0$ 的两根分别为菱形的两条对角线长，则该菱形的面积是（　　）

(A) $\dfrac{\sqrt{11}}{4}$ (B) $\dfrac{\sqrt{11}}{8}$ (C) $\dfrac{\sqrt{3}}{2}$ (D) $\dfrac{\sqrt{3}}{5}$ (E) $\dfrac{\sqrt{3}}{8}$

2. 面积为 1 的菱形，其中一条对角线是另一条对角线长的 2 倍，则菱形边长为（　　）

(A) $\dfrac{1}{2}$ (B) $\dfrac{\sqrt{3}}{2}$ (C) 1 (D) $\dfrac{\sqrt{5}}{2}$ (E) $\dfrac{\sqrt{6}}{2}$

3. 周长为 54 的直角梯形，两腰长之比为 1∶2，两底之和与两腰之和比为 2∶1，则梯形面积为（　　）

(A) 90   (B) 96   (C) 100   (D) 108   (E) 112

4. 如图 4-26 所示，△ABC 是直角三角形，S_1，S_2，S_3 均为正方形，已知 a，b，c 分别是 S_1，S_2，S_3 的边长，则（　　）

(A) $a=b+c$ (B) $a^2=b^2+c^2$

(C) $a^2=2b^2+2c^2$ (D) $a^3=b^3+c^3$

(E) $a^3=2b^3+2c^3$

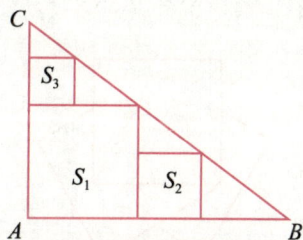

图 4-26

5. （2019 年第 21 题）如图 4-27，已知正方形 ABCD 的面积，O 为 BC 上一点，P 为 AO 的中点，Q 为 DO 上一点，则能确定△PQD 的面积.

(1) O 为 BC 的三等分点

(2) Q 为 DO 的三等分点

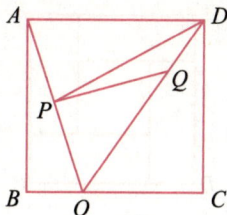

图 4-27

第三部分　历年真题

1. （2011 年第 18 题）等腰梯形的上底与腰均为 x，下底为 $x+10$，则 $x=13$.
   （1）该梯形的上底和下底比为 $13:23$
   （2）该梯形的面积为 216

2. （2018 年第 20 题）如图 4-28，在矩形 $ABCD$ 中，$AE=FC$，则三角形 AED 与四边形 $BCFE$ 能拼接成一个直角三角形.
   （1）$EB=2FC$
   （2）$ED=EF$

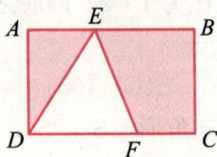

图 4-28

3. （2012 年第 14 题）如图 4-29，三个边长为 1 的正方形叠成如图所示的形状，则其总的覆盖面积为（　　）

   (A) $3-\sqrt{2}$　　(B) $3-\dfrac{3\sqrt{2}}{4}$　　(C) $3-\sqrt{3}$　　(D) $3-\dfrac{\sqrt{3}}{2}$　　(E) $3-\dfrac{3\sqrt{3}}{4}$

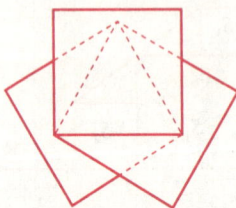

图 4-29

4. （2016 年第 17 题）如图 4-30，正方形 $ABCD$ 由四个相同的长方形和一个小正方形拼成，则能确定小正方形的面积.
   （1）已知正方形 $ABCD$ 的面积
   （2）已知长方形的长宽之比

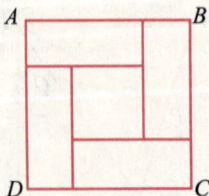

图 4-30

5. （2010 年第 14 题）如图 4-31，长方形 $ABCD$ 边长分别为 6m 和 8m，四边形 $OEFG$ 的

面积为 4m²，则阴影部分面积为(　　)

(A) 32m²　　　　(B) 28m²　　　　(C) 24m²　　　　(D) 20m²　　　　(E) 16m²

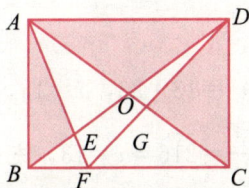

图 4-31

6. (2017 年第 3 题) 某种机器人可搜索到的区域是半径为 1 米的圆，若该机器人沿直线行走 10 米，则其搜索过的区域的面积（单位：平方米）为(　　)

(A) $10+\dfrac{\pi}{2}$　　(B) $10+\pi$　　(C) $20+\dfrac{\pi}{2}$　　(D) $20+\pi$　　(E) 10π

第四部分　参考答案

经典母题答案

1. **分析**　利用经验公式法．菱形的两条对角线互相垂直，菱形的面积是两条对角线长乘积的一半，由题意得方程的两根之积为 $\sqrt{3}$ （韦达定理），所以面积为 $S=\dfrac{\sqrt{3}}{2}$，故选 C.

2. **分析**　如图 4-32 所示，设 $OA=x$，$OB=2x$，则两条对角线长分别为 $2x$，$4x$，又 $S=\dfrac{1}{2}\times AC\times BD=4x^2=1$，则 $x=\dfrac{1}{2}$，因此菱形边长 $AB=\sqrt{x^2+(2x)^2}=\sqrt{5}x=\dfrac{\sqrt{5}}{2}$，故选 D.

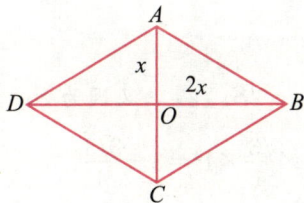

图 4-32

3. **分析**　设梯形较短的腰长为 x，则另一腰长为 $2x$，上下两底之和为 $2\times 3x=6x$，因此有周长为 $9x=54$，推出 $x=6$，因此，面积$=1/2\times 6x\times x=3\times 36=108$，选 D.

4. **分析**　中间两个三角形相似，从而两组对应的直角边成比例，得 $\dfrac{c}{a-c}=\dfrac{a-b}{b}$，$a=b+c$，故选 A.

5. **分析**　条件（1）：由于点 Q 的位置不确定，所以 $\triangle PQD$ 的面积也无法确定，不充分．

条件（2）：$S_{\triangle AOD}=\dfrac{1}{2}S_{正ABCD}$，因为 P 为 AO 的中点，所以 $S_{\triangle POD}=S_{\triangle ADP}=\dfrac{1}{4}S_{正ABCD}$.

因为 Q 为 OD 的三等分点，所以 $S_{\triangle PDQ}=\dfrac{1}{3}S_{\triangle POD}=\dfrac{1}{12}S_{正ABCD}$，充分．选 B.

历年真题答案

1.【答案】 D

　　【考点】 梯形

　　【解析】 条件（1）：x ： $(x+10)$ ＝13：23，$x=13$，充分.

　　条件（2）：$\dfrac{(x+x+10)\ \sqrt{x^2-5^2}}{2}=216 \Rightarrow x=13$，充分.

2.【答案】 D

　　【考点】 平面几何

　　【解析】 如图 4－33，三角形 AED 与四边形 $BCFE$ 能拼接成一个直角三角形等价于 $\triangle DAE \cong \triangle GCF$.

　　条件（1）：当 $EB=2FC$ 时，点 C 为 GB 的中点，所以 $GC=AD$，再根据题干 $AE=FC$，且 $\angle A=\angle GCD$，所以 $\triangle DAE \cong \triangle GCF$，充分.

　　条件（2）：$\because ED=EF$，$\therefore \angle EDC=\angle EFD=\angle CFG=\angle AED$，可以推出 $\triangle DAE \cong \triangle GCF$，充分.

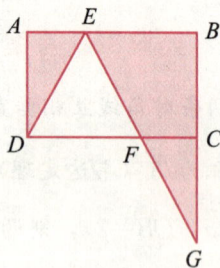

图 4－33

3.【答案】 E

　　【考点】 组合图形面积

　　【解析】 $S_{求}=3S_{正方形}-3S_{小三角形}-2S_{大三角形}$，又因为 $S_{大三角形}=3S_{小三角形}$，所以

　　$S_{求}=3S_{正方形}-3S_{大三角形}=3-3\times\dfrac{\sqrt{3}}{4}\times 1^2=3-\dfrac{3\sqrt{3}}{4}$.

4.【答案】 C

　　【考点】 平面图形

　　【解析】 设长方形的长为 a，宽为 b.

　　条件（1）可以确定 ab，但不能确定小正方形的面积.

　　条件（2）可以确定 a：b，但不能确定具体数值.

　　联合可以求出 a，b，则能求出小正方形的面积.

5.【答案】 B

　　【考点】 组合图形的面积

　　【解析】 阴影部分面积不好求，转而求空白部分的面积.

　　$S_{空}=S_{\triangle DBF}+S_{\triangle ACF}-S_{四边形OEFG}=\dfrac{1}{2}\times 8\times 6-4=20$，

则 $S_{阴影} = S_{矩} - S_{空} = 6 \times 8 - 20 = 28$.

6.【答案】 D

【考点】 平面图形的面积

【解析】 机器人所行走的区域为一长为 10 米、宽为 2 米的矩形加上两个半径为 1 米的半圆，所以其搜索过的区域的面积为 $2 \times 10 + \pi \times 1^2 = 20 + \pi$ 平方米.

第三节　圆与扇形及其性质

第一部分　知识要点

1. 圆及相关概念

（1）角的弧度

把圆弧长度和半径的比值称为对一个圆周角的弧度．度与弧度的换算公式：

1 弧度 $=\dfrac{180^\circ}{\pi}$，$1^\circ=\dfrac{\pi}{180^\circ}$ 弧度．

几个常用的角（表 4 - 2）：

表 4 - 2

角度	30°	45°	60°	90°	120°	180°	360°
弧度	$\dfrac{\pi}{6}$	$\dfrac{\pi}{4}$	$\dfrac{\pi}{3}$	$\dfrac{\pi}{2}$	$\dfrac{2\pi}{3}$	π	2π

（2）圆

圆的半径是 r，面积 $S=\pi r^2$，周长 $C=2\pi r$．

【注意】

（1）圆内接正（长）方形，则正（长）方形对角线长等于圆的直径．

（2）正方形内切圆，则正方形的边长等于圆的直径．

2. 扇形

（1）扇形的弧长：$l=r\theta=\dfrac{\alpha}{360^\circ}\times2\pi r$，其中 θ 为扇形角的弧度数，α 为扇形角的角度数，r 为扇形半径．

（2）扇形的面积：$S=\dfrac{\alpha}{360^\circ}\times\pi r^2=\dfrac{1}{2}lr=\dfrac{1}{2}\theta r^2$．

第二部分　经典母题

1. 如图 4 - 34 所示，三个圆的面积都是 $14\mathrm{cm}^2$，则阴影部分的面积之和等于（　　）cm^2
   （A）5　　　　　（B）6　　　　　（C）7　　　　　（D）8　　　　　（E）9

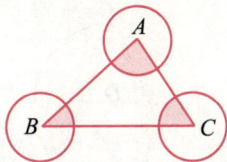

图 4 - 34

2. 如图 4 - 35 所示，四边形 $ABCD$ 是边长为 1 的正方形，弧 AOB，BOC，COD，DOA 均为半圆，则阴影部分的面积为（　　）

(A) $\dfrac{1}{2}$　　(B) $\dfrac{\pi}{2}$　　(C) $1-\dfrac{\pi}{4}$　　(D) $\dfrac{\pi}{2}-1$　　(E) $2-\dfrac{\pi}{2}$

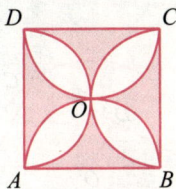

图 4 - 35

3. 如图 4 - 36 所示，$AB=10$ 是半圆的直径，C 是弧 AB 的中点，ABD 是以 AB 为半径的扇形，则图中阴影部分的面积是（　　）

(A) $25\left(\dfrac{\pi}{2}+1\right)$

(B) $25\left(\dfrac{\pi}{2}-1\right)$

(C) $25\left(\dfrac{\pi}{4}+1\right)$

(D) $25\left(1-\dfrac{\pi}{4}\right)$

(E) 以上都不对

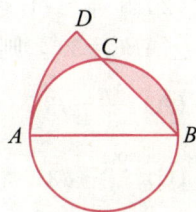

图 4 - 36

4. 如图 4 - 37 所示，长方形 $ABCD$ 中，$AB=a$，$BC=b$（$b>a$），若长方形 $ABCD$ 绕 A 点顺时针旋转 $90°$，则线段 CD 扫过的面积（阴影部分）等于（　　）

(A) $\dfrac{1}{2}\pi b^2$

(B) $\dfrac{1}{4}\pi ab$

(C) $\dfrac{1}{4}\pi a^2$

(D) $\dfrac{1}{4}\pi(b^2-a^2)$

(E) $\dfrac{1}{4}\pi(b-a)^2$

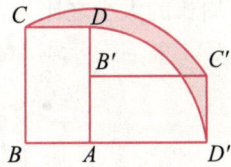

图 4 - 37

第三部分　历年真题

1. （2020 年第 12 题）如图 4 - 38 所示，圆 O 的内接三角形 ABC 是等腰三角形，底边 $BC=6$，顶角为 $\dfrac{\pi}{4}$，则圆 O 的面积为（　　）

(A) 12π　　(B) 16π　　(C) 18π　　(D) 32π　　(E) 36π

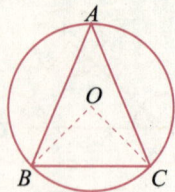

图 4-38

2. (2014 年第 20 题）如图 4-39，O 是半圆的圆心，C 是半圆上的一点，$OD\perp AC$，则能确定 OD 的长.

(1) 已知 BC 的长

(2) 已知 AO 的长

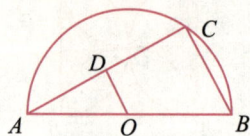

图 4-39

3. (2015 年第 4 题）如图 4-40，BC 是半圆的直径，且 $BC=4$，$\angle ABC=30°$，则图中阴影部分的面积为（   ）

(A) $\dfrac{4\pi}{3}-\sqrt{3}$　　　　　　(B) $\dfrac{4\pi}{3}-2\sqrt{3}$

(C) $\dfrac{2\pi}{3}+\sqrt{3}$　　　　　　(D) $\dfrac{2\pi}{3}+2\sqrt{3}$

(E) $2\pi-2\sqrt{3}$

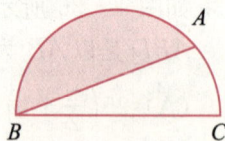

图 4-40

4. (2018 年第 4 题）如图 4-41，圆 O 是三角形 ABC 的内切圆，若三角形 ABC 的面积与周长的大小之比为 $1:2$，则圆 O 的面积为（   ）

(A) π　　(B) 2π　　(C) 3π　　(D) 4π　　(E) 5π

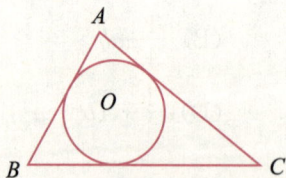

图 4-41

5. (2017 年第 8 题）如图 4-42，在扇形 AOB 中，$\angle AOB=45°$，$OA=1$. $AC\perp OB$，则阴影部分的面积为（   ）

(A) $\dfrac{\pi}{8}-\dfrac{1}{4}$　　　　　　(B) $\dfrac{\pi}{8}-\dfrac{1}{8}$

(C) $\dfrac{\pi}{4}-\dfrac{1}{2}$　　　　　　(D) $\dfrac{\pi}{4}-\dfrac{1}{4}$

(E) $\dfrac{\pi}{4}-\dfrac{1}{8}$

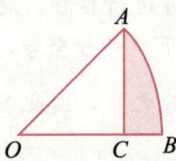

图 4 - 42

6.（2014 年第 5 题）如图 4 - 43，圆 A 与圆 B 的半径均为 1，则阴影部分的面积为（　　）

(A) $\dfrac{2}{3}\pi$　　　(B) $\dfrac{\sqrt{3}}{2}$　　　(C) $\dfrac{\pi}{3}-\dfrac{\sqrt{3}}{4}$　　　(D) $\dfrac{2\pi}{3}-\dfrac{\sqrt{3}}{4}$　　　(E) $\dfrac{2\pi}{3}-\dfrac{\sqrt{3}}{2}$

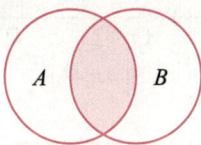

图 4 - 43

7.（2015 年第 19 题）圆盘 $x^2+y^2\leqslant 2（x+y）$ 被直线 L 分成面积相等的两部分.

(1) L：$x+y=2$　　　　　　(2) L：$2x-y=1$

8.（2013 年第 16 题）已知平面区域 $D_1=\{(x,y)\mid x^2+y^2\leqslant 9\}$，$D_2=\{(x,y)\mid (x-x_0)^2+(y-y_0)^2\leqslant 9\}$，则 D_1，D_2 覆盖区域的边界长度为 8π.

(1) $x_0^2+y_0^2=9$

(2) $x_0+y_0=3$

第四部分　参考答案

经典母题答案

1. 分析　利用思维解题法．三个阴影的扇形的圆心角之和刚好为三角形三个内角和 $180°$，则三块阴影部分的面积和补到一起为图中圆的半圆面积 7cm^2，故选 C.

2. 分析　解法一：利用思维解题法．把阴影部分分成两部分，上下为一份，左右为一份，每一份的面积都是一个正方形减去一个圆的面积，即 $S_{\text{阴影}}=2\left(1-\dfrac{\pi}{4}\right)=2-\dfrac{\pi}{2}$，故选 E.

解法二：连接 AC，BD，可以发现白色部分分成了 8 个相等的部分，每两部分是半圆与等腰直角三角形的面积差，所求的阴影部分面积为正方形与白色部分面积差，因为白色区域面积等于 $\dfrac{1}{2}\pi-1$，从而阴影部分面积等于 $1-\left(\dfrac{1}{2}\pi-1\right)=2-\dfrac{1}{2}\pi$，故选 E.

3. 分析　利用思维解题法．连接 AC，则有 $S_{\text{阴影}}=S_{\text{扇形}ABD}-S_{\text{Rt}\triangle ABC}$，又 $S_{\text{扇形}ABD}=\dfrac{45}{360}\pi\times 10^2=\dfrac{25}{2}\pi$，$S_{\text{Rt}\triangle ABC}=\dfrac{1}{2}\times 10\times 5=25$，则有 $S_{\text{阴影}}=25\left(\dfrac{\pi}{2}-1\right)$，故选 B.

4. 分析 利用思维解题法. 对阴影部分进行转移，延长 AD 交弧 $\overset{\frown}{CC'}$ 于点 H，延长 AD' 交弧 $\overset{\frown}{CC'}$ 于点 H'，则左上角部分与右下角部分全等，即阴影部分可转化为如图 4-44 所示阴影部分面积，即为环形面积的四分之一，因此 $S=\dfrac{1}{4}(\pi AH^2-\pi AD^2)$.

又因为 $AH=AC=\sqrt{a^2+b^2}$，所以 $S_{阴影}=\dfrac{1}{4}\left[\pi(\sqrt{a^2+b^2})^2-\pi b^2\right]=\dfrac{1}{4}\pi a^2$，故选 C.

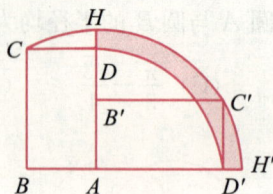

图 4-44

历年真题答案

1.【答案】C

【解析】 经验公式法

外接圆半径 $r=\dfrac{a}{2\sin A}=\dfrac{6}{2\times\frac{\sqrt{2}}{2}}=3\sqrt{2}$，故 $S_{外接圆}=\pi r^2=18\pi$.

2.【答案】A

【考点】 中位线

【解析】 AB 为直径，则有 $BC\perp AC$，又因为 $OD\perp AC$，O 为 AB 中点，所以 OD 为 $\triangle ABC$ 的中位线，则 $OD=\dfrac{1}{2}BC$，显然条件（1）充分，条件（2）不充分.

3.【答案】A

【考点】 阴影部分面积

【解析】 如图 4-45，设圆心为 O，连接 OA 可得 $\angle AOB=120°$，故 $S_{阴}=S_{扇}-S_{\triangle AOB}=\dfrac{120}{360}\pi r^2-\dfrac{1}{2}\cdot 2\sqrt{3}=\dfrac{4}{3}\pi-\sqrt{3}$.

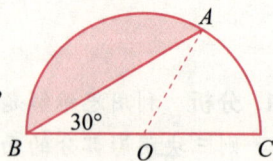

图 4-45

4.【答案】A

【考点】 三角形内切圆问题

【解析】 如图 4-46，$S_{\triangle ABC}=ar+br+cr$，$C_{\triangle ABC}=2a+2b+2c$，则 $\dfrac{S_{\triangle ABC}}{C_{\triangle ABC}}=\dfrac{ar+br+cr}{2a+2b+2c}=\dfrac{1}{2}$，$\therefore r=1$，所以圆 O 的面积为 π.

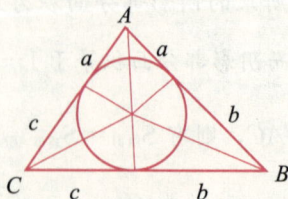

图 4-46

5.【答案】A

【考点】平面几何阴影部分面积

【解析】$S_{阴影}=S_{扇形OAB}-S_{\triangle AOC}=\dfrac{1}{8}\pi\times1^2-\dfrac{1}{2}\times\left(\dfrac{\sqrt{2}}{2}\right)^2=\dfrac{1}{8}\pi-\dfrac{1}{4}$.

6.【答案】E

【考点】组合图形面积

【解析】如图 4-47 所示，阴影部分由两个弓形组成，而每个弓形都是一个扇形（圆心角为 $120°$）减去一个等腰三角形.

即：$S_{阴影}=2S_{弓}=2S_{扇}-2S_{\triangle}=2\left(\dfrac{120}{360}\pi\times1^2-\dfrac{1}{2}\times\sqrt{3}\times\dfrac{1}{2}\right)=\dfrac{2\pi}{3}-\dfrac{\sqrt{3}}{2}$.

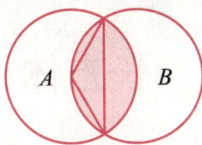

图 4-47

7.【答案】D

【考点】圆的方程

【解析】圆盘的圆心为 $(1，1)$，若平分圆盘即直线过圆心.

条件（1）：$1+1=2$，直线过圆心.

条件（2）：$2\times1-1=1$，直线过圆心.

8.【答案】A

【考点】弧长计算

【解析】条件（1）：$x_0^2+y_0^2=9$ 代表的 D_2 圆心在 D_1 上，两圆半径相等，因此 D_1 的圆心也在 D_2 上，如图 4-48 所示，覆盖区域的边界长度为 $2\left(2\pi r-\dfrac{120}{360}\times2\pi r\right)=\dfrac{8\pi r}{3}=8\pi$，充分.

条件（2）：$x_0+y_0=3$ 代表 D_2 的圆心在 $x+y=3$ 这条直线上，覆盖边界长度不确定，当两圆距离很远时，覆盖边界长度为 $4\pi r=12\pi$，不充分.

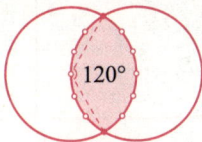

图 4-48

第五章

立体几何

第一节　长方体、柱体

第一部分　知识要点

1. 长方体

如图 5-1，设 3 条相邻的棱长分别是 a，b，c.

(1) 表面积：$S=2\,(ab+bc+ac)$.

(2) 体积：$V=abc$.

(3) 体对角线：$d=\sqrt{a^2+b^2+c^2}$.

(4) 所有棱长之和：$l=4\,(a+b+c)$.

特殊地，当 $a=b=c$ 时，此长方体称为正方体，且有 $S=6a^2$，$V=a^3$，$d=\sqrt{3}\,a$，$l=12a$.

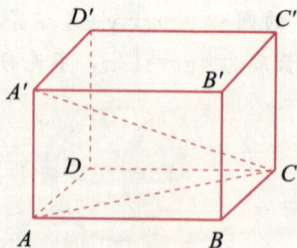

图 5-1

2. 柱体

圆柱：底面为圆的柱体称为圆柱.

棱柱：底面为多边形的柱体称为棱柱，底面为 n 边形的柱体就称为 n 棱柱.

柱体的性质及公式：

无论是圆柱还是棱柱，侧面展开图为矩形，其中一边为底面的周长，另一边为柱体的高.

圆柱：设高为 h，底面半径为 r，则体积 $V = \pi r^2 h$，侧面积 $S_{侧} = 2\pi r h$，全面积 $S_{全} = S_{侧} + 2S_{底} = 2\pi r h + 2\pi r^2$.

柱体：底面面积根据多边形面积求得（连接中心与各顶点，将多边形分割成多个三角形），底面周长是底面各棱长的和，即有侧面积 $S =$ 底面周长×高，体积 $V =$ 底面面积×高.

第二部分　经典母题

1. 长方体的三个不同面的面积分别为 2，3，6，求其体积及其体对角线长度.
2. 两圆柱侧面积相等，则体积之比为 1:2.
   (1) 底面半径分别为 10 和 5
   (2) 底面半径之比为 2:1

第三部分　历年真题

1. (2017 年第 13 题) 将长、宽、高分别为 12、9、6 的长方体切割成正方体，且切割无剩余，则能切割成相同正方体的最少个数为(　　)
   (A) 3　　　　(B) 6　　　　(C) 24　　　　(D) 96　　　　(E) 648

2. (2020 年第 21 题) 在长方体中，能确定长方体的体对角线的长度.
   (1) 已知长方体共顶点的三个面的面积
   (2) 已知长方体共顶点的三个面的面对角线的长度

3. (2019 年第 12 题) 如图 5-2，六边形 $ABCDEF$ 是平面与棱长为 2 的正方体所截得到的，若 A，B，D，E 分别为相应棱的中点，则六边形 $ABCDEF$ 的面积为(　　)
   (A) $\dfrac{\sqrt{3}}{2}$　　(B) $\sqrt{3}$　　(C) $2\sqrt{3}$　　(D) $3\sqrt{3}$　　(E) $4\sqrt{3}$

4. (2014 年第 12 题) 如图 5-3，正方体 $ABCD\text{-}A'B'C'D'$ 的棱长为 2，F 是棱 $C'D'$ 的中点，则 AF 的长为(　　)
   (A) 3　　　　(B) 5　　　　(C) $\sqrt{5}$　　　　(D) $2\sqrt{2}$　　　　(E) $2\sqrt{3}$

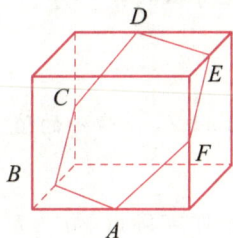

图 5-2

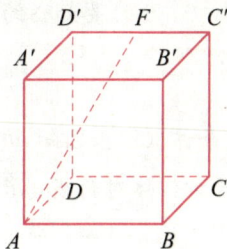

图 5-3

5. (2015 年第 7 题) 有一根圆柱形铁管，管壁厚度为 0.1 米，内径为 1.8 米，长度为 2 米．若将该铁管熔化后浇铸成长方体，则该长方体的体积为(　　)(单位：m^3；$\pi \approx 3.14$)
   (A) 0.38　　(B) 0.59　　(C) 1.19　　(D) 5.09　　(E) 6.28

6.（2018 年第 13 题）如图 5-4，圆柱体的底面半径为 2，高为 3，垂直于底部的平面截圆柱体所得截面为矩形 $ABCD$，若弦 AB 所对的圆心角是 $\dfrac{\pi}{3}$，则截掉部分（较小部分）的体积为（   ）

(A) $\pi-3$ (B) $2\pi-6$ (C) $\pi-\dfrac{3\sqrt{3}}{2}$ (D) $2\pi-3\sqrt{3}$ (E) $\pi-\sqrt{3}$

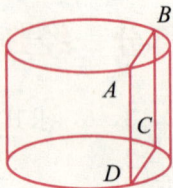

图 5-4

第四部分　参考答案

经典母题参考答案

1. 分析　设长方体的三个边长分别为 a，b，c，则有 $ab=2$，$bc=3$，$ac=6$，即得到 $V=abc=\sqrt{ab\cdot bc\cdot ac}=\sqrt{36}=6$，也可得到 $c=3$，$a=2$，$b=1$，因此体对角线长为 $l=\sqrt{a^2+b^2+c^2}=\sqrt{14}$.

2. 分析　设圆柱 1 的底面半径为 R_1，高为 h_1；设圆柱 2 的底面半径为 R_2，高为 h_2. 则由题意得到 $2\pi R_1 h_1=2\pi R_2 h_2$，即有 $R_1 h_1=R_2 h_2$，则有体积比为 $\dfrac{\pi R_1^2 h_1}{\pi R_2^2 h_2}=\dfrac{R_1}{R_2}=\dfrac{2}{1}$，因此条件（1）和（2）都是充分的. 选 D.

历年真题参考答案

1.【答案】C

【考点】长方体

【解析】12，9，6 的最大公约数为 3，所以切割的最大正方体的棱长为 3，即 $12\times 9\times 6=3^3\times 24$. 24 个.

2.【答案】D

【解析】　条件（1）：已知 ab，bc，ac 的值，可分别求出 a，b，c 唯一的值.

故可确定长方体体对角线 $\sqrt{a^2+b^2+c^2}$.

条件（2）：已知 a^2+b^2，b^2+c^2，a^2+c^2 的值，三式相加即可得出 $\sqrt{a^2+b^2+c^2}$ 唯一的值，故选 D.

3.【答案】D

【考点】平面几何求面积

【解析】如图 5-5，每一小块等边三角形的面积为 $\dfrac{\sqrt{3}}{4}a^2=\dfrac{\sqrt{3}}{4}\times(\sqrt{2})^2=\dfrac{\sqrt{3}}{2}$，

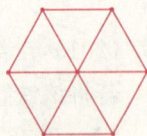

图 5-5

正六边形可以分成 6 个相同的等边三角形，所以其面积为 $6\times\dfrac{\sqrt{3}}{2}=3\sqrt{3}$.

4.【答案】A

　　【考点】立体几何

　　【解析】解法一：如图 5-6，从点 F 出发作边 CD 的高，垂足为点 F'，连接 AF'，由于 $\triangle ADF'$ 为直角三角形，则可知 $AF'=\sqrt{2^2+1^2}=\sqrt{5}$；又 $\triangle AFF'$ 也为直角三角形，故 $AF=\sqrt{(\sqrt{5})^2+2^2}=3$.

　　解法二：如图 5-7，以平行于平面 $BCC'B'$ 且经过点 F 的平面 $EE'FF'$ 将正方体一分为二，可知 AF 恰为左半长方体 $AEF'D-A'E'FD'$ 的体对角线，根据公式可知其长度 $AF=\sqrt{1^2+2^2+2^2}=3$.

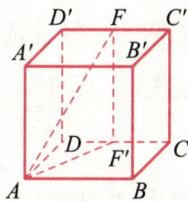

图 5-6

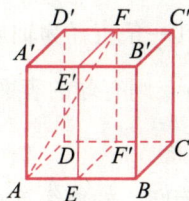

图 5-7

5.【答案】C

　　【考点】立体几何

　　【解析】$2\pi(0.9+0.1)^2-2\pi\cdot0.9^2\approx1.19$.

6.【答案】D

　　【考点】立体几何

　　【解析】根据图形可得，截掉部分（较小部分）的体积为：

$\dfrac{1}{6}\cdot\pi\cdot2^2\cdot3-\dfrac{1}{2}\cdot2\sqrt{3}\cdot3=2\pi-3\sqrt{3}$.

第二节　球体与锥体

第一部分　知识要点

1. 球体

一个圆以其一条直径为轴旋转一圈所成的图形叫作球体. 圆的半径就是球体的半径. 设球的半径为 r，则有球的表面积 $S=4\pi r^2$，球的体积 $V=\dfrac{4}{3}\pi r^3$.

2. 球的截面

球心与截面圆心的连线垂直于截面，设球心到截面的距离为 d，球的半径为 R，截面半径为 r，则有 $r^2+d^2=R^2$.

3. 外接球与内切球

设圆柱底面半径为 r，球半径为 R，圆柱的高为 h（表 5-1）.

表 5-1

几何体	内切球	外切球
长方体	无，只有正方体有	体对角线 $l=2R$
正方体	棱长 $a=2R$	体对角线 $l=2R$（$2R=\sqrt{3}a$）
圆柱	只有轴截面是正方形的圆柱才有，此时有 $2r=h=2R$	$\sqrt{h^2+(2r)^2}=2R$

4. 锥体

锥体一个直角三角形沿一条直角边旋转一圈所成的图形，旋转轴为锥体的高，另一条直角边为底面圆的半径，斜边为锥体的母线.

常见的立体几何图形的关系及公式（表 5-2）.

表 5-2

几何体	侧面积	全面积	体积	对角线（母线）
长方体（a, b, c）		$2(ab+bc+ca)$	abc	$\sqrt{a^2+b^2+c^2}$
正方体（a）	$4a^2$	$6a^2$	a^3	$\sqrt{3}a$
圆柱（R, h）	$2\pi Rh$	$2\pi Rh+2\pi R^2$	$\pi R^2 h$	h
圆锥（R, h, l）	πRl	$\pi Rl+\pi R^2$	$\dfrac{1}{3}\pi R^2 h$	$l=\sqrt{R^2+h^2}$
球（R）		$4\pi R^2$	$\dfrac{4}{3}\pi R^3$	

经验公式：圆锥展成平面 $\Rightarrow$ 扇形顶角 $\theta=\dfrac{2\pi R}{l}$.

5. 几个必要的知识点

（1）正方体内切球体，球体体积最大时，有：球体直径等于正方体边长.

（2）球体内接正方体，正方体体积最大时，有：正方体的体对角线等于球体的直径，即 $\sqrt{3}a = d = 2r$.

第二部分　经典母题

1. （2013 年第 10 题）将体积为 4π cm³、32π cm³ 的 2 个实心金属球熔化后铸成一个实心大球，则大球的表面积为（　　）cm³

　　（A）32π　　　　（B）36π　　　　（C）38π　　　　（D）40π　　　　（E）42π

2. 正方体的内切球与外接球的体积比为（　　）

　　（A）$1:2$　　　　（B）$1:3$　　　　（C）$1:3\sqrt{2}$　　　　（D）$1:3\sqrt{3}$　　　　（E）都不对

3. （2019 年第 9 题）如图 5-8，正方体位于半径为 3 的球内，且一面位于球的大圆上，则正方体表面积最大为（　　）

　　（A）12　　　　（B）18　　　　（C）24　　　　（D）30　　　　（E）36

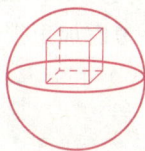

图 5-8

第三部分　历年真题

1. （2016 年第 15 题）如图 5-9，在半径为 10 厘米的球体上开一个底面半径是 6 厘米的圆柱形洞，则洞的内壁面积为（单位：平方厘米）（　　）

　　（A）48π　　　　（B）288π　　　　（C）96π　　　　（D）576π　　　　（E）192π

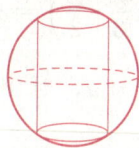

图 5-9

2. （2017 年第 21 题）如图 5-10，一个铁球沉入水池中，则能确定铁球的体积.

　　（1）已知铁球露出水面的高度

　　（2）已知水深及铁球与水面交线的周长

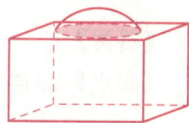

图 5-10

3. （2015 年第 25 题）底面半径为 r，高为 h 的圆柱表面积为 S_1，半径为 R 的球表面积为 S_2，则 $S_1 \leqslant S_2$.

(1) $R \geqslant \dfrac{r+h}{2}$

(2) $R \leqslant \dfrac{2h+r}{3}$

4. （2011 年第 4 题）现有一个半径为 R 的球体，拟将其加工成正方体，则能加工成的最大正方体的体积是（   ）

(A) $\dfrac{8}{3}R^3$ (B) $\dfrac{8\sqrt{3}}{9}R^3$ (C) $\dfrac{4}{3}R^3$ (D) $\dfrac{1}{3}R^3$ (E) $\dfrac{\sqrt{3}}{9}R^3$

5. （2014 年第 3 题）如图 5-11，一个储物罐的下半部分是底面直径与高均是 20m 的圆柱形，上半部分（顶部）是半球形，已知底面与顶部的造价是 400 元/平方米，侧面的造价是 300 元/平方米，则该储物罐的造价是（$\pi \approx$ 3.14）（   ）

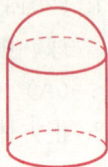

(A) 56.52 万元   (B) 62.8 万元

(C) 75.36 万元   (D) 87.92 万元

(E) 100.48 万元

图 5-11

6. （2014 年第 11 题）某工厂在半径为 5cm 的球形工艺品上镀一层装饰金属，厚度为 0.01cm. 已知装饰金属的原材料是棱长为 20cm 的正方体锭子. 则加工 10 000 个该工艺品需要的锭子数最少为（   ）个（不考虑加工损耗，$\pi \approx 3.14$）

(A) 2   (B) 3   (C) 4   (D) 5   (E) 20

第四部分　参考答案

经典母题答案解析

1. **分析**　显然大球的体积等于两个小球的体积之和，即：$36\pi\,\mathrm{cm}^3$，故 $\dfrac{4}{3}\pi r^3 = 36\pi \Rightarrow r = 3$，故其面积 $S = 4\pi r^2 = 4\pi \times 3^2 = 36\pi$，答案选 B.

2. **分析**　设正方体的边长为 a，内切球的直径为 d，外接球的直径为 D，则有 $a = d$，$\sqrt{3}a = D$，因此两个球的体积比为 $\dfrac{4}{3}\pi \left(\dfrac{d}{2}\right)^3 : \dfrac{4}{3}\pi \left(\dfrac{D}{2}\right)^3 = d^3 : D^3 = a^3 : (\sqrt{3}a)^3 = 1 : 3\sqrt{3}$，故选 D.

3. **分析**　半球的内接正方体，设其棱长为 a，则 $3^2 = a^2 + \left(\dfrac{\sqrt{2}}{2}a\right)^2 \Rightarrow a^2 = 6$，所以其表面积为 $6a^2 = 36$，答案选 E.

历年真题答案解析

1. **【答案】** E

   【考点】 切接问题

   【解析】 圆柱的高 $h = 2\sqrt{10^2 - 6^2} = 16$，则内壁面积为 $S = 2\pi rh = 2\pi \times 6 \times 16 = 192\pi$.

2. **【答案】** B

   【考点】 立体几何

【解析】条件（1）明显不充分.

条件（2）：$(h-R)^2+r^2=R^2 \Rightarrow R=\dfrac{h^2+r^2}{2h}$，如图 $5-12$，则可求得其体积.

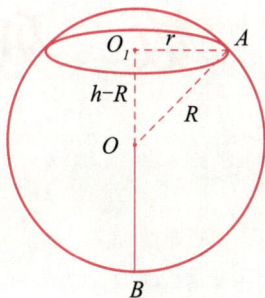

图 5-12

3.【答案】C

　　【考点】立体几何

　　【解析】由题意知：$S_1=2\pi rh+2\pi r^2$，$S_2=4\pi R^2$.

　　条件（1）：$S_2=4\pi R^2 \geqslant \pi(r+h)^2=\pi r^2+\pi h^2+2\pi rh$，无法判断，不充分.

　　条件（2）：$R \leqslant \dfrac{2h+r}{3}$，$R$ 无限接近于 0，显然不成立.

　　联立条件：$\begin{cases} R \geqslant \dfrac{h+r}{2} \Rightarrow 2R \geqslant r+h \Rightarrow 6R \geqslant 3r+3h \\ R \leqslant \dfrac{2h+r}{3} \Rightarrow 2h+r \geqslant 3R \Rightarrow 4h+2r \geqslant 6R \end{cases}$

　　相加可得：$h \geqslant r$，再结合条件（1），则条件充分.

4.【答案】B

　　【考点】立体几何中的切接关系

　　【解析】球的内接正方体即为所求的最大正方体，设正方体边长为 a，可得

$$2R=\sqrt{3}a \Rightarrow a=\dfrac{2}{\sqrt{3}}R,\quad V_{\text{正方体}}=a^3=\dfrac{8\sqrt{3}}{9}R^3.$$

5.【答案】C

　　【考点】立体几何

　　【解析】$\left(\dfrac{1}{2} \times 4\pi \times 10^2+\pi \times 10^2\right) \times 400+2\pi \times 10 \times 20 \times 300 \approx 75.36$（万元）.

6.【答案】C

　　【考点】立体几何

　　【解析】解法一：根据题意得，需要的锭子数量为

$$n=\dfrac{\dfrac{4}{3}\pi \left[(5+0.01)^3-5^3\right] \times 10\,000}{20^3} \approx 4$$

　　解法二：由于装饰金属的厚度与球半径差两个数量级，其不均匀性可以忽略，所以单个工艺品表面的装饰金属体积可由球表面积与装饰金属厚度的乘积表示：$0.01 \times 4\pi \times 5^2=\pi$，设加工 10 000 个该工艺品至少需要 n 个正方体锭子，则有 $10\,000\pi \leqslant n \times 20^3 \Rightarrow n \geqslant 4$.

第六章

数 列

第一节　一般数列

第一部分　知识要点

1. 数列的概念

数列：按一定次序排列的一列数叫作数列. 数列中的每一个数都叫作这个数列的项.

数列的一般形式：a_1，a_2，a_3，$\cdots$，a_n，$\cdots$，或简称为 $\{a_n\}$. 其中 a_n 叫作数列 $\{a_n\}$ 的通项，自然数 n 叫作 a_n 的序号. 如果通项 a_n 与 n 之间的函数关系，可以用一个关于 n 的解析式 $f(n)$ 表达，则称 $a_n = f(n)$ 为数列 $\{a_n\}$ 的通项公式. 并非每一个数列都可以写出通项公式；有些数列的通项公式也并非是唯一的.

知道了一个数列的通项公式，就等于从整体上掌握了这个数列，即由通项公式可以求出这个数列中的任何一项；对任意给出的数可以确定它是否是该数列中的项，方法就是代入验证法.

2. 数列的前 n 项和 S_n

数列的前 n 项和记作 S_n，$S_n = a_1 + a_2 + \cdots + a_n$

对于数列 $\{a_n\}$，有 $a_n = \begin{cases} S(1)，& n=1 \\ S(n)-S(n-1)，& n \geqslant 2 \end{cases}$

3. 数列的分类

项数有限的数列叫作有穷数列，项数无限的数列叫作无穷数列.

按 a_n 的增减性分类：

递增数列 $(a_n > a_{n-1})$.

递减数列 $(a_n < a_{n-1})$.

摆动数列 (例如：-1，1，-1，1，$\cdots$).

常数数列 (例如：3，3，3，3，$\cdots$).

第二部分　经典母题

数列 $\{a_n\}$ 的前 n 项和为 $S_n = n^2 + 3n + 2$，求 $a_{n+1} + a_{n+2} + a_{n+3}$.

第三部分　历年真题

1. (2016 年第 24 题) 已知数列 a_1，a_2，a_3，$\cdots$，a_{10}，则 $a_1 - a_2 + a_3 - \cdots + a_9 - a_{10} \geqslant 0$.
   (1) $a_n \geqslant a_{n+1}$，$n = 1$，2，$\cdots$，9
   (2) $a_n^2 \geqslant a_{n+1}^2$，$n = 1$，2，$\cdots$，9

2. (2020 年第 11 题) 已知数列 $\{a_n\}$ 满足 $a_1 = 1$，$a_2 = 2$，且 $a_{n+2} = a_{n+1} - a_n$（$n = 1$，2，3，$\cdots$），则 $a_{100} = (\qquad)$
   (A) 1　　　　(B) -1　　　　(C) 2　　　　(D) -2　　　　(E) 0

3. (2009 年第 13 题) 设直线 $nx + (n+1)y = 1$（n 为正整数）与两坐标轴围成的三角形面积为 S_n（$n = 1$，2，$\cdots$），则 $S_1 + S_2 + \cdots + S_{2\,009} = (\qquad)$
   (A) $\dfrac{1}{2} \times \dfrac{2\,009}{2\,008}$　(B) $\dfrac{1}{2} \times \dfrac{2\,008}{2\,009}$　(C) $\dfrac{1}{2} \times \dfrac{2\,009}{2\,010}$　(D) $\dfrac{1}{2} \times \dfrac{2\,010}{2\,009}$　(E) 以上均不对

4. (2013 年第 5 题) 已知 $f(x) = \dfrac{1}{(x+1)(x+2)} + \dfrac{1}{(x+2)(x+3)} + \cdots + \dfrac{1}{(x+9)(x+10)}$，则 $f(8) = (\qquad)$.
   (A) $\dfrac{1}{9}$　　　(B) $\dfrac{1}{10}$　　　(C) $\dfrac{1}{16}$　　　(D) $\dfrac{1}{17}$　　　(E) $\dfrac{1}{18}$

5. (2013 年第 25 题) 设 $a_1 = 1$，$a_2 = k$，$\cdots$，$a_{n+1} = |a_n - a_{n-1}|$（$n \geqslant 2$），则 $a_{100} + a_{101} + a_{102} = 2$.
   (1) $k = 2$
   (2) k 是小于 20 的正整数

第四部分　参考答案

经典母题参考答案

分析　$a_{n+1} + a_{n+2} + a_{n+3} = (S_{n+1} - S_n) + (S_{n+2} - S_{n+1}) + (S_{n+3} - S_{n+2})$
$= S_{n+3} - S_n = (n+3)^2 + 3(n+3) + 2 - (n^2 + 3n + 2)$
$= n^2 + 6n + 9 + 3n + 9 + 2 - n^2 - 3n - 2 = 6n + 18$.

历年真题参考答案

1. 【答案】A
【考点】 数列递推问题
【解析】 条件（1）：数列呈递减状态，则 $a_1 - a_2 \geqslant 0$，$a_3 - a_4 \geqslant 0$，$a_5 - a_6 \geqslant 0$，$a_7 - a_8 \geqslant 0$，$a_9 - a_{10} \geqslant 0$，显然充分.
条件（2）：$a_n^2 \geqslant a_{n+1}^2 \Rightarrow a_n^2 - a_{n+1}^2 \geqslant 0 \Rightarrow (a_n - a_{n+1})(a_n + a_{n+1}) \geqslant 0$，显然不充分.

2. **【答案】** B

   【解析】 $a_1=1$，$a_2=2$，$a_3=1$，$a_4=-1$，$a_5=-2$，$a_6=-1$，$a_7=1$，$a_8=2$.

   即：1，2，1，-1，-2，-1，1，2，1，-1，-2，-1，$\cdots$

   6 个为一个周期，$\dfrac{100}{6}=16$ 余 4，故 $a_{100}=a_4=-1$.

3. **【答案】** C

   【考点】 直线与坐标轴所围成图形的面积问题

   【解析】 直线与 x 轴的交点为 $\left(\dfrac{1}{n}, 0\right)$，与 y 轴的交点为 $\left(0, \dfrac{1}{n+1}\right)$，面积 $S_n=\dfrac{1}{2}\dfrac{1}{n}\dfrac{1}{(n+1)}$，

   故 $S_1+S_2+\cdots+S_{2\,009}=\dfrac{1}{2}\left(1-\dfrac{1}{2}+\dfrac{1}{2}-\dfrac{1}{3}+\cdots+\dfrac{1}{2\,009}-\dfrac{1}{2\,010}\right)=\dfrac{1}{2}\times\dfrac{2\,009}{2\,010}$.

4. **【答案】** E

   【考点】 裂项求和

   【解析】 由裂项公式可得

   $f(x)=\dfrac{1}{x+1}-\dfrac{1}{x+2}+\dfrac{1}{x+2}-\dfrac{1}{x+3}\cdots+\dfrac{1}{x+9}-\dfrac{1}{x+10}=\dfrac{1}{x+1}-\dfrac{1}{x+10}$，所以可得

   $f(8)=\dfrac{1}{9}-\dfrac{1}{18}=\dfrac{1}{18}$.

5. **【答案】** D

   【考点】 数列的递推运算

   【解析】 条件（1）：若 $k=2$，则该数列即为 $\{1, 2, 1, 1, 0, 1, 1, 0, \cdots, 1, 1, 0, 1, 1, 0,\}$，显然从第三项之后都以 1、1、0 作循环，其每相邻三项之和必为 2，充分.

   条件（2）：若取 $k=19$，可得到数列 $\{a_n\}$ 的前若干项为 1，19，18，1，17，16，1，15，14，$\cdots$，1，3，2，1，1，0，1，1，0，$\cdots$，观察可得规律，从 28 项之后的每相邻三项的和均为 2，当 k 的值小于 19 时，前面的项数必在减小，所以充分.

第二节　等差数列

第一部分　知识要点

1. 等差数列的概念

如果一个数列从第 2 项起，每一项与它前一项的差都等于同一个常数，这个数列就叫作等差数列，这个常数叫作这个等差数列的公差，记作 d.

即如果 $\{a_n\}$ 是等差数列，则 $a_{n+1}-a_n=d$（常数），d 为等差数列 $\{a_n\}$ 的公差.

等差数列的一般表达形式为：a_1，a_1+d，a_1+2d，$\cdots$，$a_1+(n-1)d$，$\cdots$.

2. 等差数列的通项公式

$a_n=a_1+(n-1)d=a_k+(n-k)d=dn+(a_1-d)$.

当公差 d 不为零时，可将其抽象地看成关于 n 的一次函数（直线）$f(n)=dn+(a_1-d)$，其公差 d 为一次项系数，也为直线的斜率.

3. 等差数列的前 n 项和

$$S_n=\frac{n(a_1+a_n)}{2} \text{ 或 } S_n=na_1+\frac{n(n-1)}{2}d=\frac{d}{2}n^2+\left(a_1-\frac{d}{2}\right)n$$

当公差 d 不为零时，可将其抽象地看成关于 n 的二次函数 $f(n)=\frac{d}{2}n^2+\left(a_1-\frac{d}{2}\right)n$.

其特点如下：

(1) 常数项为零，过原点 $(0,0)$.

(2) 开口方向由公差 d 的符号决定，d 大于 0 时，开口向上，d 小于 0 时，开口向下.

(3) 二次项系数为半公差 $\frac{d}{2}$.

(4) 对称轴为 $n=\frac{1}{2}-\frac{a_1}{d}$.

(5) 若公差 d 不为零，则等差数列的前 n 项和只能是二次函数；若公差 d 为零，即为常数列，则等差数列的前 n 项和只能是一次函数.

4. 等差数列的性质

(1) 等差中项：a，b，c 成等差数列 $\Leftrightarrow 2b=a+c$.

(2) 下标和：已知 $\{a_n\}$ 为等差数列，若 $m+n=s+t$，则有 $a_m+a_n=a_s+a_t$.

【注意】

可将此公式推广到多项，但要满足两个成立条件：一是下标和要分别相等，二是等号两端的项数要分别相等. 如 $a_1+a_4+a_9=a_2+a_5+a_7\neq a_3+a_{11}$.

（3）片段和：$\{a_n\}$ 为等差数列 $\Rightarrow S_n$，$S_{2n}-S_n$，$S_{3n}-S_{2n}$，$\cdots$ 也是等差数列，且公差为 $n^2 d$.

（4）$a_n=a_m+(n-m)d$，$d=\dfrac{a_n-a_m}{n-m}$.

（5）若等差数列 $\{a_n\}$ 的公差为 d_1，则数列 $\{\lambda a_n+b\}$（λ，b 为常数）是公差为 λd_1 的等差数列；若 $\{b_n\}$ 是公差为 d_2 的等差数列，则 $\{\lambda_1 a_n+\lambda_2 b_n\}$（$\lambda_1$，$\lambda_2$ 为常数）也是等差数列，且公差为 $\lambda_1 d_1+\lambda_2 d_2$.

（6）下标成等差数列且公差为 m 的项 a_k，a_{k+m}，a_{k+2m}，$\cdots$ 组成的数列仍是等差数列，公差为 md.

（7）若等差数列 $\{a_n\}$ 的项数为 $2n$，则有

$$S_{偶}-S_{奇}=nd，\quad S_{偶}/S_{奇}=\dfrac{a_{n+1}}{a_n}，\quad S_{2n}=n(a_n+a_{n+1})$$

若等差数列 $\{a_n\}$ 的项数为 $2n-1$，则有 $S_{奇}-S_{偶}=a_n$，$S_{偶}/S_{奇}=\dfrac{n-1}{n}$，$S_{2n-1}=(2n-1)a_n$.

（8）若数列 $\{a_n\}$，$\{b_n\}$ 均为等差数列，S_n 是数列 $\{a_n\}$ 的前 n 项和，T_n 是数列 $\{b_n\}$ 的前 n 项和，则有 $\dfrac{S_{2n-1}}{T_{2n-1}}=\dfrac{a_n}{b_n}$.

第二部分　经典母题

1. （2018 年第 18 题）设 $\{a_n\}$ 为等差数列，则能确定 $a_1+a_2+\cdots+a_9$ 的值.

   （1）已知 a_1 的值

   （2）已知 a_5 的值

2. 已知 $\{a_n\}$ 为等差数列，且 $a_2-a_5+a_8=9$，则 $a_1+a_2+\cdots+a_9=$（　　）

   （A）27　　　　（B）45　　　　（C）54　　　　（D）81　　　　（E）162

3. $\{a_n\}$ 为等差数列，则 $S_{100}=600$.

   （1）$S_{10}=60$

   （2）$a_{91}+a_{92}+\cdots+a_{100}=100$

4. 若数列 $\{a_n\}$，$\{b_n\}$ 均为等差数列，S_n，T_n 分别是数列 $\{a_n\}$，$\{b_n\}$ 的前 n 项和，且 $\dfrac{S_n}{T_n}=\dfrac{3n-2}{2n+7}$，则 $\dfrac{a_8}{b_8}=$（　　）

   （A）$\dfrac{17}{28}$　　（B）$\dfrac{28}{17}$　　（C）2　　（D）$\dfrac{43}{37}$　　（E）$\dfrac{37}{43}$

5. $\{a_n\}$ 的前 n 项和 S_n 与 $\{b_n\}$ 的前 n 项和 T_n 满足 $S_{19}:T_{19}=3:2$.

   （1）$\{a_n\}$ 和 $\{b_n\}$ 是等差数列

   （2）$a_{10}:b_{10}=3:2$

6. $\{a_n\}$ 为等差数列，$a_6=5$，$a_{11}=30$，则 $S_{25}=$（　　）

   （A）800　　（B）860　　（C）900　　（D）1 000　　（E）1 100

7. 在等差数列 $\{a_n\}$ 中，$a_m+a_{m+10}=200$，$a_{m+50}+a_{m+60}=500$，则 $a_{m+125}+a_{m+135}=$（　　）

   （A）800　　（B）850　　（C）900　　（D）950　　（E）1 000

8. 若 $\{a_n\}$ 为等差数列，$a_1 = 13$，$S_3 = S_{11}$，则 S_n 的最大值为（　　）

(A) 36　　　(B) 40　　　(C) 48　　　(D) 49　　　(E) 52

9. (2015 年第 20 题) 已知 $\{a_n\}$ 是公差大于 0 的等差数列，S_n 是该数列前 n 项的和，则 $S_n \geqslant S_{10}$，$n = 1$，2，…．

(1) $a_{10} = 0$

(2) $a_{11} a_{10} < 0$

10. 已知 $\{a_n\}$ 为等差数列，$S_7 = 50$，$S_{21} = 120$，求 S_{14}．

第三部分　历年真题

1. (2017 年第 5 题) 甲、乙、丙三种货车的载重量成等差数列，2 辆甲种车和 1 辆乙种车满载量为 95 吨，1 辆甲种车和 3 辆丙种车满载量为 150 吨，则用甲、乙、丙各 1 辆车最多运送货物（　　）

(A) 125 吨　　(B) 120 吨　　(C) 115 吨　　(D) 110 吨　　(E) 105 吨

2. (2014 年第 4 题) 已知 $\{a_n\}$ 为等差数列，且 $a_2 - a_5 + a_8 = 9$，则 $a_1 + a_2 + \cdots + a_9 = $（　　）

(A) 27　　　(B) 45　　　(C) 54　　　(D) 81　　　(E) 162

3. (2013 年第 13 题) 已知 $\{a_n\}$ 为等差数列，若 a_2 与 a_{10} 是方程 $x^2 - 10x - 9 = 0$ 的两个根，则 $a_5 + a_7 = $（　　）

(A) -10　　(B) -9　　(C) 9　　　(D) 10　　　(E) 12

4. (2014 年第 23 题) 方程 $x^2 + 2(a+b)x + c^2 = 0$ 有实根．

(1) a、b、c 是一个三角形的三边长

(2) 实数 a，c，b 成等差数列

5. (2016 年第 13 题) 某公司以分期付款方式购买一套定价为 1 100 万元的设备，首期付款 100 万元，之后每月付款 50 万元，并支付上期余额的利息，利率为 1%，则该公司为此设备共支付了（　　）

(A) 1 195 万元　　　　　　(B) 1 200 万元

(C) 1 205 万元　　　　　　(D) 1 215 万元

(E) 1 300 万元

6. (2015 年第 23 题) 设 $\{a_n\}$ 是等差数列，则能确定 $\{a_n\}$．

(1) $a_1 + a_6 = 0$

(2) $a_1 a_6 = -1$

7. (2010 年第 4 题) 图 6-1 的表格中，每行为等差数列，每列为等比数列，则 $x + y + z = $（　　）

2	$\dfrac{5}{2}$	3
x	$\dfrac{5}{4}$	$\dfrac{3}{2}$
a	y	$\dfrac{3}{4}$
b	c	z

图 6-1

(A) 2　　　　(B) $\dfrac{5}{2}$　　　　(C) 3　　　　(D) $\dfrac{7}{2}$　　　　(E) 4

8. （2014 年第 16 题）甲、乙、丙三人的年龄相同.

   (1) 甲、乙、丙的年龄成等差数列

   (2) 甲、乙、丙的年龄成等比数列

9. （2019 年第 25 题）数列 $\{a_n\}$ 的前 n 项和为 S_n，则数列 $\{a_n\}$ 是等差数列.

   (1) $S_n = n^2 + 2n$，$n = 1$，2，3，…

   (2) $S_n = n^2 + 2n + 1$，$n = 1$，2，3，…

10. （2020 年第 5 题）若等差数列 $\{a_n\}$ 满足 $a_1 = 8$，且 $a_2 + a_4 = a_1$，则 $\{a_n\}$ 的前 n 项和的最大值为（　　）

    (A) 16　　　(B) 17　　　(C) 18　　　(D) 19　　　(E) 20

11. （2010 年第 19 题）数列 $\{a_n\}$ 是等差数列，公差为 d，有 $a_1 + a_2 + a_3 + a_4 = 12$，则 $a_4 = 0$.

    (1) $d = -2$

    (2) $a_2 + a_4 = 4$

12. （2011 年第 7 题）一所四年制大学每年的毕业生七月份离校，新生九月份入学. 该校 2001 年招生 2 000 名，之后每年比上一年多招 200 名，则该校 2007 年九月底的在校学生有（　　）

    (A) 14 000 名　　　　　　(B) 11 600 名

    (C) 9 000 名　　　　　　(D) 6 200 名

    (E) 3 200 名

13. （2011 年第 25 题）已知 a_n 为等差数列，则该数列的公差为零.

    (1) 对任何正整数 n，都有 $a_1 + a_2 + a_3 + \cdots + a_n \leqslant n$

    (2) $a_2 \geqslant a_1$

第四部分　参考答案

经典母题参考答案

1. **分析**　题干等价于 $S_9 = \dfrac{9(a_1 + a_9)}{2} = 9a_5$，所以条件（1）不充分，条件（2）充分，选 B.

2. **分析**　解法一：利用经验公式法. $a_2 + a_8 = 2a_5$，即 $a_5 = 9$，则 $a_1 + a_2 + \cdots + a_9 = 9a_5 = 81$. 故选 D.

   解法二：利用特值法. 令等差数列的公差为 0，则有 $a_n = 9$，$a_1 + a_2 + \cdots + a_9 = 9 \times 9 = 81$. 故选 D.

3. **分析**　$S_{100} = \dfrac{1}{2} \times 100 \times (a_1 + a_{100}) = 50(a_1 + a_{100})$.

   明显地，条件（1）和（2）单独都不充分.

   联立后有 $\begin{cases} S_{10} = a_1 + a_2 + \cdots + a_{10} = 60 \\ a_{91} + a_{92} + \cdots + a_{100} = 100 \end{cases}$，$a_1 + a_{100} = \dfrac{100 + 60}{10} = 16$，因此有 $S_{100} = 50 \times 16 = 800 \neq 600$，联立不充分. 故选 E.

4. 分析 解法一：$\dfrac{S_n}{T_n}=\dfrac{\frac{1}{2}n(a_1+a_n)}{\frac{1}{2}n(b_1+b_n)}=\dfrac{a_1+a_n}{b_1+b_n}$，

又 $\dfrac{a_8}{b_8}=\dfrac{a_1+a_{15}}{b_1+b_{15}}$，

故 $\dfrac{a_8}{b_8}=\dfrac{S_{15}}{T_{15}}=\dfrac{3\times15-2}{2\times15+7}=\dfrac{43}{37}$. 故选 D.

解法二：利用经验公式法. $\dfrac{S_{2n-1}}{T_{2n-1}}=\dfrac{a_n}{b_n}$，可得所求结果为 $\dfrac{43}{37}$. 故选 D.

5. 分析 解法一：条件（1）和（2）单独显然都不成立.

联合两条件，则有 $\dfrac{S_{19}}{T_{19}}=\dfrac{\frac{a_1+a_{19}}{2}\times19}{\frac{b_1+b_{19}}{2}\times19}=\dfrac{a_{10}}{b_{10}}=\dfrac{3}{2}$，选 C.

解法二：一个定性、一个定量，选 C.

6. 分析 $S_{25}=\dfrac{1}{2}\times25\times(a_1+a_{25})=25a_{13}=25(a_{11}+2d)$，

又 $d=\dfrac{a_{11}-a_6}{11-6}=5$，

所以 $S_{25}=25\times(30+10)=1\,000$. 故选 D.

7. 分析 由题意得 $\begin{cases}2a_m+10d=200\\2a_m+110d=500\end{cases}$，解得 $d=3$，则 $a_{m+125}+a_{m+135}=2a_m+260d=2a_m+$

$110d+150d=500+450=950$. 故选 D.

8. 分析 解法一：由 $S_3=S_{11}\Rightarrow S_{14}=0\Rightarrow a_1+a_{14}=0$，又 $a_1=13\Rightarrow a_{14}=-13$，则 $d=$

$\dfrac{a_{14}-a_1}{14-1}=\dfrac{-13-13}{13}=-2$，$a_n=a_1+(n-1)d=15-2n$.

令 $a_n\geqslant0$，即 $15-2n\geqslant0$，得 $n\leqslant7.5$，得到等差数列的前 7 项都为正，且 $a_7=1$，故 S_n

的最大值为 $S_7=\dfrac{1}{2}\times7\times(a_1+a_7)=\dfrac{1}{2}\times7\times14=49$. 故选 D.

解法二：由 $S_3=S_{11}$，得 $n=7$ 是 S_n 所表示的抛物线的对称轴.

又 $d=\dfrac{a_{14}-a_1}{14-1}=\dfrac{-13-13}{13}=-2$，故 S_n 的最大值为 $S_7=\dfrac{d}{2}\times7^2+\left(a_1-\dfrac{d}{2}\right)\times7=-49+$

$14\times7=49$. 故选 D.

9. 分析 条件（1）：

$a_{10}=0\Rightarrow a_1+9d=0\Rightarrow$ 对称轴为 $\dfrac{1}{2}-\dfrac{a_1}{d}=9.5\Rightarrow$ 最小值为 $S_9=S_{10}$.

条件（2）：一正一负，因为 $d>0$，后一项比前一项大，所以 $a_{11}>0$，$a_{10}<0$，即 a_1+10d

>0；$a_1+9d<0\Rightarrow-10d<a_1<-9d\Rightarrow9.5<\dfrac{1}{2}-\dfrac{a_1}{d}<10.5$，所以最小值为 S_{10}，选 D.

解法二：a_n 变号时取最值.

条件（1）：$d>0$，$a_{10}=0\Rightarrow a_9<0$，$a_{11}>0$，最小值为 $S_9=S_{10}$.

条件（2）：$a_{11}>0$，$a_{10}<0$，所以最小值为 S_{10}.

10. 分析 设 $S_{14}=x$，由题干易得表 6-1：

S_7	$S_{14}-S_7$	$S_{21}-S_{14}$
50	$x-50$	$120-x$

则 $2(x-50)=50+120-x \Rightarrow 3x=270 \Rightarrow S_{14}=90$。

历年真题参考答案

1.【答案】 E

【考点】 数列应用题

【解析】 设甲、乙、丙三种货车的载重量分别为 a，b，c，则根据题意可得

$$\begin{cases} 2b=a+c \\ 2a+b=95 \\ a+3c=150 \end{cases} \Rightarrow \begin{cases} a=30 \\ b=35 \\ c=40 \end{cases}$$

所以甲、乙、丙各 1 辆车最多运送货物为 $30+35+40=105$ 吨.

2.【答案】 D

【考点】 等差数列的性质

【解析】 解法一：化成基本量.

$a_2-a_5+a_8=(a_1+d)-(a_1+4d)+(a_1+7d)=a_1+4d=a_5=9$

则 $S_9=\dfrac{(a_1+a_9)\times 9}{2}=9a_5=81$.

解法二：利用角标性质.

$a_2-a_5+a_8=2a_5-a_5=a_5=9$，则 $S_9=\dfrac{(a_1+a_9)\times 9}{2}=9a_5=81$.

解法三：设 k.

把 $\{a_n\}$ 看成常数列，即每一项都相等，都为 k，则有 $a_2-a_5+a_8=k-k+k=k=9$，$S_9=9k=81$.

3.【答案】 D

【考点】 等差数列的性质及韦达定理

【解析】 由等差数列的角标性质可得 $a_5+a_7=a_2+a_{10}=10$.

4.【答案】 D

【考点】 一元二次方程与数列

【解析】 题干：$\Delta=[2(a+b)]^2-4c^2=4[(a+b)^2-c^2]\geqslant 0 \Leftrightarrow (a+b)^2\geqslant c^2$.

条件（1）：由三角形三边性质可得 $a+b>c \Rightarrow (a+b)^2>c^2$，即 $\Delta>0$，充分.

条件（2）：$2c=a+b \Rightarrow (a+b)^2=4c^2\geqslant c^2$，$\Delta\geqslant 0$，充分.

5.【答案】 C

【考点】 等差数列应用题

【解析】 由题意可得：

$S=1\ 100+1\ 000\times 1\%+950\times 1\%+\cdots+50\times 1\%$

$$=1\ 110+(10+9.5+\cdots+0.5)=1\ 100+\frac{10.5\times20}{2}=1\ 205.$$

6.【答案】E

【考点】等差数列的通项

【解析】显然由条件（1）和（2），无法单独确定 $\{a_n\}$.

联合：$\begin{cases}a_1+a_6=0\\a_1a_6=-1\end{cases}\Rightarrow\begin{cases}a_1=1\\a_6=-1\end{cases}$ 或 $\begin{cases}a_1=-1\\a_6=1\end{cases}$，所以也无法确定.

7.【答案】A

【考点】数列

【解析】第二行成等差，得 $x=1$. 第二列成等比，得 $y=\dfrac{5}{8}$，第三列成等比，得 $z=\dfrac{3}{8}$，所以 $x+y+z=2$.

8.【答案】C

【考点】数列

【解析】条件（1）：取甲、乙、丙的年龄分别为 10、20、30，不充分.

条件（2）：取甲、乙、丙的年龄分别为 10、20、40，不充分.

联合：既是等差数列又是等比数列，说明甲、乙、丙三人的年龄组成非零常数列，也就说明甲、乙、丙三人年龄相等，充分.

9.【答案】A

【考点】等差数列的判别方法

【解析】等差数列的前 n 项和是关于 n 的不含常数项的一元二次函数，所以条件（1）充分，条件（2）不充分.

10.【答案】E

【解析】利用考试技巧性中的概念法

$$a_2+a_4=a_1+d+a_1+3d=a_1\Rightarrow d=-\frac{a_1}{4}=-2.$$

$a_1=8$，$a_2=6$，$a_3=4$，$a_4=2$，$a_5=0$.

最大值为 $S_4=8+6+4+2=20$.

11.【答案】D

【考点】数列

【解析】条件（1）：

$d=-2$，$a_1+a_2+a_3+a_4=12\Rightarrow(a_4-3d)+(a_4-2d)+(a_4-d)+a_4=4a_4-6d=12\Rightarrow$ $a_4=0$.

条件（2）：

$a_2+a_4=2a_3\Rightarrow a_3=2$，$a_1+a_2+a_3+a_4=12\Rightarrow a_1=6\Rightarrow a_4=0$.

12.【答案】B

【考点】等差数列

【解析】由题意可知每年招生人数是等差数列，$a_1=2\ 000$，$d=200$，到 2007 年九月底剩下后 4 年的学生，即为：

$a_4+a_5+a_6+a_7=a_1+3d+a_1+4d+a_1+5d+a_1+6d=11\ 600$.

13.【答案】C

【考点】 等差数列与不等式

【解析】 条件 (1)：可得 $\dfrac{a_1+a_n}{2} \cdot n \leqslant n \Rightarrow a_1+a_n \leqslant 2$，可得 $d \leqslant 0$，不充分.

条件 (2)：$a_2 \geqslant a_1 \Rightarrow a_2-a_1 \geqslant 0 \Rightarrow d \geqslant 0$，不充分.

联合条件 (1) 和条件 (2)：得 $d=0$，充分.

第三节　等比数列

第一部分　知识要点

1. 等比数列的概念

如果一个数列从第 2 项起，每一项与它前一项的比都等于同一个常数，这个数列就叫作等比数列，这个常数叫作这个等比数列的公比，记作 q.

即如果 $\{a_n\}$ 是等比数列，则 $\dfrac{a_n}{a_{n-1}}=q$（常数），q 为等比数列 $\{a_n\}$ 的公比.

等比数列的一般表达形式为：a_1，a_1q，a_1q^2，$\cdots$，a_1q^{n-1}，$\cdots$.

2. 通项公式

$$a_n=a_1q^{n-1}=a_kq^{n-k}.$$

等比数列与指数函数的关系：当公比 $q>0$ 且 $q\neq1$ 时，可将其抽象地看成关于 n 的指数函数 $f(n)=\dfrac{a_{n+1}}{a_1}q^n$，其公比 q 为指数函数的底数.

3. 等比数列的前 n 项的和

$$S_n=\begin{cases}na_1,\ q=1\\ \dfrac{a_1(1-q^n)}{1-q},\ q\neq0\ \text{且}\ q\neq1\end{cases}$$

4. 等比数列的性质

（1）等比中项：a，b，c 成等比数列 $\Leftrightarrow b^2=ac$.

（2）下标和：已知 $\{a_n\}$ 是等比数列，若 $m+n=s+t$，则有 $a_m\cdot a_n=a_s\cdot a_t$.

【注意】

可将此公式推广到多项，但要满足两个成立条件：一是下标和要分别相等，二是等号两端的项数要分别相等．如 $a_1\cdot a_4\cdot a_9=a_2\cdot a_5\cdot a_7\neq a_3\cdot a_{11}$.

（3）片段和：$\{a_n\}$ 是等比数列 $\Rightarrow S_n$，$S_{2n}-S_n$，$S_{3n}-S_{2n}$，$\cdots$ 也是等比数列，且公比为 q^n.

（4）$a_n=a_mq^{n-m}$.

（5）若等比数列 $\{a_n\}$ 的公比为 q_1，则数列 $\{\lambda a_n\}$（λ 为常数）是公比为 q_1 的等比数列；若 $\{b_n\}$ 是公比为 q_2 的等比数列，则 $\{\lambda_1a_n\cdot\lambda_2b_n\}$（$\lambda_1$，$\lambda_2$ 为常数）也是等比数列，且公比为 $q_1\cdot q_2$.

（6）下标成等差数列且公差为 m 的项 a_k，a_{k+m}，a_{k+2m}，$\cdots$ 组成的数列仍是等比数列，公比为 q^m.

(7) 当 $q \neq 1$ 时，$\dfrac{S_m}{S_n} = \dfrac{1-q^m}{1-q^n}$.

【注意】

等比数列任一个元素均不能为零．不为零的常数列既成等差数列，也成等比数列．

数列内容归类总结（表6-2）

表6-2

知识点 ＼ 类别	等差数列	等比数列
1. 定义	每一项与它前一项的差都等于同一个常数	每一项与它前一项的比都等于同一个常数
2. 通项 a_n	$a_n = a_1 + (n-1)d = a_k + (n-k)d$	$a_n = a_1 q^{n-1} = a_k q^{n-k}$
3. 前 n 项和 S_n	$S_n = \dfrac{n(a_1 + a_n)}{2}$	$S_n = \begin{cases} na_1, & q=1 \\ \dfrac{a_1(1-q^n)}{1-q}, & q\neq 0 \text{ 且 } q\neq 1 \end{cases}$
4. 中项	$(a+b)/2$	$\pm\sqrt{ab}\ (ab>0)$
5. $m+n=p+q$	$a_m + a_n = a_p + a_q$	$a_m \cdot a_n = a_p \cdot a_q$
6. 公差 d、公比 q	$a_n = a_m + (n-m)d$, $d = \dfrac{a_n - a_m}{n-m}$	$a_n = a_m q^{n-m}$, $q^{n-m} = \dfrac{a_m}{a_n}$
7. 几个经验公式	(1) $a_m = n$, $a_n = m \Rightarrow a_{m+n} = 0$ (2) $S_m = n$, $S_n = m \Rightarrow S_{m+n} = -(m+n)$ (3) $S_m = S_n (m\neq n) \Rightarrow S_{m+n} = 0$	$A(1\pm p\%)^n = B$, $p\%$ 为平均增长（亏损）率
8. 巧设未知量：三个数 五个数 四个数	$x-d, x, x+d$ $x-2d, x-d, x, x+d, x+2d$ $x-3d, x-d, x+d, x+3d$	$x/q, x, xq$ $x/q^2, x/q, x, xq, xq^2$ $x/q^3, x/q, xq, xq^3$
9. 第一个 10 项和为 A 第二个 10 项和为 B 第三个 10 项和为 C ...	$A, B, C, \cdots$ 也成等差数列	n 为经过的周期， A 为起点（初始）值， B 为终点（终）值， $A, B, C, \cdots$ 也成等比数列
10. 第9推广到 m 项和	同样成立，也为等差数列	同样成立，也为等比数列

第二部分　经典母题

1. （2011 年第 16 题）实数 a，b，c 成等差数列．

   (1) e^a，e^b，e^c 成等比数列

   (2) $\ln a$，$\ln b$，$\ln c$ 成等差数列.

2. $3^x = 4$，$3^y = 8$，$3^z = 16$，则 x，y，z 成（　　）数列

   (A) 等差　　　(B) 等比　　　(C) 一般　　　(D) 既等差又等比

   (E) 无法判断

3. 已知 $\{a_n\}$ 为等比数列，$a_1 a_2 \cdots a_9 = 512$，求 a_5.

4. $\{a_n\}$ 为等比数列，则 $a_3 + a_7 = -3$.

   (1) $a_2 + a_8 = -3$

   (2) $a_2 a_3 a_4 + a_6 a_7 a_8 + 3 a_5^2 (a_3 + a_7) = -27$

5. $\{a_n\}$ 为等比数列，$a_3 + a_7 = 20 (a_3 < a_7)$，$a_4 \cdot a_6 = 64$，则 $a_{15} = ($ $)$

   (A) 16   (B) 32   (C) 64   (D) 128   (E) 256

6. 已知 a_1，a_2，b_1，b_2，$b_3 \in \mathbf{R}$，-1，a_1，a_2，-4 成等差数列，-1，b_1，b_2，b_3，-4

   成等比数列，则 $\dfrac{a_1 - a_2}{b_2} = ($ $)$

   (A) 1/2   (B) $-1/2$ (C) $\pm 1/2$ (D) 1/4   (E) $\pm 1/4$

7. 三个数成等比数列，且和为 14，积为 64，求这三个数.

8. 三个数成等差数列，且和为 15，分别加上 1，3，9 后成等比数列，求这三个数.

9. 某年的 5 月份有五个星期五，它们的日期和为 80，则当月的 1 号、20 号、31 号分别为星期几？

10. 7 个数排列一排，奇数项成等差数列，偶数项成等比数列，奇数项的和比偶数项的积多 42，且首、尾、中间三项和为 27，则中间的项为($ $)

   (A) 1   (B) 2   (C) 3   (D) 4   (E) 都不对

11. 已知 $\{a_n\}$ 是等比数列，$S_n = 36$，$S_{2n} = 54$，则 $S_{3n} = ($ $)$

   (A) 96   (B) 89   (C) 76   (D) 68   (E) 63

第三部分　历年真题

1. (2012 年第 8 题) 某人在保险柜中存放了 M 元现金，第一天取出它的 $\dfrac{2}{3}$，以后每天取出前一天所取的 $\dfrac{1}{3}$，共取了 7 天，保险柜中剩余的现金为($ $)

   (A) $\dfrac{M}{3^7}$ 元   (B) $\dfrac{M}{3^6}$ 元   (C) $\dfrac{2M}{3^6}$ 元   (D) $\left[1 - \left(\dfrac{2}{3}\right)^7\right] M$ 元

   (E) $\left[1 - 7 \times \left(\dfrac{2}{3}\right)^7\right] M$ 元

2. (2018 年第 7 题) 如图 6-2，四边形 $A_1 B_1 C_1 D_1$ 是平行四边形，A_2，B_2，C_2，D_2 分别是平行四边形 $A_1 B_1 C_1 D_1$ 四边的中点，依次下去，得到四边形序列 $A_n B_n C_n D_n$ ($n = 1$，2，3…). 设 $A_n B_n C_n D_n$ 的面积为 S_n，且 $S_1 = 12$，则 $S_1 + S_2 + S_3 + \cdots = ($ $)$

   (A) 16   (B) 20   (C) 24   (D) 28   (E) 30

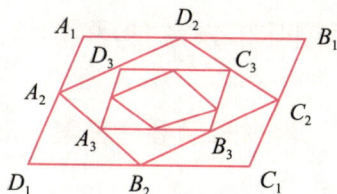

图 6-2

3. （2018年第16题）甲、乙、丙三人的年收入成等比数列，则能确定乙的年收入的最大值.

（1）已知甲、丙两人的年收入之和

（2）已知甲、丙两人的年收入之积

4. （2012年第17题）已知 $\{a_n\}$ 和 $\{b_n\}$ 分别为等比数列与等差数列，$a_1=b_1=1$，则 $b_2 \geqslant a_2$.

（1）$a_2 > 0$

（2）$a_{10}=b_{10}$

5. （2010年第23题）甲企业一年的生产总值为 $\dfrac{a}{p}\left[(1+p)^{12}-1\right]$.

（1）甲企业一月产值为 a，以后每月增长率为 p

（2）甲企业一月产值为 $\dfrac{a}{2}$，以后每月增长率为 $2p$

6. （2019年第15题）设数列 $\{a_n\}$ 满足 $a_1=0$，$a_{n+1}-2a_n=1$，则 $a_{100}=$（　　）

(A) $2^{99}-1$　　(B) 2^{99}　　(C) $2^{99}+1$　　(D) $2^{100}-1$　　(E) $2^{100}+1$

7. （2019年第16题）甲、乙、丙三人各自拥有不超过10本图书，甲、丙购入2本图书后，他们拥有的图书数量构成等比数列，则能确定甲拥有图书的数量.

（1）已知乙拥有的图书数量

（2）已知丙拥有的图书数量

8. （2009年第8题）若 $(1+x)+(1+x)^2+\cdots+(1+x)^n=a_1(x-1)+2a_2(x-1)^n+\cdots+na_n(x-1)^n$，则 $a_1+a_2+3a_3+\cdots+na_n=$（　　）

(A) $\dfrac{3^n-1}{2}$　　(B) $\dfrac{3^{n+1}-1}{2}$　　(C) $\dfrac{3^{n+1}-3}{2}$　　(D) $\dfrac{3^n-3}{2}$　　(E) $\dfrac{3^n-3}{4}$

9. （2009年第11题）数列 $\{a_n\}$ 中，$a_n \neq 0$（$n \geqslant 1$），$a_1=\dfrac{1}{2}$，前 n 项和 S_n 满足 $a_n=\dfrac{2S_n^2}{2S_n-1}$（$n \geqslant 2$），则 $\left\{\dfrac{1}{S_n}\right\}$ 是（　　）

(A) 首项为2，公比为 $\dfrac{1}{2}$ 的等比数列

(B) 首项为2，公比为2的等比数列

(C) 既非等差数列，也非等比数列

(D) 首项为2，公差为 $\dfrac{1}{2}$ 的等差数列

(E) 首项为2，公差为2的等差数列

第四部分　参考答案

经典母题参考答案

1. 分析　条件（1）：$\dfrac{e^a}{e^b}=\dfrac{e^b}{e^c}$，即 $a-b=b-c$，所以 a，b，c 成等差数列，充分.

条件（2）：$\ln a - \ln b = \ln b - \ln c$，即 $\dfrac{a}{b} = \dfrac{b}{c}$，所以 a，b，c 成等比数列，不充分，选 A.

2. 分析 解法一：$x = \log_3 4 = 2\log_3 2$，$y = \log_3 8 = 3\log_3 2$，$z = \log_3 16 = 4\log_3 2$，明显三者成等差数列. 故选 A.

解法二：利用经验公式法. 如果 3^x，3^y，3^z 成等比数列，那么 x，y，z 成等差数列. 故选 A.

3. 分析 由等比中项可得 $a_5^2 = a_1 a_9 = a_2 a_8 = a_3 a_7 = a_4 a_6$，则 $a_1 a_2 \cdots \cdot a_9 = (a_5^2)^4 \cdot a_5 = a_5^9$ $= 512 = 2^9$，即得 $a_5 = 2$.

4. 分析 明显条件（1）单独不充分，注意等差数列与等比数列的性质（下标和）区别.

在条件（2）下，有 $a_2 a_4 = a_3^2$，$a_6 a_8 = a_7^2$，$a_5^2 = a_3 a_7$，则 $a_2 a_3 a_4 + a_6 a_7 a_8 + 3a_5^2(a_3 + a_7) =$ $a_3^3 + a_7^3 + 3a_3 a_7(a_3 + a_7) = (a_3 + a_7)^3 = -27$，得 $a_3 + a_7 = -3$，条件（2）单独充分.

故选 B.

5. 分析 由 $a_3 \cdot a_7 = a_4 \cdot a_6 = 64$，$a_3 + a_7 = 20$，得 $a_3 = 4$，$a_7 = 16$，则 $q^4 = \dfrac{a_7}{a_3} = 4$，故 a_{15} $= a_7 \cdot q^8 = a_7 \cdot (q^4)^2 = 16 \times 16 = 256$. 故选 E.

6. 分析 由 -1，a_1，a_2，-4 成等差数列，得到 $a_1 - a_2 = -d = -[-4 - (-1)]/(4 - 1) = 1$.

由 -1，b_1，b_2，b_3，-4 成等比数列，得到 $b_2^2 = (-1) \times (-4) = 4$.

又 $b_2 = (-1)q^2 < 0$，所以 $b_2 = -2$，因此 $\dfrac{a_1 - a_2}{b_2} = 1/-2 = -1/2$.

故选 B.

7. 分析 令这三个数分别为 x/q，x，xq，由题意得 $\begin{cases} x/q + x + xq = 14 \\ (x/q) \cdot x \cdot xq = 64 \end{cases}$，得 $\begin{cases} x = 4 \\ (2/q) + 2q = 5 \end{cases}$

即有 $2q^2 - 5q + 2 = 0 \Rightarrow (2q - 1)(q - 2) = 0 \Rightarrow q = 2$ 或 $q = 1/2$.

因此这三个数为 2，4，8 或 8，4，2.

8. 分析 令这三个数分别为 $x - d$，x，$x + d$，由题意得 $x - d + x + x + d = 15$，整理得 $3x = 15$，即 $x = 5$.

又分别加上 1，3，9 后成等比数列，得到 $(5 - d + 1)(5 + d + 9) = (5 + 3)^2$，$d^2 + 8d - 20 = 0$，即 $(d - 2)(d + 10) = 0$，得 $d_1 = 2$，$d_2 = -10$.

因此这三个数为 3，5，7 或 15，5，-5.

9. 分析 设这五个星期五最中间的日期为 x，则有 $5x = 80$，得 $x = 16$，即 5 月 16 号为星期五，往前推 14 天即 2 号也为星期五，则 1 号为星期四；

往后推 7 天即 23 号也为星期五，则 22 号为星期四、21 号为星期三、20 号为星期二；

往后推 14 天即 30 号也为星期五，则 31 号为星期六.

10. 分析 可设这 7 个数为表 6-3 中的值：

表 6-3

项数	1	2	3	4	5	6	7
值	$x - 3d$	y/q	$x - d$	y	$x + d$	yq	$x + 3d$

根据题意有 $\begin{cases} 4x - y^3 = 42 \\ 2x + y = 27 \end{cases}$

消元得 $y^3 + 2y = 12$，把选项值依次代入检验，易得 $y = 2$ 满足．故选 B.

11. **分析**　由已知得 S_n，$S_{2n} - S_n$，$S_{3n} - S_{2n}$ 成等比数列，即 36，$54 - 36$，$S_{3n} - 54$ 成等比数列，则 $36 \cdot (S_{3n} - 54) = 18^2$，得 $S_{3n} = 63$．故选 E.

历年真题参考答案

1. 【答案】A

【考点】等比数列求和

【解析】解法一：共取走 $\dfrac{2}{3}M + \dfrac{2}{3}M \times \dfrac{1}{3} + \cdots + \dfrac{2}{3}M \times \left(\dfrac{1}{3}\right)^6 = \dfrac{\dfrac{2}{3}M \times \left[1 - \left(\dfrac{1}{3}\right)^7\right]}{1 - \dfrac{1}{3}} =$

$\left[1 - \left(\dfrac{1}{3}\right)^7\right]M$，则剩余 $M - \left[1 - \left(\dfrac{1}{3}\right)^7\right]M = \dfrac{M}{3^7}$．

解法二：枚举法．第一天剩 $\dfrac{M}{3}$，第二天剩 $\dfrac{M}{3} - \dfrac{2}{3}M \times \dfrac{1}{3} = \dfrac{M}{3^2}$，以此类推，第七天剩 $\dfrac{M}{3^7}$．

2. 【答案】C

【考点】平面几何与等比数列求和应用

【解析】将该图特殊化为正方形，则计算可知，$S_2 = 6$，$S_3 = 3$，$\cdots$，所以 S_n 是一组公比

为 $\dfrac{1}{2}$，首项为 12 的等比数列，$S_1 + S_2 + \cdots + S_n = \dfrac{12\left[1 - \left(\dfrac{1}{2}\right)^n\right]}{1 - \dfrac{1}{2}} = 24\left[1 - \left(\dfrac{1}{2}\right)^n\right]$，当

$n \to \infty$ 时，$\left(\dfrac{1}{2}\right)^n \to 0$，所以原式的值为 24.

3. 【答案】D

【考点】数列问题

【解析】设甲、乙、丙三人的年收入分别为 a，b，c，则 $b^2 = ac$.

条件（1）：$a + c = d$，而 $a + c \geqslant 2\sqrt{ac}$，$\therefore ac \leqslant \left(\dfrac{d}{2}\right)^2$，即 $b^2 \leqslant \left(\dfrac{d}{2}\right)^2$，能确定乙年收入的最大值，所以充分.

条件（2）：$ac = d$，$\therefore b^2 = d$，也能确定乙年收入的最大值，所以充分.

4. 【答案】C

【考点】数列与均值不等式

【解析】解法一：条件（1）和条件（2）显然需要联合.

由条件（1）得 $q > 0$.

由条件（2）得：

$a_{10} = b_{10} \Rightarrow q^9 = 1 + 9d \Rightarrow d = \dfrac{q^9 - 1}{9}$

$b_2 = 1 + d = 1 + \dfrac{q^9 - 1}{9} = \dfrac{q^9 + 8}{9} = \dfrac{q^9 + 1 + 1 + 1 + 1 + 1 + 1 + 1 + 1}{9} \geqslant \sqrt[9]{q^9} = q$

又因为 $a_2=q$，所以 $b_2 \geqslant a_2$，充分．

解法二：只要公比为正数，等差数列和等比数列的两端相等，中间的所有项，等差数列永远大于等比数列．

5．【答案】A

【考点】增长率与数列

【解析】条件（1）：如表 6-4：

表 6-4

月份	1月	2月	3月	…	12月
产值	a	$a(1+p)$	$a(1+p)^2$	…	$a(1+p)^{11}$

年产值 $S_{12}=\dfrac{a[1-(1+p)^{12}]}{1-(1+p)}=\dfrac{a}{p}[(1+p)^{12}-1]$，充分．

条件（2）：同理，不充分．

6．【答案】A

【考点】数列的递推公式

【解析】$a_{n+1}+1=2(a_n+1)\Rightarrow\dfrac{a_{n+1}+1}{a_n+1}=2$，所以 $\{a_n+1\}$ 是以 a_1+1 为首项，公比为 2 的等比数列，所以 $a_n+1=(a_0+1)\cdot 2^{n-1}\Rightarrow a_n=2^{n-1}-1$，所以 $a_{99}=2^{99}-1$．

7．【答案】C

【考点】等比数列的中项公式

【解析】条件（1）和（2）单独明显不充分．

联立条件可得：

设乙拥有的图书数量为 a，丙拥有的图书数量为 b．则根据甲、乙、丙成等比数列可得 $a^2=(甲+2)\times b$，所以可确定甲的图书数量．

8．【答案】C

【考点】多项式恒等

【解析】令 $x=2$，则有

$a_1+2a_2+3a_3+\cdots+na_n=3+3^2+\cdots+3^n=\dfrac{3\times(1-3^n)}{1-3}=\dfrac{3^{n+1}-3}{2}$

9．【答案】E

【考点】数列通项与前 n 项和的关系

【解析】解法一：$a_n=S_n-S_{n-1}=\dfrac{2S_n^2}{2S_n-1}\Rightarrow S_{n-1}-S_n=2S_nS_{n-1}$，两边同时除以 S_nS_{n-1} 得

$\dfrac{1}{S_n}-\dfrac{1}{S_{n-1}}=2$．

解法二：令 $n=1,2,3$，分别代入得，$\dfrac{1}{S_1}=\dfrac{1}{a_1}=2$，$\dfrac{1}{S_2}=4$，$\dfrac{1}{S_3}=6$，直接选 E．

第七章

解析几何

第一节　平面直角坐标系与直线方程

第一部分　知识要点

1. 两点间的距离公式

设两点坐标分别为 $P_1(x_1, y_1)$，$P_2(x_2, y_2)$，则 $|P_1P_2| = \sqrt{(x_2-x_1)^2 + (y_2-y_1)^2}$.

2. 有向线段的定比分点坐标公式

设点 $P(x, y)$ 为有向线段 $\overrightarrow{AB}$ 的定比分点，且定比为 λ，即 $\dfrac{AP}{AB} = \lambda$（AP，PB 分别为有向线段的数量），起点 $A(x_1, y_1)$，终点 $B(x_2, y_2)$，则 $x = \dfrac{x_1 + \lambda x_2}{1 + \lambda}$，$y = \dfrac{y_1 + \lambda y_2}{1 + \lambda}$.

特殊情况：当 $\lambda = 1$ 时，点 $P(x, y)$ 为有向线段 $\overrightarrow{AB}$ 的中点，则 $x = \dfrac{x_1 + x_2}{2}$，$y = \dfrac{y_1 + y_2}{2}$.

3. 直线的倾斜角与斜率

倾斜角：直线与 x 轴正向上方所成的夹角称为倾斜角，记作 α，$\alpha \in [0, \pi)$.

【注】当直线水平时，倾斜角为 0；当直线竖直时，倾斜角为 90°.

斜率：直线倾斜角的正切值为该直线的斜率，记作 $k = \tan \alpha$，$\alpha \neq \dfrac{\pi}{2}$.

直线上两点间的斜率：设直线 l 上有两个点 $P_1(x_1, y_1)$，$P_2(x_2, y_2)$，则 $k = \dfrac{y_2 - y_1}{x_2 - x_1}(x_1 \neq x_2)$.

4. 直线方程的几种形式

一般式：$Ax + By + C = 0$（A，B 不全为零），当 $B = 0$ 时斜率不存在，直线与 x 轴垂直；当 $B \neq 0$ 时斜率存在，斜率为 $k = -\dfrac{A}{B}$.

点斜式：过点 $P(x_0, y_0)$，斜率为 k 的直线方程为 $y - y_0 = k(x - x_0)$.

斜截式：斜率为 k，在 y 轴上的截距为 b（即过点 $P(0，b)$，b 可为任意值）的直线方程为 $y=kx+b$.

两点式：过两个点 $P_1(x_1，y_1)$，$P_2(x_2，y_2)$ 的直线方程为 $\dfrac{y-y_1}{y_2-y_1}=\dfrac{x-x_1}{x_2-x_1}$（$x_1\ne x_2$，$y_1\ne y_2$）.

截距式：在 x 轴上的截距为 a（即过点 $P_1(a，0)$），在 y 轴上的截距为 b（即过点 $P_2(0，b)$）的直线方程为 $\dfrac{x}{a}+\dfrac{y}{b}=1$（$a\ne 0$ 且 $b\ne 0$）.

5. 两条直线的位置关系（表 7－1）

表 7－1

位置关系	一般式 l_1：$A_1x+B_1y+C_1=0$ l_2：$A_2x+B_2y+C_2=0$	标准式 l_1：$y=k_1x+b_1$ l_2：$y=k_2x+b_2$
平行	$\dfrac{A_1}{A_2}=\dfrac{B_1}{B_2}\ne\dfrac{C_1}{C_2}$	$k_1=k_2$，$b_1\ne b_2$
重合	$\dfrac{A_1}{A_2}=\dfrac{B_1}{B_2}=\dfrac{C_1}{C_2}$	$k_1=k_2$，$b_1=b_2$
相交	$\dfrac{A_1}{A_2}\ne\dfrac{B_1}{B_2}$	$k_1\ne k_2$
垂直	$A_1A_2+B_1B_2=0$	$k_1k_2=-1$

【注意】

两条直线的位置关系与方程组的解有密切关系：

（1）平行 $\Leftrightarrow$ 方程组无解；

（2）相交 $\Leftrightarrow$ 交点坐标为方程组的解.

6. 两条直线的夹角公式

设两条直线 l_1，l_2 的斜率分别为 k_1，k_2，且 $k_1k_2\ne-1$，直线 l_1（逆时针旋转）到 l_2 的角为 θ（$\theta\in[0，\pi)$），则 $\tan\theta=\dfrac{k_2-k_1}{1+k_1k_2}$.

直线 l_1，l_2 的夹角为 φ，$\varphi\in\left[0，\dfrac{\pi}{2}\right]$，则 $\tan\varphi=\left|\dfrac{k_2-k_1}{1+k_1k_2}\right|$.

7. 点与直线的关系

点在直线上：点的坐标满足直线方程，代入成立.

点在直线外：点的坐标不满足直线方程，代入不成立.

设直线 l 的方程为 $Ax+By+C=0$，点 $P(x_0，y_0)$，则点 P 到直线 l 的距离为 $d=\dfrac{|Ax_0+By_0+C|}{\sqrt{A^2+B^2}}$.

两条平行直线 l_1：$ax+by+c_1=0$；l_1：$ax+by+c_2=0$ 之间的距离为 $d=\dfrac{|c_1-c_2|}{\sqrt{a^2+b^2}}$.

第二部分　经典母题

1. 已知 $\triangle ABC$ 的三个顶点坐标为 $A(-1, -2)$，$B(2, -1)$，$C(-2, 1)$，则其面积为（　　）

   (A) 4　　　　(B) 5　　　　(C) 7　　　　(D) 9　　　　(E) 12

2. 如果两直线 $3x+y=1$ 和 $2mx+4y=-3$ 互相垂直，则 m 的值为（　　）

   (A) $\dfrac{1}{3}$　　(B) $-\dfrac{1}{3}$　　(C) -3　　(D) $\dfrac{2}{3}$　　(E) $-\dfrac{2}{3}$

3. 不论 k 为何值，直线 $(2k-1)x-(k-2)y-(k+4)=0$ 恒过的一个定点是（　　）

   (A) $(0, 0)$　　(B) $(2, 3)$　　(C) $(3, 2)$　　(D) $(-2, 3)$　　(E) 均不正确

第三部分　历年真题

1. （2016 年第 24 题）已知 M 的一个平面有限点集，则平面上存在到 M 中各点距离相等的点.

   (1) M 中只有三个点

   (2) M 中的任意三点都不共线

2. （2018 年第 21 题）已知点 $P(m, 0)$，$A(1, 3)$，$B(2, 1)$，点 (x, y) 在三角形 PAB 上，则 $x-y$ 的最小值与最大值分别为 -2 和 1.

   (1) $m \leqslant 1$

   (2) $m \geqslant -2$

3. （2010 年第 13 题）某小区决定用 15 万元建车位，室内车位每个成本为 5 000 元，室外车位每个成本为 1 000 元，计划室外车位不少于室内的 2 倍，且不多于 3 倍，则该小区最多可建车位（　　）个

   (A) 78　　　　(B) 74　　　　(C) 72　　　　(D) 70　　　　(E) 66

4. （2012 年第 13 题）某公司计划运送 180 台电视机和 110 台洗衣机下乡。现有两种货车，甲种货车每辆最多可载 40 台电视机和 10 台洗衣机；乙种货车每辆最多可载 20 台电视机和 20 台洗衣机。已知甲、乙两种货车的租金分别是每辆 400 元和 360 元，则最少的运费是（　　）

   (A) 2 560 元　　　　　　(B) 2 600 元　　　　　　(C) 2 640 元

   (D) 2 680 元　　　　　　(E) 2 720 元

5. （2012 年第 18 题）直线 $y=ax+b$ 过第二象限.

   (1) $a=-1$，$b=1$

   (2) $a=1$，$b=-1$

6. （2012 年第 25 题）直线 $y=x+b$ 是抛物线 $y=x^2+a$ 的切线.

   (1) $y=x+b$ 与 $y=x^2+a$ 有且仅有一个交点

   (2) $x^2-x \geqslant b-a (x \in \mathbf{R})$

7. （2013 年第 10 题）有一些水果需要装箱，一名熟练工单独装箱需要 10 天完成，每天报

酬 200 元；一名普通工单独装箱需要 15 天完成，每天报酬 120 元。由于场地限制，最多可同时安排 12 人装箱，若要求在 1 天内完成装箱，则支付的最少报酬为(　　)元

(A) 1 800　　(B) 1 840　　(C) 1 920　　(D) 1 960　　(E) 2 000

8. (2016 年第 11 题) 如图 7-1，点 A，B，O 的坐标分别为 $(4,0)$，$(0,3)$，$(0,0)$，若 (x,y) 是 $\triangle ABO$ 中的点，则 $2x+3y$ 的最大值为(　　)

(A) 6　　(B) 7　　(C) 8　　(D) 9　　(E) 12

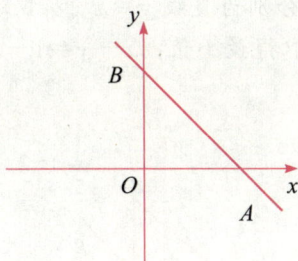

图 7-1

第四部分　参考答案

经典母题答案解析

1. 分析　利用两点间距离公式求解．$AB=\sqrt{(2+1)^2+(-1+2)^2}=\sqrt{10}$，$AC=\sqrt{10}$，$BC=\sqrt{20}$，即 $AB=AC$，$AB^2+AC^2=BC^2$，故 $\triangle ABC$ 为等腰直角三角形，$S=\frac{1}{2}\cdot AB\cdot AC=\frac{1}{2}\times\sqrt{10}\times\sqrt{10}=5$，故选 B．

2. 分析　利用经验公式法．$A_1A_2+B_1B_2=3\times2m+4=0$，$m=-\frac{2}{3}$，故选 E．

3. 分析　解法一：把直线方程变形为 $(2x-y-1)k-(x-2y+4)=0\Rightarrow\begin{cases}2x-y-1=0\\x-2y+4=0\end{cases}\Rightarrow$ $x=2$，$y=3$，即该定点为 $(2,3)$．故选 B．

解法二：利用特值法．取 $k=\frac{1}{2}\Rightarrow y=3$，取 $k=2\Rightarrow x=2$，而直线 $x=2$，$y=3$ 的交点为 $(2,3)$，即该定点为 $(2,3)$．故选 B．

历年真题答案解析

1.【答案】C

【考点】平面几何

【解析】条件（1）：若三点共线，则平面上不存在到 M 中各点距离相等的点．

条件（2）：当 M 中所有的点构成凹多边形时，无法找到满足要求的点．

联合条件（1）和条件（2）：满足要求的点为此三点构成的三角形外接圆的圆心．

2. 【答案】C

【考点】解析几何

【解析】条件（1）：当 m 很小时，将 P 点坐标代入 $x-y$ 时，可得其最小值很小，不充分.

条件（2）：当 m 很大时，将 P 点坐标代入 $x-y$ 时，可得其最大值很大，不充分.

联立两个条件，设 $x-y=b$，则 $y=x-b$，

所以 $x-y$ 的最小值和最大值分别为直线 $y=x-b$ 截距的最小值和最大值，由图 7-2 可得 $y=x-b$ 分别在点 A 处取得最小值：$x-y=1-3=-2$，在 B 点处取得最大值：$x-y=2-1=1$.

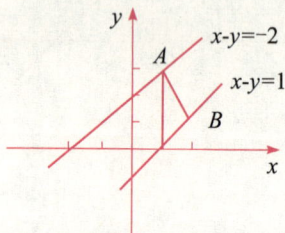

图 7-2

3. 【答案】B

【考点】线性规划问题

【解析】设室内车位的数量是 x，设室外车位的数量是 y.

$5\,000x+1\,000y=150\,000$

得到 $5x+y=150$，如图 7-3，因为室外车位不少于室内的 2 倍，少于 3 倍，所以得到 $2x\leqslant y\leqslant 3x$，解得当 $x=19$，$y=55$，$x+y=74$.

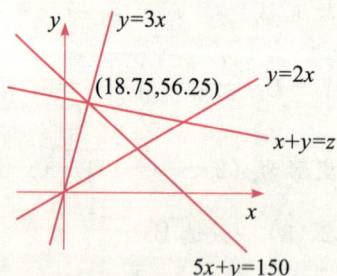

图 7-3

4. 【答案】B

【考点】线性规划

【解析】设甲货车 x 辆，乙货车 y 辆，则有

$$\begin{cases} 40x+20y\geqslant 180 \\ 10x+20y\geqslant 110 \\ x\geqslant 0 \\ y\geqslant 0 \end{cases} \Rightarrow \begin{cases} 2x+y\geqslant 9 \\ x+2y\geqslant 11 \\ x\geqslant 0 \\ y\geqslant 0 \end{cases} \Rightarrow \begin{cases} x=\dfrac{7}{3} \\ y=\dfrac{13}{3} \end{cases}$$

取附近的整数得 $\begin{cases} x=2 \\ y=5 \end{cases}$ 或 $\begin{cases} x=3 \\ y=4 \end{cases}$

对应的运费分别为：$400 \times 2 + 360 \times 5 = 2\,600$，$400 \times 3 + 360 \times 4 = 2\,640$，则甲车 2 辆，乙车 5 辆时费用最低，最低费用为 2 600 元（图 7-4）.

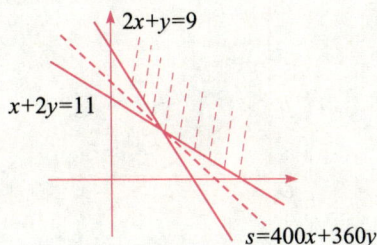

图 7-4

5.【答案】 A

【考点】 直线方程

【解析】 条件（1）：$y = -x + 1$，过一、二、四象限，充分.

条件（2）：$y = x - 1$，过一、三、四象限，不充分.

6.【答案】 A

【考点】 二次函数与解析几何

【解析】 条件（1）：等价于题干，充分.

条件（2）：$x^2 - x \geqslant b - a \Rightarrow x^2 + a \geqslant x + b$，抛物线在直线上方或与直线相切，不充分（图 7-5）.

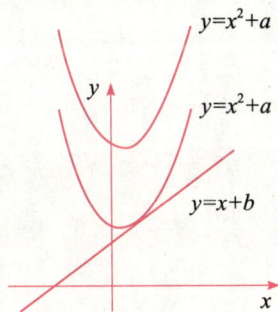

图 7-5

7.【答案】 C

【考点】 线性规划

【解析】 设需要熟练工 x 名，普通工 y 名，则有以下不等式成立：

$$\begin{cases} \dfrac{x}{10} + \dfrac{y}{15} \geqslant 1 \\ x + y \leqslant 12 \end{cases} \Rightarrow \begin{cases} x \geqslant 6 \\ x + y \leqslant 12 \end{cases}$$

由于每个普通工的报酬低于每个熟练工的报酬，故应该尽量使得熟练工较少，则当 $x = y = 6$ 时，有最低报酬 1 920 元.

8.【答案】 D

【考点】线性规划

【解析】如图 7-6，可行域为 $\triangle AOB$，目标函数为 $z = 2x + 3y$，求 z 的最大值，而 $y = -\frac{2}{3}x + \frac{z}{3}$ 平移过 $B(0，3)$ 时 z 最大，$z = 9$.

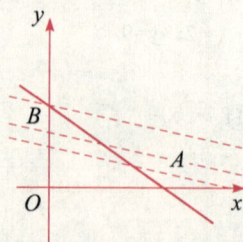

图 7-6

第二节　圆的方程及对称问题

第一部分　知识要点

1. 圆的方程的几种形式

（1）标准方程.

当圆心为 (x_0, y_0)，半径为 r 时，圆的标准方程为 $(x-x_0)^2+(y-y_0)^2=r^2$. 特别地，当圆心在原点 $(0, 0)$ 时，圆的标准方程为 $x^2+y^2=r^2$.

（2）一般式.

$x^2+y^2+Dx+Ey+F=0\,(D^2+E^2-4F>0)$，配方后为 $\left(x+\dfrac{D}{2}\right)^2+\left(y+\dfrac{E}{2}\right)^2=\dfrac{D^2+E^2-4F}{4}$，圆心 $C\left(-\dfrac{D}{2}, -\dfrac{E}{2}\right)$，半径 $r=\dfrac{\sqrt{D^2+E^2-4F}}{2}$.

2. 与圆相关的位置关系

（1）点与圆的位置关系.

点 $P(x_1, y_1)$，圆的方程为 $(x-x_0)^2+(y-y_0)^2=r^2$，把点 P 代入圆的方程：

$$(x_1-x_0)^2+(y_1-y_0)^2\begin{cases}<r^2, & 点在圆内 \\ =r^2, & 点在圆上 \\ >r^2, & 点在圆外\end{cases}$$

（2）直线与圆的位置关系.

直线 l：$y=kx+b$，圆 O：$(x-x_0)^2+(y-y_0)^2=r^2$，d 为圆心 $O(x_0, y_0)$ 到直线 l 的距离（此处距离运用点到直线的距离公式求得）（表 7-2）.

表 7-2

直线与圆的位置关系	图形	几何意义	代数意义
相离		$d>r$	$\begin{cases}y=kx+b \\ (x-x_0)^2+(y-y_0)^2=r^2\end{cases}$ 无实数根，即 $\Delta<0$

续表

直线与圆的位置关系	图形	几何意义	代数意义
相切		$d=r$	$\begin{cases} y=kx+b \\ (x-x_0)^2+(y-y_0)^2=r^2 \end{cases}$ 有两个相等实数根，即 $\Delta=0$
相交	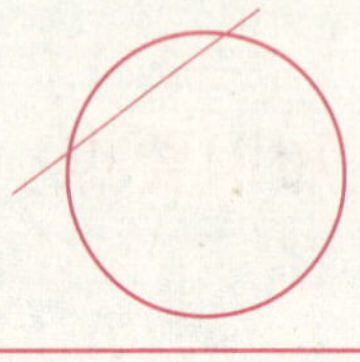	$d<r$	$\begin{cases} y=kx+b \\ (x-x_0)^2+(y-y_0)^2=r^2 \end{cases}$ 有两个不相等实数根，即 $\Delta>0$

（3）圆与圆的位置关系.

圆 O_1：$(x-x_1)^2+(y-y_1)^2=r_1^2$，圆 O_2：$(x-x_2)^2+(y-y_2)^2=r_2^2$，$d$ 为圆心 $O_1(x_1, y_1)$ 到圆心 $O_2(x_2, y_2)$ 的距离（不妨设 $r_1>r_2$）（表 7-3）.

表 7-3

两圆的位置关系	图形	几何意义	公切线条数
外离		$d>r_1+r_2$	4
外切	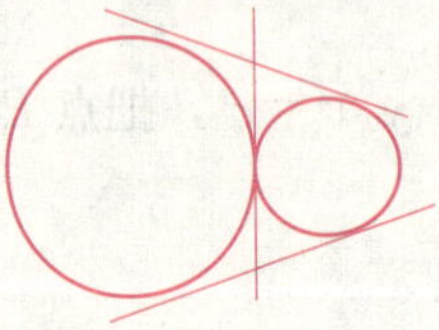	$d=r_1+r_2$	3
相交	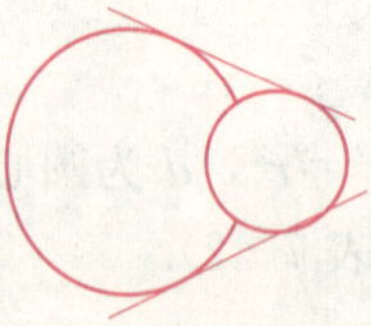	$r_1-r_2<d<r_1+r_2$	2
内切		$d=r_1-r_2$	1
内含	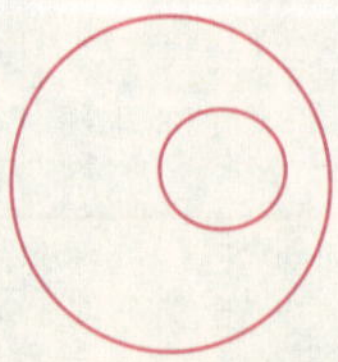	$0\leqslant d<r_1-r_2$	0

特殊地，当两圆圆心距离 $d=0$ 时，即为同心圆．当两圆圆心距离、两圆半径都相等时，两圆互过对方圆心，两圆圆心和两圆交点的连线成菱形，且较小内角为 60°.

3. 对称问题

（1）点关于点的对称．

思路：用中点坐标求解．

（2）点关于直线的对称．

已知 $A(x_0，y_0)$，直线 l 的方程为 $y=kx+b$，如图 7-7 所示．

设 $A'(x'，y')$，则根据 $AA'\perp l$ 和 AA' 中点在直线 l 上列方程组求解．

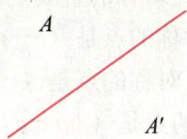

图 7-7

（3）直线关于点的对称．

方法：$\begin{cases} l'//l \\ A \text{ 到 } l \text{ 的距离} = A \text{ 到 } l' \text{ 的距离} \end{cases}$，如图 7-8 所示．

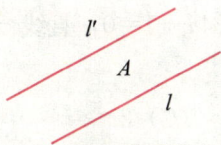

图 7-8

（4）两相交直线的对称（光的反射）．

方法 $\begin{cases} \text{三线共点} \\ \text{夹角相等求斜率} \\ l_1 \text{ 上任取一点，它关于 } l \text{ 的对称点在 } l_2 \text{ 上} \end{cases}$，如图 7-9 所示．

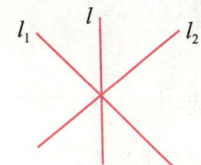

图 7-9

（5）两平行直线对称．

方法 $\begin{cases} \text{斜率相等} \\ \text{间距相等} \end{cases}$

$l：ax+by+c=0$ 关于 $l_1：ax+by+c_1=0$ 的对称直线为 $ax+by+(2c_1-c)=0$.

4. 特殊对称

（1）点 $(a，b)$ 关于 x 轴对称的点是 $(a，-b)$.

直线 $Ax+By+C=0$ 关于 x 轴对称的直线是 $Ax-By+C=0$.

（2）点 (a, b) 关于 y 轴对称的点是 $(-a, b)$.

直线 $Ax+By+C=0$ 关于 y 轴对称的直线是 $-Ax+By+C=0$.

（3）点 (a, b) 关于原点对称的点是 $(-a, -b)$.

直线 $Ax+By+C=0$ 关于原点对称的直线是 $Ax+By-C=0$.

（4）点 (a, b) 关于 $y=x$ 对称的点是 (b, a).

直线 $Ax+By+C=0$ 关于 $y=x$ 对称的直线是 $Bx+Ay+C=0$.

（5）点 (a, b) 关于 $y=-x$ 对称的点是 $(-b, -a)$.

直线 $Ax+By+C=0$ 关于 $y=-x$ 对称的直线是 $Bx+Ay-C=0$.

（6）点 (a, b) 关于 $y=x+m$ 对称的点是 $(b-m, a+m)$.

（7）点 (a, b) 关于 $y=-x+m$ 对称的点是 $(-b+m, -a+m)$.

（8）点 (a, b) 关于 $x=m$ 对称的点是 $(2m-a, b)$.

（9）点 (a, b) 关于 $y=n$ 对称的点是 $(a, 2n-b)$.

（10）点 (a, b) 关于 (m, n) 对称的点是 $(2m-a, 2n-b)$.

第二部分　经典母题

若实数 x，y 满足圆的方程 $x^2+y^2-4x+1=0$，直线 $y=kx$ 和圆相切，则 k 的最大值与最小值之差是（　　）

(A) 1　　　　　 (B) $2\sqrt{2}$　　　　 (C) 2　　　　 (D) $2\sqrt{3}$　　　　 (E) 3

第三部分　历年真题

1.（2019 年第 18 题）直线 $y=kx$ 与圆 $x^2+y^2-4x+3=0$ 有两个交点.

（1）$-\dfrac{\sqrt{3}}{3}<k<0$

（2）$0<k<\dfrac{\sqrt{2}}{2}$

2.（2007 年第 7 题）设实数 x，y 满足 $|x-2|+|y-2|\leqslant 2$，则 x^2+y^2 的取值范围是（　　）

(A) $[2, 18]$　　 (B) $[2, 20]$　　 (C) $[2, 36]$　　 (D) $[4, 18]$　　 (E) $[4, 20]$

3.（2017 年第 7 题）圆 C：$x^2+y^2=2x+2y$ 上的点到直线 l：$ax+by+\sqrt{2}=0$ 的距离最小值大于 1.

（1）$a^2+b^2=1$

（2）$a>0$，$b>0$

4.（2019 年第 24 题）设三角形区域 D 由直线 $x+8y-56=0$，$x-6y+42=0$ 与 $kx-y+8-6k=0(k<0)$ 围成，则对任意的 $(x, y)\in D$，$\lg (x^2+y^2)\leqslant 2$.

（1）$k\in(-\infty, -1]$

(2) $k \in \left[-1, -\dfrac{1}{8} \right)$.

5. （2018 年第 23 题）设 a，b 为实数，则圆 $x^2 + y^2 = 2y$ 与直线 $x + ay = b$ 不相交.

(1) $|a - b| > \sqrt{1 + a^2}$

(2) $|a + b| > \sqrt{1 + a^2}$

6. （2011 年第 11 题）设 P 是圆 $x^2 + y^2 = 2$ 上的一点，该圆在点 P 处的切线平行于直线 $x + y + 2 = 0$，则点 P 的坐标为（　　）

(A) $(-1, 1)$ 　　　　　　　 (B) $(1, -1)$

(C) $(0, \sqrt{2})$ 　　　　　　 (D) $(\sqrt{2}, 0)$

(E) $(1, 1)$

7. （2018 年第 17 题）设 x，y 为实数，则 $|x + y| \leqslant 2$.

(1) $x^2 + y^2 \leqslant 2$

(2) $xy \leqslant 1$

8. （2018 年第 10 题）已知圆 C：$x^2 + (y - a)^2 = b$，若圆 C 在点 $(1, 2)$ 处的切线与 y 轴的交点为 $(0, 3)$，则 $ab = $（　　）

(A) -2 　　　 (B) -1 　　　 (C) 0 　　　 (D) 1 　　　 (E) 2

9. （2017 年第 17 题）已知圆 $x^2 + y^2 - ax - by + c = 0$ 与 x 轴相切，则能确定 c 的值.

(1) 已知 a 的值

(2) 已知 b 的值

10. （2009 年第 14 题）若圆 C：$(x + 1)^2 + (y - 1)^2 = 1$ 与 x 轴交于 A 点，与 y 轴交于 B 点，则与此圆相切于劣弧 AB 中点 M（注：小于半圆的弧称为劣弧）的切线方程是（　　）

(A) $y = x + 2 - \sqrt{2}$ 　　　 (B) $y = x + 1 - \dfrac{1}{\sqrt{2}}$

(C) $y = x - 1 + \dfrac{1}{\sqrt{2}}$ 　　 (D) $y = x - 2 + \sqrt{2}$

(E) $y = x + 2 - \sqrt{2}$

11. （2009 年第 24 题）圆 $(x - 1)^2 + (y - 2)^2 = 4$ 和直线 $(1 + 2\lambda)x + (1 - \lambda)y - 3 - 3\lambda = 0$ 相交于两点.

(1) $\lambda = \dfrac{2\sqrt{3}}{5}$

(2) $\lambda = \dfrac{5\sqrt{3}}{2}$

12. （2011 年第 21 题）直线 $ax + by + 3 = 0$ 被圆 $(x - 2)^2 + (y - 1)^2 = 4$ 截得的线段长度为 $2\sqrt{3}$.

(1) $a = 0$，$b = -1$

(2) $a = -1$，$b = 0$

13. （2014 年第 9 题）已知直线 l 是圆 $x^2 + y^2 = 5$ 在点 $(1, 2)$ 处的切线，则 l 在 y 轴上的截距为（　　）

(A) $\dfrac{2}{5}$ (B) $\dfrac{2}{3}$ (C) $\dfrac{3}{2}$ (D) $\dfrac{5}{2}$ (E) 5

14. （2015 年第 9 题）若直线 $y=ax$ 与圆 $(x-a)^2+y^2=1$ 相切，则 $a^2=$（　　）

(A) $\dfrac{1+\sqrt{3}}{2}$ (B) $1+\dfrac{\sqrt{3}}{2}$ (C) $\dfrac{\sqrt{5}}{2}$ (D) $1+\dfrac{\sqrt{5}}{3}$ (E) $\dfrac{1+\sqrt{5}}{2}$

15. （2014 年第 24 题）已知 x、y 为实数，则 $x^2+y^2\geqslant 1$.
(1) $4y-3x\geqslant 5$
(2) $(x-1)^2+(y-1)^2\geqslant 5$

16. （2011 年第 22 题）已知实数 a、b、c、d 满足 $a^2+b^2=1$，$c^2+d^2=1$，则 $|ac+bd|<1$.
(1) 直线 $ax+by=1$ 与 $cx+dy=1$ 仅有一个交点
(2) $a\neq c$，$b\neq d$

17. （2012 年第 9 题）在直角坐标系中，若平面区域 D 中所有点的坐标 (x,y) 满足：$0\leqslant x\leqslant 6$，$0\leqslant y\leqslant 6$，$|y-x|\leqslant 3$，$x^2+y^2\geqslant 9$，则 D 的面积是（　　）

(A) $\dfrac{9}{4}(1+4\pi)$ (B) $9\left(4-\dfrac{\pi}{4}\right)$

(C) $9\left(3-\dfrac{\pi}{4}\right)$ (D) $\dfrac{9}{4}(2+\pi)$

(E) $\dfrac{9}{4}(1+\pi)$

18. （2010 年第 10 题）直线 $ax-by+3=0$（$a>0$、$b>0$）经过圆 $x^2+4x+y^2-2y+1=0$ 的圆心，则 ab 的最大值为（　　）

(A) $\dfrac{9}{16}$ (B) $\dfrac{11}{6}$ (C) $\dfrac{3}{4}$ (D) $\dfrac{9}{8}$ (E) $\dfrac{9}{4}$

19. （2013 年第 9 题）点 $(0,4)$ 关于直线 $2x+y+1=0$ 的对称点为（　　）
(A) $(2,0)$ (B) $(-3,0)$ (C) $(-6,1)$ (D) $(4,2)$ (E) $(-4,2)$

第四部分　参考答案

经典母题参考答案

分析 解法一：圆的方程为 $(x-2)^2+y^2=(\sqrt{3})^2$，圆心为 $(2,0)$，半径 $r=\sqrt{3}$. 设 $\dfrac{y}{x}=k$，直线方程为 $kx-y=0$，圆心到直线的距离 $d=\dfrac{|2k|}{\sqrt{k^2+1}}=\sqrt{3}\Rightarrow k=\pm\sqrt{3}$，故 k 的最大值与最小值之差为 $2\sqrt{3}$，故选 D.

解法二：利用代数方程的思想. 设 $\dfrac{y}{x}=k$，代入圆的方程得 $(1+k^2)x^2-4x+1=0$，当方程有唯一解时，k 取最值，则 $\Delta=16-4(1+k^2)=0$，解得 $k^2=3$，即 $k=\pm\sqrt{3}$，故 k 的最大值与最小值之差为 $2\sqrt{3}$. 故选 D.

历年真题参考答案

1.【答案】 A

【考点】 直线与圆的位置关系

【解析】 题干等价于直线与圆相交，所以 $d<r\Rightarrow\dfrac{|2k|}{\sqrt{k^2+1}}<1\Rightarrow-\dfrac{\sqrt{3}}{3}<k<\dfrac{\sqrt{3}}{3}$.

所以条件（1）充分，条件（2）不充分.

2.【答案】 B

【解析】 数形结合法

如图 7-10 所示.

$x^2+y^2=R^2$

R 的最小值为 $\sqrt{2}$.

R 的最大值为（2，4）到（0，0）的距离，为 $\sqrt{20}$.

∴ $2\leqslant x^2+y^2\leqslant 20$.

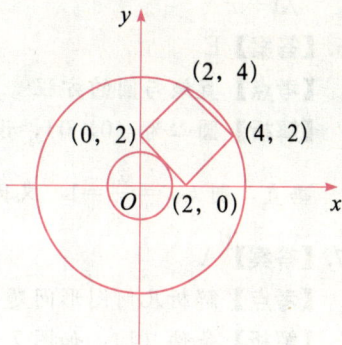

图 7-10

3.【答案】 C

【考点】 直线与圆的位置关系

【解析】 $(x-1)^2+(y-1)^2=2$ 的圆心到直线 $ax+by+\sqrt{2}=0$ 的距离大于 $1+\sqrt{2}$.

$\Rightarrow d=\dfrac{|a+b+\sqrt{2}|}{\sqrt{a^2+b^2}}>1+\sqrt{2}$.

条件（1）和条件（2）单独都不充分. 联合两个条件：

$1=a^2+b^2\geqslant 2ab\Rightarrow ab\leqslant\dfrac{1}{2}$

$a+b\geqslant 2\sqrt{ab}\Rightarrow a+b\geqslant\sqrt{2}$

$d=\dfrac{|a+b+\sqrt{2}|}{\sqrt{a^2+b^2}}=\dfrac{a+b+\sqrt{2}}{1}\geqslant 2\sqrt{2}>1+\sqrt{2}$.

联立充分，选 C.

4.【答案】 A

【考点】 解析几何

【解析】 由题干 $\lg(x^2+y^2)\leqslant 2\Rightarrow x^2+y^2\leqslant 100$，即点是在以 10 为半径的圆内（包括圆上）.

直线 $kx-y+8-6k=0$ 恒过点（6，8），随着 k 的取值不同，直线是绕着 6，8 转动，由图 7-11 可知，点 A 和点 B 都在圆内，则只需要保证点 C 也在圆内即可，所以 $\begin{cases}x-8y-56=0\\kx-y+8-6k=0\end{cases}\Rightarrow C\left(\dfrac{48k-8}{8k+1},\dfrac{50k+8}{8k+1}\right)$，即：

$|OC|\leqslant 10\Rightarrow\left(\dfrac{48k-8}{8k+1}\right)^2+\left(\dfrac{50k+8}{8k+1}\right)^2\leqslant 100\Rightarrow k\in$

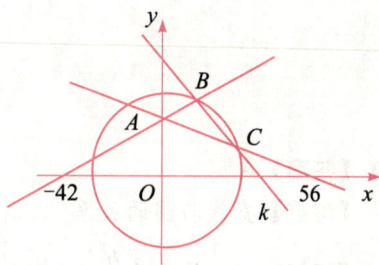

图 7-11

$(-\infty,\ -1] \cup \left[\dfrac{1}{57},\ +\infty\right).$

所以条件（1）充分，条件（2）不充分．

5.【答案】A

【考点】直线与圆的关系

【解析】由题意知圆心 $(0,\ 1)$ 到直线 $x+ay-b=0$ 的距离 $\geqslant$ 半径，即

$\dfrac{|a-b|}{\sqrt{1+a^2}} \geqslant 1 \Rightarrow |a-b| \geqslant \sqrt{1+a^2}$，所以条件（1）充分，条件（2）不充分．

6.【答案】E

【考点】直线与圆的方程

【解析】圆心为 $(0,\ 0)$，设 P 的点坐标为 $(x_0,\ y_0)$，则 OP 所在直线与 $x+y+2=0$

垂直，则 $k_{OP}=\dfrac{y_0}{x_0}=1$，又因为 P 点在圆上，所以 $x_0^2+y_0^2=2$，求得 $\begin{cases} x_0=1 \\ y_0=1 \end{cases}$ 或 $\begin{cases} x_0=-1 \\ y_0=-1 \end{cases}$．

7.【答案】A

【考点】解析几何图形问题

【解析】条件（1）：如图 7-12，充分．

条件（2）：取 $x=10$，$y=\dfrac{1}{10}$，则不充分．

8.【答案】E

【考点】直线与圆的切线问题

【解析】如图 7-13，$AB^2+BC^2=AC^2$，其中

$|AB|=\sqrt{(a-2)^2+(0-1)^2}=\sqrt{1+(a-2)^2}$，$|BC|=\sqrt{(0-1)^2+(3-2)^2}=\sqrt{2}$，

$|AC|=\sqrt{(3-a)^2}$，

即 $b+2=(3-a)^2$①，且点 $(1,\ 2)$ 在圆上，即 $1^2+(2-a)^2=b$②，

由①②可得 $a=1$，$b=2$，$\therefore ab=2$．

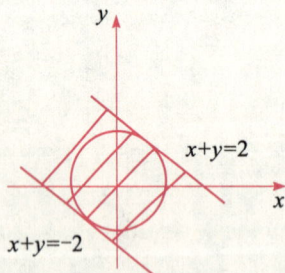

图 7-12

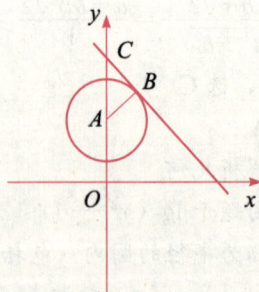

图 7-13

9.【答案】A

【考点】直线与圆的关系

【解析】题干等价于 $\dfrac{b}{2}=\dfrac{\sqrt{a^2+b^2-4c}}{2} \Rightarrow a^2=4c$，所以条件（1）充分，条件（2）不充分．

10.【答案】A

【考点】直线与圆的方程

【解析】作图易知，当 $x=0$ 时，y 的值大概为 0.6，所以直接可以选择答案 A.

11. 【答案】D

【考点】直线与圆的位置关系

【解析】

解法一：

$d<r\Rightarrow\dfrac{|3\lambda|}{\sqrt{(1+2\lambda)^2+(1+\lambda)^2}}<r=2$，得 $11\lambda^2+24\lambda+8>0$，条件（1）和条件（2）都充分.

解法二：

$(1+2\lambda)x+(1-\lambda)y-3-3\lambda=0\Rightarrow(x+y-3)+(2x-y-3)\lambda=0\Rightarrow\begin{cases}x+y-3=0\\2x-y-3=0\end{cases}\Rightarrow$

$\begin{cases}x=2\\y=1\end{cases}$，恒过定点 $(2,1)$，点 $(2,1)$ 在圆 $(x-1)^2+(y-2)^2=4$ 的内部，所以此直线必与圆相交.

12. 【答案】B

【考点】解析几何

【解析】易得圆心 $(2,1)$ 到直线 $ax+by+3=0$ 的距离 $d=\dfrac{|2a+b+3|}{\sqrt{a^2+b^2}}=\sqrt{2^2-(\sqrt{3})^2}=1$

条件（1）：把 $a=0$，$b=-1$ 代入不满足，所以不充分.

条件（2）：把 $a=-1$，$b=0$ 代入满足，所以充分.

13. 【答案】D

【考点】切线问题

【解析】解法一：设切线方程为 $y-2=k(x-1)\Rightarrow kx-y+2-k=0$，因为直线与圆相切，所以由 $d=r$ 得 $\dfrac{|2-k|}{\sqrt{k^2+1}}=\sqrt{5}\Rightarrow k=-\dfrac{1}{2}$，则直线方程为

$-\dfrac{1}{2}x-y+2+\dfrac{1}{2}=0\Rightarrow x+2y-5=0$，当 $x=0$ 时，$y=\dfrac{5}{2}$.

解法二：根据切线公式可知直线 l 的方程为 $x\times1+y\times2=5\Rightarrow x+2y=5$，当 $x=0$ 时，$y=\dfrac{5}{2}$.

14. 【答案】E

【考点】直线与圆相切

【解析】直线 $ax-y=0$ 与圆相切，可得：

$d=\dfrac{|a^2-0|}{\sqrt{a^2+1}}=r=1\Rightarrow a^4-a^2-1=0\Rightarrow a^2=\dfrac{1+\sqrt{5}}{2}$.

15. 【答案】A

【考点】不等式表示平面区域

【解析】条件（1）：由于圆心到直线的距离 $d=\dfrac{|0-0-5|}{\sqrt{4^2+(-3)^2}}=1=r$，因此圆 $x^2+y^2=1$ 与直线 $4y-3x=5$ 相切，故直线 $4y-3x=5$ 上方的区域必然在圆 $x^2+y^2=1$ 外，充分（图 7-14）.

条件（2）：由于圆心距 $\sqrt{5}-1<d=\sqrt{2}<\sqrt{5}+1$，因此圆 $x^2+y^2=1$ 与圆 $(x-1)^2+$

$(y-1)^2=5$ 的位置关系为相交，在圆 $(x-1)^2+(y-1)^2=5$ 外的点未必在圆 $x^2+y^2=1$ 外，不充分（图 7-15）.

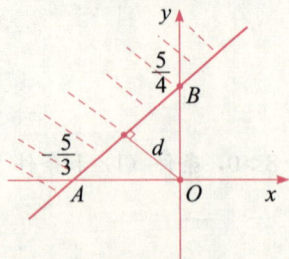

图 7-14

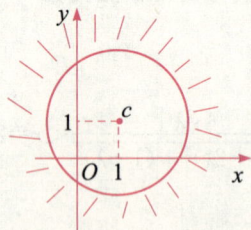

图 7-15

16.【答案】 A

【考点】 不等式与解析几何

【解析】 由已知可得 $(a^2+b^2)(c^2+d^2)=a^2c^2+2abcd+b^2d^2+a^2d^2-2abcd+b^2c^2$
$$=(ac+bd)^2+(ad-bc)^2=1$$

条件（1）：两直线仅有一个交点，也就是说两直线不平行且不重合，可得到 $\dfrac{a}{c}\neq\dfrac{b}{d}$，即 $ad\neq bc$，由已知可得 $(ac+bd)^2<1$，即 $|ac+bd|<1$，充分.

条件（2）：可取 $a=b=\dfrac{\sqrt{2}}{2}$，$c=d=-\dfrac{\sqrt{2}}{2}$，$|ac+bd|=1$，不充分.

17.【答案】 C

【考点】 解析几何与平面几何

【解析】 如图 7-16 所示，所求图形的面积为图中阴影部分的面积，即大正方形面积减掉一个扇形及两个三角形面积：$36-\dfrac{1}{4}\pi\times3^2-2\times\dfrac{1}{2}\times3\times3=9\left(3-\dfrac{\pi}{4}\right)$.

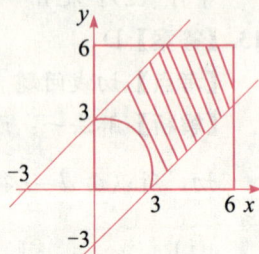

图 7-16

18.【答案】 D

【考点】 解析几何与均值不等式

【解析】 $x^2+4x+y^2-2y+1=0\Rightarrow(x+2)^2+(y-1)^2=2$，圆心为 $(-2,1)$，直线过圆心，即 $-2a-b+3=0\Rightarrow2a+b=3\geqslant2\sqrt{2ab}\Rightarrow ab\leqslant\dfrac{9}{8}$.

19.【答案】 E

【考点】 对称问题

【解析】 解法一：设对称点坐标为 (a,b)，由对称性可得

$$\begin{cases}\dfrac{b-4}{a-0}\cdot\left(-\dfrac{2}{1}\right)=-1\\ 2\cdot\dfrac{a+0}{2}+\dfrac{b+4}{2}+1=0\end{cases}\Rightarrow\begin{cases}a=-4\\ b=2\end{cases}.$$

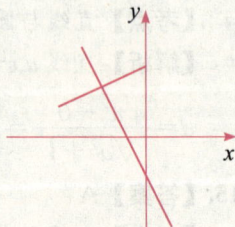

图 7-17

解法二：验证选项，两点连线的中点在直线 $2x+y+1=0$ 上，且两点斜率为 $\dfrac{1}{2}$.

解法三：直接画草图如图 7-17，大致估计，可见最接近 E 选项.

第八章

排列组合

第一节　排列

第一部分　知识要点

1. 两个基本原理

（1）加法原理（分类计数原理）

做一件事，完成它有 n 类办法，在第一类办法中有 m_1 种不同的方法，在第二类办法中有 m_2 种不同的方法，……，在第 n 类办法中有 m_n 种不同的方法，那么完成这件事共有 $N=m_1+m_2+\cdots+m_n$ 种不同的方法.

（2）乘法原理（分步计数原理）

做一件事，完成它需要分成 n 个步骤，做第一步有 m_1 种不同的方法，做第二步有 m_2 种不同的方法，……，做第 n 步有 m_n 种不同的方法，那么完成这件事共有 $N=m_1\times m_2\times\cdots\times m_n$ 种不同的方法.

（3）两个原理的区别及联系

抓住两个基本原理的区别，不要混用，不同类的方法（其中每一种方法都能把事情从头至尾完成）数之间做加法，不同步的方法（其中每一种方法都只能完成这件事的一部分）数之间做乘法.

在研究完成一件事的不同方法的时候，要遵循"不重不漏"的原则.

2. 排列

（1）排列的定义

从 n 个不同元素中，任意取出 $m(m\leqslant n)$ 个元素，按照一定的顺序排成的一列，叫作从 n 个不同元素中任取 m 个元素的一个排列. 注意这里的 m，n 都为自然数.

显然，含有相同元素，且元素排列顺序完全相同的两个排列是同一个排列.

（2）排列数公式

从 n 个不同元素中任取 $m(m\leqslant n)$ 个元素的所有排列的总数，叫作从 n 个不同元素中

任取 $m(m \leqslant n)$ 个元素的排列数，用符号 P_n^m 表示．当 $m = n$ 时，即从 n 个不同元素中任取 n 个元素的排列，叫作 n 个元素的全排列，也叫作 n 的阶乘，用符号 $n!$ 表示．注意这里的 m，n 都为自然数．

排列数公式：$P_n^m = n(n-1)(n-2) \cdot \cdots \cdot (n-m+1)$，$P_n^m = [n! / (n-m)!]$，$P_n^n = n!$.

【注意】

$P_n^0 = 1$，$n! = 1 \times 2 \times 3 \times \cdots \times n$，规定 $0! = 1$.

3. 几种常用的解题方法

（1）相邻元素打包捆绑法

将题目中规定的几个相邻元素捆绑成一组，当作一个大元素参与排列，出现固定的小团体，也可以用捆绑法求解．

（2）相间元素插空法

元素相离（即不相邻）问题，先把无位置要求的几个元素全排列，再把规定相离的几个元素插入这几个元素的空位和两端．

（3）重复元素方幂法

允许重复排列问题的特点是以元素为研究对象，元素不受位置的约束，可逐一安排元素的位置．一般地，n 个不同元素排在 m 个不同位置的排列数有 m^n 种方法．

（4）穷举列举法

当出现元素互相干扰，或者无法直接选取时，要根据题目要求进行列举求解．

（5）反面思考法

对于正面求解比较复杂的时候，可以从反面思考．正面数＝总的情况－反面数．

4. 几种常见的经典问题

（1）排座位问题

位置分析法跟元素分析法是排座位的两个方法，也是解决排列组合问题中最常见以及最常用的方法．若以元素分析为主，需先安排特殊元素，再处理其他元素．若以位置分析为主，需先满足特殊位置的要求，再处理其他位置．若有多个约束条件，往往是考虑一个约束条件的同时兼顾其他条件．

（2）分组分堆问题

在排列组合中，会经常遇到分组分堆问题，尤其难点出现在等数量的分堆，这类题目考生很容易犯错．

平均分成的组，不管他们的顺序如何，都是同一种情况，所以分完组后一定要消除顺序（有 n 个均分的小组，就要除以 $n!$），避免重复计数．

（3）涂色问题

如果给几种颜色来填涂所给的图形，就是涂色问题．这类问题，可以按照图形逐一依次填涂，也可以按照所用颜色的种数进行分类讨论．

（4）配对问题

配对问题主要是以鞋子或者手套来出题，核心在于成双或不成双．对于成双问题很容易思考，直接选取整双即可，对于不成双问题，要先取双，然后从每双中取左、右单只即可．

第二部分　经典母题

1. 求下列各式的值.

    (1) $(9!-8!)/(8!-7!)$

    (2) C_{11}^4

    (3) $C_3^3+C_4^3+C_5^3+\cdots+C_{10}^3$

    (4) $C_{10}^1+2C_{10}^2+3C_{10}^3+\cdots+10C_{10}^{10}$

    (5) $(C_n^6+C_n^7)/(C_{n+1}^{n-6})+(P_n^6)/(C_{n+1}^6-C_n^5)$

    (6) $C_{13+n}^{3n}+C_{2n}^{17-n}$.

2. 两地间有 10 个车站，共需要准备多少种车票？共有多少种票价？

3. 有 5 人站成一排，依据下列不同要求各有多少种不同排法？

    (1) 甲站排头；

    (2) 甲不站排头；

    (3) 甲不站排头或排尾；

    (4) 甲不站排头、乙不站排尾；

    (5) 甲、乙两人相邻；

    (6) 甲、乙、丙三人相邻；

    (7) 甲、乙中间有 1 人；

    (8) 甲、乙中间有两人；

    (9) 甲站在乙的左边；

    (10) 甲站在乙的左边，丙站在乙的右边.

4. 若 100 件产品中有 5 件次品，从中抽取 3 件，求：抽取的 3 件中恰好有 1 件次品共有多少种情况？

5. （2019 年第 14 题）某中学的 5 个学科各推荐 2 名教师作为支教候选人，若从中选出来自不同学科的 2 人参加支教工作，则不同的选派方式有（　　）种

    (A) 20　　　　(B) 24　　　　(C) 30　　　　(D) 40　　　　(E) 45

6. 将 3 封不同的信随机投放到 4 个邮箱中，有多少种投放方式？

第三部分　历年真题

1. （2013 年第 15 题）确定两人从 A 地出发经过 B、C，沿逆时针方向行走一圈回到 A 地的方案如图 8-1. 若从 A 地出发时，每人均可选大路或山道，经过 B、C 时，至多有 1 人可以更改道路，则不同的方案有（　　）

    (A) 16 种　　　(B) 24 种　　　(C) 36 种

    (D) 48 种　　　(E) 64 种

    图 8-1

2. （2011 年第 10 题）3 个 3 口之家一起观看演出，他们购买了同一排的 9 张连座票，则每一家的人都坐在一起的不同坐法有（　　）

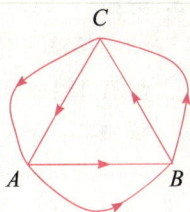

(A)$(3!)^2$ 种　　(B)$(3!)^3$ 种　　(C)$3(3!)^3$ 种　　(D)$(3!)^4$ 种　　(E)$9!$ 种

3．（2012 年第 11 题）在两队进行的羽毛球对抗赛中，每队派出三男两女共五名运动员进行五局单打比赛．如果女子比赛被安排在第二和第四局进行，则每队队员的不同出场顺序有（　　）

(A)12 种　　(B)10 种　　(C)8 种　　(D)6 种　　(E)4 种

4．（2018 年第 14 题）某单位为检查 3 个部门的工作，由 3 个部门的主任和外聘的 3 名人员组成检查组，分 2 人一组检查工作，每组有 1 名外聘成员，规定本部门主任不能检查本部门，则不同的安排方式有（　　）

(A)6 种　　(B)8 种　　(C)12 种　　(D)18 种　　(E)36 种

第四部分　参考答案

经典母题参考答案

1. 分析　(1)$(9!-8!)/(8!-7!)=(9\times 8\times 7! - 8\times 7!)/(8\times 7! - 7!)=\dfrac{64}{7}$.

(2)$C_{11}^4=\dfrac{11\times 10\times 9\times 8}{4\times 3\times 2\times 1}=330$.

(3)$C_3^3+C_4^3+C_5^3+\cdots+C_{10}^3=C_4^4+C_4^3+C_5^3+\cdots+C_{10}^3=C_5^4+C_5^3+\cdots+C_{10}^3$

$\qquad\qquad =C_6^4+C_6^3+\cdots+C_{10}^3=\cdots=C_{11}^4=330$.

（参考经验公式：$C_n^m+C_n^{m-1}=C_{n+1}^m$.）

(4)$C_{10}^1+2C_{10}^2+3C_{10}^3+\cdots+10C_{10}^{10}=10C_9^0+10C_9^1+10C_9^2+\cdots+10C_9^9$

$\qquad\qquad =10\times(C_9^0+C_9^1+C_9^2+\cdots+C_9^9)=10\times 2^9=5\,120$.

（参考经验公式：$C_n^0+C_n^1+C_n^2+\cdots+C_n^n=2^n$.）

(5)$(C_n^6+C_n^7)/(C_{n+1}^{n-6})+(P_6^6)/(C_{n+1}^6-C_n^5)$

$\qquad =(C_{n+1}^7)/(C_{n+1}^7)+(C_n^6\cdot 6!)/(C_n^6+C_n^5-C_n^5)=1+6!=721$.

(6) 因为 $n\in \mathbf{Z}$，$\begin{cases}3n\leqslant 13+n\\17-n\leqslant 2n\end{cases}\Rightarrow \dfrac{17}{3}\leqslant n\leqslant \dfrac{13}{2}$，所以 $n=6$.

则 $C_{13+n}^{3n}+C_{2n}^{17-n}=C_{19}^{18}+C_{12}^{11}=C_{19}^1+C_{12}^1=19+12=31$.

2. 分析　车站每两站之间就会产生一种车票以及票价，不过往返票价是相同的，但是车票往返站前后是不同的，则共需要准备 $P_{10}^2=90$ 种车票，共有 $C_{10}^2=45$ 种票价.

3. 分析　(1) 甲的位置确定，只需要另外 4 人全排列，故有 $P_4^4=24$ 种不同排法.

(2) 解法一：甲不站排头，可站另外 4 个位置的任何一个，有 4 种，另外 4 人全排列，故有 $4P_4^4=96$ 种不同排法.

解法二：5 人全排列有 $P_5^5=120$ 种，其中甲站排头，有 $P_4^4=24$ 种，不符合要求，故有 $P_5^5-P_4^4=96$ 种不同排法.

(3) 解法一：甲不站排头或排尾，可站另外 3 个位置的任何一个，有 3 种，另外 4 人全排列，故有 $3P_4^4=72$ 种不同排法.

解法二：5 人全排列有 $P_5^5=120$ 种，其中甲站排头或排尾有 $2P_4^4=48$ 种，不符合要求，

META

故有 $P_5^5 - 2P_4^4 = 72$ 种不同排法.

（4）5人全排列有 $P_5^5 = 120$ 种，其中甲站排头有 $P_4^4 = 24$ 种，乙站排尾有 $P_4^4 = 24$ 种，不符合要求，但是甲站排头乙站排尾多减一次，有 P_3^3 种，故有 $P_5^5 - 2P_4^4 + P_3^3 = 78$ 种不同排法.

（5）把甲、乙两人捆绑在一起看成1人，和另外3人进行全排列，又甲、乙两人可排列，故有 $P_4^4 \cdot P_2^2 = 48$ 种不同排法.

（6）把甲、乙、丙三人捆绑在一起看成1人，和另外2人进行全排列，又甲、乙、丙三人可排列，故有 $P_3^3 \cdot P_3^3 = 36$ 种不同排法.

（7）先选出1人站在甲、乙之间，而甲、乙可以互换位置，之后把这3人看成一个整体，和剩下的2人进行全排列，故有 $C_3^1 \cdot P_2^2 \cdot P_3^3 = 36$ 种不同排法.

（8）先选出两人站在甲、乙之间，而甲、乙可以互换位置，中间的两人位置也可以互换，之后把这4人看成一个整体，和剩下的1人进行全排列，故有 $C_3^2 \cdot P_2^2 \cdot P_2^2 \cdot P_2^2 = 24$ 种不同排法.

（9）5人全排列后，甲要么在乙左边，要么在乙右边，各占一半，故有 $\frac{1}{2}P_5^5 = 60$ 种不同排法.

（10）5人全排列有 $P_5^5 = 120$ 种不同排法，但是甲、乙、丙三人的顺序已经确定，要除去三人的排列数，故有 $P_5^5 / P_3^3 = 20$ 种不同排法.

4. **分析** 恰好有1件次品，即抽取的3件产品的情况为从95件正品中取2件，从5件次品中取1件，故有 $C_{95}^2 C_5^1$ 种情况.

5. **分析** $C_5^2 \cdot C_2^1 \cdot C_2^1 = 40$ 种.

6. **分析** 3封信，每封信都有4种投放方式，是一对多的形式，3封信重复三次，故有 $4^3 = 64$ 种投放方式.

<h2 style="text-align:center;color:red">历年真题答案</h2>

1. **【答案】** C

【考点】 乘法原理

【解析】 分步思考，在 A 点处，两个人均有两种选择：2^2；到达 B 点处，两个人不能同时换路，选择数为：$2^2 - 1$；到达 C 点处，两个人不能同时换路，选择数为：$2^2 - 1$；故总的方案有 $2^2(2^2 - 1)(2^2 - 1) = 36$ 种.

2. **【答案】** D

【考点】 排列组合

【解析】 首先把每个3口之家当成一个整体，则代表三个整体去坐三个位子，为 3!，每个家庭之间还有顺序为 $(3!)^3$，所以最后的不同坐法为 $(3!)^4$.

3. **【答案】** A

【考点】 排列问题

【解析】 女子排列 2!，男子排列 3!，则 $2 \times 3 \times 4 = 12$.

4. **【答案】** C

【考点】 排列组合：全错排列

【解析】 3个元素的全错排列为2种，剩余3个外聘人员的组合有 3!＝6 种，所以不同的安排方式有 $2 \times 6 = 12$ 种.

第二节　组合

第一部分　知识要点

1. 组合的定义

从 n 个不同元素中，任意取出 $m(m \leqslant n)$ 个元素并成的一组，叫作从 n 个不同元素中任取 m 个元素的一个组合．注意这里的 m，n 都为自然数.

显然，含有相同元素的两个组合是同一个组合.

2. 组合数公式

从 n 个不同元素中任取 $m(m \leqslant n)$ 个元素的所有组合的总数，叫作从 n 个不同元素中任取 $m(m \leqslant n)$ 个元素的组合数，用符号 C_n^m 表示．注意这里的 m，n 都为自然数.

组合数公式：$C_n^m = P_n^m / P_m^m = P_n^m / m! = \dfrac{n(n-1) \cdots \cdot (n-m+1)}{m!} = \dfrac{n!}{m!\,(n-m)!}$.

规定：$C_n^0 = 1$，$C_n^n = 1$.

3. 组合数的性质

(1) $C_n^m = C_n^{n-m}$，注意这里的 m，n 都为自然数．若两边下标相同，上标之和等于下标，则两式相等.

(2) $C_n^x = C_n^y$，$x = y$ 或 $x + y = n$.

(3) $C_n^m + C_n^{m-1} = C_{n+1}^m$.

(4) $C_n^0 + C_n^1 + C_n^2 + \cdots + C_n^n = 2^n$.

(5) $C_n^0 + C_n^2 + C_n^4 + \cdots = 2^{n-1}$（偶数项的和）.

(6) $C_n^1 + C_n^3 + C_n^5 + \cdots = 2^{n-1}$（奇数项的和）.

第二部分　经典母题

1. 8 人站成两排，每排站 4 人，甲、乙必须站前排，丙必须站后排，共有多少种排列方法？

2. 9 人站成三排，第一排 2 人，第二排 3 人，第三排 4 人，甲、乙、丙三人分别站第一、二、三排，共有多少种排法？

3. 5 名男生和 3 名女生站成一排，要求女生之间不相邻且不站两头，共有多少种排法？

4. 从 0，1，2，3，4 中任取三个数字，求可以组成多少个三位数？三位奇数？三位偶数？

5. 把 6 名教师分成三个小组，共有多少种不同的分组方法？

6. 在不大于 1 000 的整数中，不含数字 4 的自然数的个数是(　　)
   (A) 649　　　(B) 720　　　(C) 721　　　(D) 729　　　(E) 730

第三部分　历年真题

1. (2019 年第 14 题) 某中学的 5 个学科各推荐 2 名教师作为支教候选人，若从中选出来自不同学科的 2 人参加支教工作，则不同的选派方式有(　　)种
   (A) 20　　　(B) 24　　　(C) 30　　　(D) 40　　　(E) 45

2. (2020 年第 4 题) 从 1 至 10 这 10 个整数中任取 3 个数，恰有 1 个质数的概率是(　　)
   (A) $\frac{2}{3}$　　(B) $\frac{1}{2}$　　(C) $\frac{5}{12}$　　(D) $\frac{2}{5}$　　(E) $\frac{1}{120}$

3. (2020 年第 15 题) 某科室有 4 名男职员，2 名女职员，若将这 6 名职员分为 3 组，每组 2 人，且女职员不在同一组，则不同的分组方式共有(　　)种
   (A) 4　　　(B) 6　　　(C) 9　　　(D) 12　　　(E) 15

4. (2011 年第 19 题) 现有 3 名男生和 2 名女生参加面试，则面试的排序法有 24 种.
   (1) 第一位面试的是女生
   (2) 第二位面试的是指定的某位男生

5. (2012 年第 5 题) 某商店经营 15 种商品，每次在橱窗内陈列 5 种，若每两次陈列的商品不完全相同，则最多可陈列(　　)
   (A) 3 000 次　(B) 3 003 次　(C) 4 000 次　(D) 4 003 次　(E) 4 300 次

6. (2014 年第 13 题) 某单位决定对 4 个部门的经理进行轮岗，要求每位经理必须轮换到 4 个部门中的其他部门任职，则不同的轮岗方案有(　　)种
   (A) 3　　　(B) 6　　　(C) 8　　　(D) 9　　　(E) 10

7. (2015 年第 15 题) 平面上有 5 条平行直线与另一组 n 条平行直线垂直，若两组平行直线共构成 280 个矩形，则 $n=$(　　)
   (A) 5　　　(B) 6　　　(C) 7　　　(D) 8　　　(E) 9

8. (2016 年第 6 题) 某委员会由三个不同专业的人员组成，三个专业的人数分别是 2，3，4，从中选派 2 位不同专业的委员外出调研，则不同的选派方式有(　　)
   (A) 36 种　(B) 26 种　(C) 12 种　(D) 8 种　(E) 6 种

9. (2016 年第 14 题) 某学生要在 4 门不同课程中选修 2 门课程，这 4 门课程中的 2 门各开设 1 个班，另外 2 门各开设 2 个班，该学生不同的选课方式共有(　　)
   (A) 6 种　(B) 8 种　(C) 10 种　(D) 13 种　(E) 15 种

10. (2018 年第 11 题) 羽毛球队有 4 名男运动员和 3 名女运动员，从中选出两对参加混双比赛，则不同的选派方式有(　　)
    (A) 9 种　(B) 18 种　(C) 24 种　(D) 36 种　(E) 72 种

11. (2018 年第 6 题) 将 6 张不同的卡片 2 张一组分别装入甲、乙、丙 3 个袋中，若指定 2 张卡片要在同一组，则不同的装法有(　　)
    (A) 12 种　(B) 18 种　(C) 24 种　(D) 28 种　(E) 30 种

12. (2017 年第 15 题) 将 6 人分成 3 组，每组 2 人，则不同的分组方式有(　　)种

(A) 12　　　　(B) 15　　　　(C) 30　　　　(D) 45　　　　(E) 90

13. （2013 年第 24 题）三个科室的人数分别为 6，3 和 2，因工作需要，每晚要安排 3 人值班，则在两个月中，可以使每晚的值班人员不完全相同.
    (1) 值班人员不能来自同一科室
    (2) 值班人员来自三个不同科室

14. （2009 年第 10 题）湖中有四个小岛，它们的位置恰好近似成正方形的四个顶点. 若要修建三座桥将这四个小岛连接起来，则不同的建桥方案有（　　）种
    (A) 12　　　　(B) 16　　　　(C) 18　　　　(D) 20　　　　(E) 24

15. （2010 年第 11 题）有 5 名志愿者到西部 4 所中学支教，若每所中学至少分配 1 人，则不同的分配方案有（　　）
    (A) 240 种　　(B) 144 种　　(C) 120 种　　(D) 60 种　　(E) 24 种

第四部分　参考答案

经典母题答案

1. **分析**　先从另外 5 人中选 2 人和甲、乙站前排，剩下的和丙一起站后排，各排进行全排列，故有 $C_5^2 P_4^4 P_4^4 = 5760$ 种排列方法.

2. **分析**　先从另外 6 人中选 1 人和甲站第一排，再从剩下 5 人中选 2 人和乙站第二排，最后 3 人和丙站第三排，故有 $C_6^1 P_2^2 C_5^2 P_3^3 P_4^4$ 种排法.

3. **分析**　女生排位情况复杂，则先考虑男生的排位情况，再安排女生. 男生全排列后中间出现 4 个空位，4 个空位 3 名女生去排位即满足题意要求，故有 $P_5^5 C_4^3 P_3^3$ 种排法.

4. **分析**　(1) 三位数.
   解法一：从 5 个数中选 3 个数排列，但是首位不能为 0，而首位为 0 时，方法为从剩下 4 个数中选 2 个数排后面两位，即有 $P_5^3 - P_4^2 = 48$ 个三位数.
   解法二：三位数从百、十、个三位中依次排数，百位可以从 1 到 4 四个数中选 1 个，十位从剩下 4 个数中选 1 个，个位从剩下 3 个数中选 1 个，即有 $4 \times 4 \times 3 = 48$ 个三位数.
   (2) 三位奇数.
   个位只能从 1，3 两个数中选 1 个，百位可以从剩下 3 个数中（0 排外）选 1 个，十位从剩下 3 个数中（包括 0）选 1 个，即有 $2 \times 3 \times 3 = 18$ 个三位奇数.
   (3) 三位偶数.
   解法一：分两种情况.
   情况一，个位（尾数）为 0 时，百位、十位只需从 1 到 4 四个数中选 2 个排列，有 P_4^2 个三位偶数；情况二，个位不为 0 时，个位只能从 2，4 两个数中选 1 个，百位可以从剩下 3 个数中（0 排外）选 1 个，十位从剩下 3 个数中（包括 0）选 1 个，即有 $2 \times 3 \times 3$ 个三位偶数，故有 $P_4^2 + 2 \times 3 \times 3 = 12 + 18 = 30$ 个三位偶数.
   解法二：三位数只分奇数或偶数，偶数个数即为总数减去奇数个数，故有 $48 - 18 = 30$ 个三位偶数.

5. **分析**　由题意得三组可能的人数分布有三种情况：$6 = 1 + 1 + 4 = 1 + 2 + 3 = 2 + 2 + 2$.

情况一：$(1,1,4)$，即先从 6 人中选 1 人，再从 5 人中选 1 人，剩下 4 人一组，但是前两组人数相同，在分组时不分前后，故要除掉排列数，故有 $m_1=\dfrac{C_6^1 C_5^1 C_4^4}{P_2^2}=15$ 种不同的分组方法.

情况二：$(1,2,3)$，即先从 6 人中选 1 人，再从 5 人中选 2 人，剩下 3 人一组，三组人数都不同，故有区别，故有 $m_2=C_6^1 C_5^2 C_3^3=60$ 种不同的分组方法.

情况三：$(2,2,2)$，依次从 6 人中分三次选 2 人，而三组人数又是相同的，组别之间没有区分，故要除掉三组数的排列数，故有 $m_3=\dfrac{C_6^2 C_4^2 C_2^2}{P_3^3}=15$ 种不同的分组方法.

综上所述，有 $15+60+15=90$ 种不同的分组方法.

6. 分析　在不大于 1 000 的整数中自然数有 1 001 个（自然数包括 0），减去含数字 4 的自然数的个数即为满足题意的个数. 含数字 4 的数分三类：百位为 4、十位为 4、个位为 4（如图 8-2 所示），其个数为 $3P_{10}^1 P_{10}^1 - 3P_{10}^1 + 1 = 271$，因此所求自然数的个数为 $1\,001 - 271 = 730$. 故选 E.

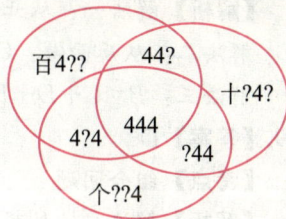

图 8-2

历年真题参考答案

1. 【答案】D

【考点】排列组合

【解析】$C_5^2 \cdot C_2^1 \cdot C_2^1 = 40$ 种.

2. 【答案】B

【解析】$\dfrac{C_4^1 C_6^2}{C_{10}^3}=\dfrac{1}{2}$（4 个质数，6 个非质数）.

3. 【答案】D

【解析】间接法：全部分组情况减去两名女职员在一组的情况. $\dfrac{C_6^2 C_4^2 C_2^2}{P_3^3}-\dfrac{C_4^2 C_2^2}{P_2^2}=12$.

直接法：先给其中 1 名女职员分 1 名男职员，C_4^1.

再给另 1 名女职员分 1 名男职员，C_3^1.

剩下 2 名男职员自动成为一组，C_2^2.

共有 $C_4^1 \times C_3^1 \times C_2^2 = 12$ 种，选 D.

4. 【答案】B

【考点】排列组合

【解析】条件（1）：第一位面试的是女生，则可选的情况为 C_2^1，剩下 4 位同学全排列，所以答案为 $C_2^1 P_4^4 = 48$，不充分；

条件（2）：第二位是指定的某男生，则只有一种可能，剩下 4 位同学全排列，所以答案为 $P_4^4 = 24$.

5. 【答案】B

【考点】组合问题

【解析】从 15 种商品中选择 5 种作组合，共 $C_{15}^5 = 3\,003$ 种.

6. 【答案】D

【考点】排列组合（全错排列）

【解析】部门：甲乙丙丁、乙甲丁丙、乙丙丁甲、乙丁甲丙

乙在甲部门的有 3 种情况，同理，丙、丁在甲部门的也都有 3 种情况，所以 $3\times3=9$.

7.【答案】D

【考点】排列组合

【解析】矩形可由横竖两种平行线中各取两条构成，$C_5^2C_n^2=280\Rightarrow n=8$.

8.【答案】B

【考点】排列组合

【解析】解法一：从正面做：$C_2^2C_3^1+C_2^2C_4^1+C_3^2C_4^1=26$

解法二：从反面做：$C_9^2-C_2^2-C_3^2-C_4^2=26$

解法三：$B=C+D+E$，选 B.（有风险）

9.【答案】D

【考点】组合问题

【解析】解法一：从正面做：

①从开 1 个班中选 2 门：1 种

②从开 2 个班中选 2 门：$C_2^1C_2^1=4$

③从开 1 个班中选 1 门，从开 2 个班中选 1 门：$C_2^1C_2^1C_2^1=8$

共有 $1+4+8=13$ 种

解法二：从反面做：$C_6^2-C_2^2-C_2^2=13$ 种.

10.【答案】D

【考点】排列组合：分步相乘

【解析】选出 2 男：C_4^2，选出 2 女：C_3^2，一男一女的配对有 A_2^2 种，所以不同的选派方式有 $C_4^2C_3^2A_2^2=36$ 种.

11.【答案】B

【考点】排列组合：分组问题

【解析】指定 2 张卡片在哪一个袋子中，有 C_3^1 种选择，剩余 4 张卡片在剩余两个袋子中有 $\dfrac{C_4^2C_2^2}{2!}\times2!$ 种选择，所以一共有 $C_3^1\cdot\dfrac{C_4^2C_2^2}{2!}\times2!=18$ 种.

12.【答案】B

【考点】分组除序

【解析】$\dfrac{C_6^2C_4^2C_2^2}{3!}=15$ 种.

13.【答案】A

【考点】排列组合

【解析】条件（1）：值班人员不能来自同一科室的对立面是值班人员来自同一科室 $C_6^3+C_3^3$，种类为 C_{11}^3，所以最后结果为 $C_{11}^3-(C_6^3+C_3^3)=144$，大于 2 个月的天数，充分.

条件（2）：值班人员来自三个不同科室 $C_6^1C_3^1C_2^1=36$，小于 2 个月的天数，不充分.

14.【答案】B

【考点】计数问题

【解析】如图 8-3，本题所求即从正方形 6 条线（C_4^2）中，任选 3 条，$C_6^3=20$ 组，排除三边能构成三角形的 4 种情况，则能连接四岛的情况共有 16 种.

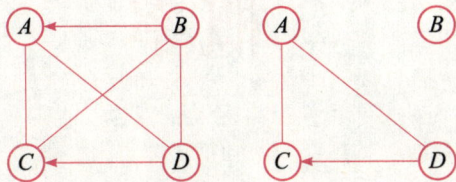

图 8-3

15. 【答案】A

【考点】排列组合

【解析】每所学校至少 1 名，则需按 2、1、1、1 这样分配，先将 5 人分组 C_5^2，再将 4 组分到 4 所学校为 P_4^4，所以 $C_5^2 P_4^4=240$.

第九章

概率

第一节 集合

第一部分 知识要点

1. 集合的概念

集合：把一些能确定的对象看成一个整体，就说这个整体是由这些对象组成的一个集合．构成集合的每个对象叫作这个集合的元素．集合通常用大写的字母表示，如 A，B，C，P，Q 等．元素通常用小写的字母表示，如 a，b，c，p，q 等．

2. 常用数集及记法

非负整数集（自然数集）：全体非负整数的集合，记作 **N**.

正整数集：非负整数集内排除 0 的集合，记作 **N***.

整数集：全体整数的集合，记作 **Z**.

有理数集：全体有理数的集合，记作 **Q**.

实数集：全体实数的集合，记作 **R**.

空集：不含有任何元素的集合，记作 $\varnothing$.

3. 元素与集合的关系

属于：如果 a 是集合 A 的元素，就说 a 属于 A，记作 $a \in A$；

不属于：如果 a 不是集合 A 的元素，就说 a 不属于 A，记作 $a \notin A$.

4. 集合中元素的特性

确定性：按照明确的判断标准，给定一个元素，或者在这个集合里，或者不在，不能模棱两可（无法肯定）．

互异性：集合中的元素没有重复．

无序性：集合中的元素没有一定的顺序．

5. 常用结论

（1）任意一个集合是它本身的子集，记为 $A \subseteq A$.

（2）空集是任意集合的子集，记为$\varnothing \subseteq A$；空集是任何非空集合的真子集.

（3）n个元素的子集有2^n个；n个元素的真子集有2^n-1个；n个元素的非空子集有2^n-1个；n个元素的非空真子集有2^n-2个.

第二部分　经典母题

1. 某单位有90人，参加外语培训的有65人，参加计算机培训的有72人，只参加外语培训的有8人，则只参加计算机培训的有（　　　）人

   (A) 5　　　　　(B) 8　　　　　(C) 10　　　　　(D) 12　　　　　(E) 15

2. （2018年第6题）有96位顾客至少购买了甲、乙、丙三种商品中的一种，经调查，同时购买了甲、乙两种商品的有8位，同时购买了甲、丙两种商品的有12位，同时购买乙、丙两种商品的有6位，同时购买三种商品的有2位，则仅购买一种商品的顾客有（　　　）

   (A) 70位　　　　(B) 72位　　　　(C) 74位　　　　(D) 76位　　　　(E) 82位

3. $A=\{x \mid x^2-ax+a^2-19=0\}$，$B=\{x \mid x^2-5x+6=0\}$，$C=\{x \mid x^2-6x+8=0\}$，$AB \neq \varnothing$，$AC=\varnothing$，则$a$的值为（　　　）

   (A) -2　　　　(B) 3　　　　(C) 5　　　　(D) -2或5　　　　(E) 不确定

4. $a_1 < a_2 < a_3 < a_4$（a_1，a_2，a_3，$a_4 \in \mathbf{Z}_+$），$A=\{a_1, a_2, a_3, a_4\}$，$B=\{a_1^2, a_2^2, a_3^2, a_4^2\}$，$a_1+a_4=10$，$AB=\{a_1, a_4\}$，$A \cup B$所有元素之和为124，则$a_3=$（　　　）

   (A) 4　　　　(B) 5　　　　(C) 6　　　　(D) 3或5　　　　(E) 5或6

第三部分　参考答案

经典母题参考答案

1. 分析　利用数形结合法. 由题意得既参加外语培训又参加计算机培训的有$65-8=57$人（图9-1）.

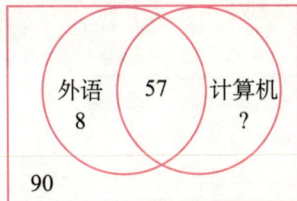

图 9-1

参加计算机培训的有72人，则只参加计算机培训的为$72-57=15$人，故选 E.

2. 分析　如图9-2，仅购买一种商品的顾客有：$96-(10+2+4+6)=74$位，选 C.

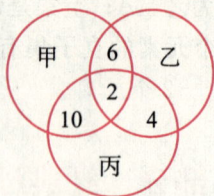

图 9-2

3. 分析　利用定义法．易得到 $B=\{2,3\}$，$C=\{2,4\}$，由 $AB\neq\varnothing$，$AC=\varnothing$，可以得到 $3\in A$，因此有 $9-3a+a^2-19=0$，$a^2-3a-10=0$，$(a+2)(a-5)=0$，解得 $a_1=-2$，$a_2=5$．

当 $a=-2$ 时，有 $A=\{x\mid x^2+2x-15=0\}=\{-5,3\}$，集合 A，C 不存在交集，满足题意；

当 $a=5$ 时，有 $A=\{x\mid x^2-5x+6=0\}=\{2,3\}$，集合 A，C 存在交集，不满足题意．

综上可知，a 的值为 -2．故选 A．

4. 分析　利用思维解题法及定义法．因 a_1 为 A 中最小元素，a_1^2 为 B 中最小元素，因此有 $a_1=a_1^2\Rightarrow a_1=1$．又 $a_1+a_4=10$，所以 $a_4=9$，则有 $A=\{1,a_2,a_3,9\}$，$B=\{1,a_2^2,a_3^2,81\}$．

(1) 令 $a_2^2=9\Rightarrow a_2=3$，明显有 $A\cup B=\{1,3,a_3,9,a_3^2,81\}$，即有 $1+3+a_3+9+a_3^2+81=124\Rightarrow a_3^2+a_3-30=0\Rightarrow (a_3-5)(a_3+6)=0$，所以 $a_3=5$（-6 舍去）．

(2) 令 $a_3^2=9\Rightarrow a_3=3$，明显有 $A\cup B=\{1,a_2,3,9,a_2^2,81\}$，即有 $1+3+a_2+9+a_2^2+81=124\Rightarrow (a_2-5)(a_2+6)=0$，所以 $a_2=5>a_3$，不满足题意，舍去．

综上所述，有 $a_3=5$．故选 B．

第二节　必然事件、不可能事件与随机事件

第一部分　知识要点

1. 随机试验

若试验满足以下条件：

（1）试验可在相同条件下重复进行.

（2）试验的结果具有很多可能性.

（3）试验前不能确切地知道会出现何种结果，只知道所有可能出现的结果.

这样的试验叫作随机试验，简称试验，记为 E.

2. 随机事件

在一定的条件下可能发生也可能不发生的事件叫作随机事件，常记为 A，B，C，….

3. 基本事件、必然事件、不可能事件

由一个样本点组成的单点集，称为基本事件，基本事件也叫样本点. 样本空间包含所有样本点.

每次试验中总是要发生的事件，称为必然事件.

每次试验中一定不发生的事件，称为不可能事件.

第二部分　经典母题

1. 某城市有甲、乙两种报纸，订甲报纸的占 40%，订乙报纸的占 30%，同时订两种报纸的占 10%，求下列各种情况下的概率.

   （1）只订甲报纸；　　　　　（2）只订一种报纸；

   （3）至少订一种报纸；　　　（4）两种报纸都不订.

2. 甲、乙两人各投篮一次，甲的命中率为 0.8，乙的命中率为 0.7，求：

   （1）甲、乙两人都投中的概率；

   （2）只有一人投中的概率；

   （3）至少有一人投中的概率.

3. 甲、乙两人各投篮 1 次，恰好有 1 人投中的概率是 0.45.

   （1）甲投中的概率是 0.6，乙投中的概率是 0.75

   （2）甲投中的概率是 0.75，乙投中的概率是 0.6

第三部分 参考答案

经典母题参考答案

1. 分析 采用数形结合法. 如图 9-3 所示：

(1) 只订甲报纸的概率为 0.3.

(2) 只订一种报纸的概率为 $0.3+0.2=0.5$.

(3) 至少订一种报纸的概率为 $0.4+0.2=0.6$ 或 $1-0.4=0.6$.

(4) 两种报纸都不订的概率为 0.4.

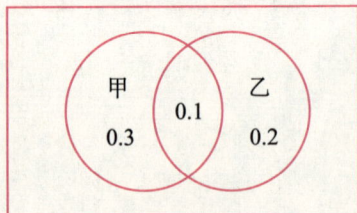
图 9-3

2. 分析 A 表示甲投中，B 表示乙投中.

(1) $P(AB)=P(A) \cdot P(B)=0.8 \times 0.7=0.56$.

(2) $P(A\bar{B})+P(\bar{A}B)=0.8 \times 0.3+0.2 \times 0.7=0.38$.

(3) $P(A+B)=1-P(\bar{A}\bar{B})=1-0.2 \times 0.3=0.94$.

3. 分析 利用概率独立事件乘法原则.

在条件 (1) 中，$p=0.6 \times 0.25+0.4 \times 0.75=0.45$.

在条件 (2) 中，$p=0.75 \times 0.4+0.25 \times 0.6=0.45$.

也可直接看出条件 (2) 与条件 (1) 成等价关系.

因此条件 (1) 和 (2) 都充分. 故选 D.

第三节　古典概型

第一部分　知识要点

1. 概率的定义

重复同一试验，若进行 n 次试验，事件 A 发生了 k 次，则称 $\frac{k}{n}$ 为事件 A 发生的频率. 在大量重复同一试验时，事件 A 发生的频率 $\frac{k}{n}$ 将趋近于某个常数，我们就把这个常数叫作事件 A 的概率，记作 $P(A)$.

2. 古典概型

设随机试验 T 满足下列条件：它的样本空间含有有限个（n 个）样本点，每个样本点发生是等可能的，称此试验为**古典概型试验**. 对于任意事件 A，若 A 包含 k 个样本点（$k \leqslant n$），则比值 $\frac{k}{n}$ 称为事件 A 的概率，即事件 A 发生的可能性，记为 $P(A)$，即 $P(A) = \frac{k}{n}$.

$$P(A) = \frac{\text{事件 } A \text{ 包含的基本事件数 } k}{\text{样本空间中基本事件总数 } n}$$

概率 $P(A)$ 具有如下**性质**：

（1）任何事件 A 的概率 $P(A)$ 必定是 $[0，1]$ 中的一个数值，即 $0 \leqslant P(A) \leqslant 1$.

（2）$P(\Omega) = 1$，$P(\varnothing) = 0$

（3）对任意两个事件 A，B，有 $P(A \cup B) = P(A) + P(B) - P(AB)$，$P(A+B+C) = P(A) + P(B) + P(C) - P(AB) - P(BC) - P(AC) + P(ABC)$.

（4）若事件 A_1，A_2，$\cdots$，A_n 两两互斥，则有 $P(A_1 + A_2 + \cdots + A_n) = P(A_1) + P(A_2) + \cdots + P(A_n)$.

（5）$P(\bar{A}) = 1 - P(A)$.

3. 概率的加法公式

根据概率的性质，若事件 A_1，A_2，$\cdots$，A_n 两两互斥，则有

$$P(A_1 + A_2 + \cdots + A_n) = P(A_1) + P(A_2) + \cdots + P(A_n)，$$

此式称为概率的加法公式.

4. 概率的乘法公式

（1）条件概率

在某个事件 B 已经发生的条件下，另一个事件 A 发生的概率通常称为 A 对 B 的条件

概率，记为 $P(A\mid B)$.

由于增加了"事件 B 已经发生"的条件，一般来说，$P(A\mid B)\neq P(A)$.

（2）概率的乘法公式

设有两个事件 A，B，由条件概率的定义，有

$$P(A\mid B)=\frac{P(AB)}{P(B)}\quad(\text{其中 }P(B)>0)$$

$$P(B\mid A)=\frac{P(AB)}{P(A)}\quad(\text{其中 }P(A)>0)$$

于是得到下列公式：$P(AB)=P(B)P(A\mid B)=P(A)P(B\mid A)$.

第二部分　经典母题

1. 袋中有 5 个红球和 8 个白球，求：

   （1）从中抽取 6 个球，恰有 2 个红球的概率；

   （2）采用无放回抽取，第六次抽到红球的概率.

2. 某公司 5 人，求他们生日互不相同的概率.（365 天/年）

第三部分　历年真题

1. （2009 年第 9 题）在 36 人中，血型情况如下：A 型 12 人，B 型 10 人，AB 型 8 人，O 型 6 人. 若从中随机选出 2 人，则 2 人血型相同的概率是（　　）

   (A) $\dfrac{77}{315}$　　　(B) $\dfrac{44}{315}$　　　(C) $\dfrac{33}{315}$　　　(D) $\dfrac{9}{122}$　　　(E) 以上均不对

2. （2012 年第 4 题）在一次商品促销活动中，主持人出示一个 9 位数，让顾客猜测商品的价格，商品的价格是该 9 位数中从左到右相邻的 3 个数字组成的 3 位数. 若主持人出示的是 513535319，则顾客一次猜中价格的概率是（　　）

   (A) $\dfrac{1}{7}$　　　(B) $\dfrac{1}{6}$　　　(C) $\dfrac{1}{5}$　　　(D) $\dfrac{2}{7}$　　　(E) $\dfrac{1}{3}$

3. （2011 年第 6 题）现从 5 名管理专业、4 名经济专业和 1 名财会专业的学生中随机派出一个 3 人小组，则该小组中 3 个专业各有 1 名学生的概率为（　　）

   (A) $\dfrac{1}{2}$　　　(B) $\dfrac{1}{3}$　　　(C) $\dfrac{1}{5}$　　　(D) $\dfrac{1}{6}$　　　(E) $\dfrac{1}{4}$

4. （2011 年第 8 题）将 2 个红球与 1 个白球随机地放入甲、乙、丙三个盒子中，则乙盒中至少有 1 个红球的概率为（　　）

   (A) $\dfrac{1}{9}$　　　(B) $\dfrac{8}{27}$　　　(C) $\dfrac{4}{9}$　　　(D) $\dfrac{5}{9}$　　　(E) $\dfrac{17}{27}$

5. （2020 年第 19 题）某商店有甲、乙两种不同品牌的手机共 20 部，从中任选 2 部，恰有 1 部甲品牌的概率为 P，则 $P>\dfrac{1}{2}$.

   （1）甲品牌手机不少于 8 部

   （2）乙品牌手机多于 7 部

6. （2019年第7题）在分别标记 1，2，3，4，5，6 的 6 张卡片中，甲取 1 张，乙从余下的卡片中再取 2 张，乙的卡片数字之和大于甲的卡片数字的概率为（　　）

(A) $\dfrac{11}{60}$　　(B) $\dfrac{13}{60}$　　(C) $\dfrac{43}{60}$　　(D) $\dfrac{47}{60}$　　(E) $\dfrac{49}{60}$

7. （2018年第12题）从标号为 1~10 的 10 张卡片中随机抽取 2 张，它们的标号之和能被 5 整除的概率为（　　）

(A) $\dfrac{1}{5}$　　(B) $\dfrac{1}{9}$　　(C) $\dfrac{2}{9}$　　(D) $\dfrac{2}{15}$　　(E) $\dfrac{7}{45}$

8. （2014年第21题）已知袋中装有红、黑、白 3 种颜色的球若干个，则红球最多．

(1) 随机取出的 1 球是白球的概率是 $\dfrac{2}{5}$．

(2) 随机取出的 2 球中至少有 1 个黑球的概率小于 $\dfrac{1}{5}$．

9. （2016年第4题）在分别标记了数字 1、2、3、4、5、6 的 6 张卡片中随机选取 3 张，则其上数字和等于 10 的概率为（　　）

(A) 0.05　　(B) 0.1　　(C) 0.15　　(D) 0.2　　(E) 0.25

10. （2016年第7题）从 1 到 100 的整数中任取一个数，则该数能被 5 或 7 整除的概率为（　　）

(A) 0.02　　(B) 0.14　　(C) 0.2　　(D) 0.32　　(E) 0.34

11. （2017年第12题）甲从 1，2，3 中抽取一个数，记为 a，乙从 1，2，3，4 中抽取一个数，记为 b，规定 $a>b$ 或 $a+1<b$ 时甲获胜，则甲获胜的概率为（　　）

(A) $\dfrac{1}{6}$　　(B) $\dfrac{1}{4}$　　(C) $\dfrac{1}{3}$　　(D) $\dfrac{5}{12}$　　(E) $\dfrac{1}{2}$

12. （2013年第14题）已知 10 件产品中有 4 件一等品，从中任取 2 件，则至少有 1 件一等品的概率为（　　）

(A) $\dfrac{1}{3}$　　(B) $\dfrac{2}{3}$　　(C) $\dfrac{2}{15}$　　(D) $\dfrac{8}{15}$　　(E) $\dfrac{13}{15}$

13. （2014年第10题）在某项活动中，3 男 3 女 6 名志愿者随机地分成甲、乙、丙三组，每组 2 人，则每组志愿者都是异性的概率为（　　）

(A) $\dfrac{1}{90}$　　(B) $\dfrac{1}{15}$　　(C) $\dfrac{1}{10}$　　(D) $\dfrac{1}{5}$　　(E) $\dfrac{2}{5}$

第四部分　参考答案

经典母题参考答案

1. 分析　(1) 满足抽取 6 个球，恰有 2 个红球，即为从 5 个红球中取 2 个红球、8 个白球中取 4 个白球，一共取 6 个，情况数为 $C_5^2 C_8^4$．而随机抽取 6 个球的情况数为 C_{13}^6，因此所求概率为 $P=\dfrac{C_5^2 C_8^4}{C_{13}^6}$．

(2) 无放回抽取中每次抽到的概率是相同的，即为等可能事件，事件发生的概率为 $P=$

$\dfrac{m}{n}$，m 为事件发生的可能数，n 为总情况数，故第六次抽到红球的概率为 $P=\dfrac{5}{13}$.

2. **分析** 生日互不相同的情况就是 5 人生日在 365 天中任意 5 天的一个排列数 P_{365}^5，每个人的生日都可以是 365 天中的任意一天，故 5 人生日总的情况数为 365^5，因此他们生日互不相同的概率为 $P=\dfrac{P_{365}^5}{365^5}=\dfrac{P_{364}^4}{365^4}$.

历年真题参考答案

1. 【答案】A

【考点】古典概率

【解析】总样本数为 $C_{36}^2=630$；有效样本数 $=C_{12}^2+C_{10}^2+C_8^2+C_6^2=154$.

故概率 $P=\dfrac{77}{315}$.

2. 【答案】B

【考点】古典概率

【解析】枚举法，样本总体为：513、135、353、535、531、319，共 6 种，所以概率为 $\dfrac{1}{6}$.

3. 【答案】D

【考点】古典概率：摸球问题

【解析】分母：从 10 名学生中抽出 3 人的选法是：C_{10}^3，分子：5 名管理专业选 1 名，4 名经济专业选 1 名，1 名财会专业选 1 名，选法是：$C_5^1C_4^1C_1^1$，可得结果为 $\dfrac{C_5^1C_4^1C_1^1}{C_{10}^3}=\dfrac{1}{6}$.

4. 【答案】D

【考点】古典概率：分房问题

【解析】解法一：从正面做.

分子：(1) 乙盒中 1 个红球，选 1 个红球放乙盒为：C_2^1，另外 1 个红球在甲、丙两个盒子的选择为：C_2^1，白球随意放，为：C_3^1，所以 $C_2^1C_2^1C_3^1$.

(2) 乙盒中 2 个红球，白球随意放为 C_3^1.

分母：每个球有 3 种选择，所以，为 3^3，$P=\dfrac{C_2^1C_2^1C_3^1+C_3^1}{3^3}=\dfrac{5}{9}$.

解法二：从反面做.

乙盒中至少 1 个红球的反面是乙盒中没有红球，则每个红球有甲、丙两种选择，为 2^2，白球随意放为：C_3^1，所以 $P=1-\dfrac{2^2C_3^1}{3^3}=\dfrac{5}{9}$.

解法三：白球随意，所以可以不考虑白球，$P=1-\dfrac{2^2}{3^2}=\dfrac{5}{9}$.

5. 【答案】C

【考点】古典概率

【解析】设甲手机有 x 部，则恰好取到 1 部甲手机的概率为：

$$P = \frac{C_x^1 C_{20-x}^1}{C_{20}^2} = \frac{x(20-x)}{190} > \frac{1}{2}$$

$$\Rightarrow x^2 - 20x + 95 < 0 \Rightarrow (x-10)^2 < 5$$

$$\Rightarrow 10 - \sqrt{5} < x < 10 + \sqrt{5} \Rightarrow 7.7 < x < 12.3$$

联立选 C.

6.【答案】 D

【考点】 古典概率

【解析】 解法一（正面）：

分母：$C_6^1 C_5^2 = 60$.

分子：甲取 1，乙有 C_5^2；甲取 2，乙有 C_5^2；甲取 3，乙有 $C_5^2 - 1$；甲取 4，乙有 $C_5^2 - 2$；

甲取 5，乙有 $C_5^2 - 4$；甲取 6，乙有 $C_5^2 - 6$，所以其概率为 $\frac{47}{60}$.

解法二（反面）：

分母：$C_6^1 C_5^2 = 60$.

分子：甲取 6 时，乙为 (1, 2)、(1, 3)、(1, 4)、(1, 5)、(2, 3)、(2, 4)；

甲取 5 时，乙为 (1, 2)、(1, 3)、(1, 4)、(2, 3)；

甲取 4 时，乙为 (1, 2)、(1, 3)；

甲取 3 时，乙为 (1, 2).

所以其概率为 $1 - \frac{13}{60} = \frac{47}{60}$.

7.【答案】 A

【考点】 古典概率：穷举法

【解析】 分母：$C_{10}^2 = 45$.

分子：(1, 4)，(1, 9)，(2, 3)，(2, 8)，(3, 7)，(4, 6)，(5, 10)，(6, 9)，(7, 8) 共 9 种.

所以其概率为 $\frac{9}{45} = \frac{1}{5}$.

8.【答案】 C

【考点】 古典概率（摸球问题）

【解析】 解法一：

条件（1）：取出的球为红球或黑球的概率为 $\frac{3}{5}$，不能确定红球和黑球的比例，不充分.

条件（2）：随机取出的 2 球中至少有 1 个黑球的概率小于 $\frac{1}{5}$，则取出的球为红球或白球的概率大于等于 $\frac{4}{5}$，不能确定红球和白球的比例，不充分.

联合：白球的概率为 $\frac{2}{5}$，红球或白球的概率大于等于 $\frac{4}{5}$，得出红球的概率大于等于 $\frac{2}{5}$，所以红球最多.

解法二：假设共有球 $10k$ 个.

条件（1）：可知白球有 $4k$ 个，但不知黑球和红球数量，不充分.

条件（2）：随机取出的 2 球中至少有 1 个黑球的概率小于 $\frac{1}{5}$，说明取 1 个球恰是黑球的

概率小于 $\frac{1}{5}$，即黑球少于 $2k$ 个，但不知白球和红球数量，不充分.

联合两个条件可知，$10k$ 个球中，白球有 $4k$ 个，黑球少于 $2k$ 个，故可知红球数量多于 $4k$ 个，最多，充分.

9.【答案】C

【考点】古典概率

【解析】解法一：满足要求的情况有三种：$(1，3，6)$、$(1，4，5)$、$(2，3，5)$，则概率为 $P=\frac{3}{C_6^3}=0.15$.

解法二：分子有三种情况，则选能被 3 整除的，只有 0.15.

10.【答案】D

【考点】古典概率

【解析】能被 5 整除的有 $100\div5=20$ 个，能被 7 整除的有 $\frac{100}{7}=14\frac{2}{7}$，能被 35 整除的有 $\frac{100}{35}=2\frac{6}{7}$，则能被 5 或 7 整除的有 $20+14-2=32$ 个，概率为 0.32.

11.【答案】E

【考点】古典概率、枚举法

【解析】分母为 $C_3^1C_4^1$，满足题意的分子为 $(2，1)$，$(3，1)$，$(3，2)$，$(1，3)$，$(2，4)$，$(1，4)$，共 6 个，所以甲获胜的概率为 $\frac{1}{2}$.

12.【答案】B

【考点】古典概率

【解析】至少有 1 件一等品的反面是"一件一等品都没有"，其概率 $P=1-\frac{C_6^2}{C_{10}^2}=\frac{2}{3}$.

13.【答案】E

【考点】古典概率（分组问题）

【解析】分母：$C_6^2C_4^2C_2^2$（甲组从 6 人中选 2 人，乙组从 4 人中选 2 人，丙组从 2 人中选 2 人）.

分子：3! 3!（男性三组随机排列，女性三组随机排列）.

故其概率为 $\frac{3!\times3!}{C_6^2C_4^2C_2^2}=\frac{2}{5}$.

第四节 独立事件与伯努利定理

第一部分 知识要点

1. 独立事件

（1）概念

如果两个事件中任一事件的发生不影响另一事件发生的概率，则称这两个事件是相互独立的.

（2）数学定义

若 $P(AB)=P(A)P(B)$，则称两个事件 A 和 B 是相互独立的. 可将其理解为相互独立事件同时发生的概率，即 $P(A \cdot B)=P(A) \cdot P(B)$.

（3）常用结论

1）如果事件 A_1，A_2，…，A_n 相互独立，那么这 n 个事件同时发生的概率等于每个事件发生的概率的积，即 $P(A_1 A_2 \cdot \dots \cdot A_n)=P(A_1)P(A_2) \cdot \dots \cdot P(A_n)$.

2）如果事件 A_1，A_2，…，A_n 相互独立，那么这 n 个事件都不发生的概率等于每个事件不发生的概率的积，即 $P(\overline{A_1}\,\overline{A_2} \cdot \dots \cdot \overline{A_n})=P(\overline{A_1})P(\overline{A_2}) \cdot \dots \cdot P(\overline{A_n})$.

3）如果事件 A_1，A_2，…，A_n 相互独立，那么求这 n 个事件中至少有一个发生的概率，可以从其反面求解，即先求 A_1，A_2，…，A_n 都不发生的概率，即每个事件不发生的概率的积，故有 $P(A_1+A_2+\dots+A_n)=1-P(\overline{A_1})P(\overline{A_2}) \cdot \dots \cdot P(\overline{A_n})$

2. 伯努利定理

（1）独立重复试验

在相同条件下，将某试验重复进行 n 次，且每次试验中任何一事件发生的概率不受其他次试验结果的影响，此种试验称为 n 次独立重复试验.

（2）伯努利定理（二项分布）

在一次试验中事件 A 发生的概率为 $p(0< p <1)$，则在 n 次独立重复试验中，事件 A 恰好发生 k 次的概率 $P_n(k)$ 为 $P_n(k)=C_n^k p^k (1-p)^{n-k}(k=0, 1, 2, \dots, n)$. 或可表示为 $P_n(k)=C_n^k p^k q^{n-k}(k=0, 1, 2, \dots, n)$，其中 $q=1-p$.

（3）特殊情况

$k=n$ 时，即在 n 次独立重复试验中事件 A 全部发生，概率为 p^n.

$k=0$ 时，即在 n 次独立重复试验中事件 A 全部没有发生，概率为 $(1-p)^n$.

第二部分　经典母题

1. 一道数学竞赛试题，甲解出它的概率为 $\frac{1}{2}$，乙解出它的概率为 $\frac{1}{3}$，丙解出它的概率为 $\frac{1}{4}$，由甲、乙、丙三人独立解答此题，只有一人解出的概率为（　　）

 (A) $\frac{3}{8}$ (B) $\frac{5}{24}$ (C) $\frac{1}{3}$ (D) $\frac{11}{24}$ (E) $\frac{13}{24}$

2. 某篮球运动员定点投篮的命中率为 80%，10 次定点投篮中，求下列各种情况的概率：
 (1) 投中 6 球；   (2) 10 球全中；
 (3) 10 球全不中；   (4) 至少投中 1 球；
 (5) 至多投中 8 球．

第三部分　历年真题

1. （2012 年第 19 题）完成某产品需要两道相互独立的工序，则该产品的合格率超过 80%．
 (1) 每道工序的合格率为 0.81
 (2) 每道工序的合格率为 0.9

2. （2015 年第 14 题）某一次网球比赛的四强对阵为甲对乙、丙对丁，两场比赛的胜者将争夺冠军．

选手之间相互获胜的概率如表 9 - 1：

表 9 - 1

	甲	乙	丙	丁
甲获胜概率		0.3	0.3	0.8
乙获胜概率	0.7		0.6	0.3
丙获胜概率	0.7	0.4		0.5
丁获胜概率	0.2	0.7	0.5	

则甲获得冠军的概率为（　　）

 (A) 0.165   (B) 0.245   (C) 0.275   (D) 0.315   (E) 0.330

3. （2017 年第 6 题）某试卷由 15 道选择题组成，每道题有 4 个选项，只有 1 项是符合试题要求的．甲有 6 道题能确定正确选项，有 5 道题能排除 2 个错误选项，有 4 道题能排除 1 个错误选项．若从每题排除后剩余的选项中选 1 个作为答案，则甲得满分的概率为（　　）

 (A) $\frac{1}{2^4} \cdot \frac{1}{3^5}$ (B) $\frac{1}{2^5} \cdot \frac{1}{3^4}$ (C) $\frac{1}{2^5} + \frac{1}{3^4}$

 (D) $\frac{1}{2^4} \cdot \left(\frac{3}{4}\right)^5$ (E) $\frac{1}{2^4} + \left(\frac{3}{4}\right)^5$

4. （2014 年第 14 题）掷一枚均匀的硬币若干次，当正面向上的次数大于反面向上次数时

停止，则在 4 次之内停止的概率为（　　）

(A) $\frac{1}{8}$　　　　(B) $\frac{3}{8}$　　　　(C) $\frac{5}{8}$　　　　(D) $\frac{3}{16}$　　　　(E) $\frac{5}{16}$

5. (2012 年第 22 题) 在某次考试中，3 道题中答对 2 道即为及格，假设某人答对各题的概率相同，则此人及格的概率是 $\frac{20}{27}$.

(1) 答对各题的概率均为 $\frac{2}{3}$

(2) 3 道题全部答错的概率为 $\frac{1}{27}$

6. (2013 年第 20 题) 档案馆在一个库房中安装了 n 个烟火感应报警器，每个报警器遇到烟火成功报警概率均为 p，该库房遇烟火发出警报的概率达到 0.999.

(1) $n=3$，$p=0.9$

(2) $n=2$，$p=0.97$

7. (2015 年第 16 题) 信封中有 10 张奖券，只有 1 张有奖，从中同时取 2 张奖券，中奖概率为 P；每次取 1 张后放回，重复 n 次，中奖概率为 Q，则 $P<Q$.

(1) $n=2$

(2) $n=3$

8. (2012 年第 7 题) 经统计，某机场的一个安检口每天中午办理安检手续的乘客人数及相应的概率如表 9-2：

表 9-2

乘客人数	0~5	6~10	11~15	16~20	21~25	25 以上
概率	0.1	0.2	0.2	0.25	0.2	0.05

该安检口 2 天中至少有 1 天中午办理安检手续的乘客人数超过 15 的概率是(　　)

(A) 0.2　　　(B) 0.25　　　(C) 0.4　　　(D) 0.5　　　(E) 0.75

9. (2017 年第 23 题) 某人参加资格考试，有 A 类和 B 类选择，A 类合格的标准是抽 3 道题至少会做 2 道，B 类合格的标准是抽 2 道题需都会做，则此人参加 A 类合格的机会大.

(1) 此人 A 类题中有 60% 会做

(2) 此人 B 类题中有 80% 会做

10. (2018 年第 8 题) 甲、乙两人进行围棋比赛，约定先胜两局者赢得比赛，已知每局甲获胜的概率为 0.6，乙获胜的概率为 0.4，若乙在第一局获胜，则甲赢得比赛的概率为（　　）

(A) 0.144　　(B) 0.288　　(C) 0.36　　(D) 0.4　　(E) 0.6

11. (2010 年第 15 题) 某竞猜活动设有 5 关，连过 2 关则闯关成功. 小王过每关的概率都为 $\frac{1}{2}$，则小王过关成功的概率为(　　)

(A) $\frac{1}{8}$　　　　(B) $\frac{1}{4}$　　　　(C) $\frac{3}{8}$　　　　(D) $\frac{4}{8}$　　　　(E) $\frac{19}{32}$

第四部分　参考答案

经典母题参考答案

1. 分析　三人解答只有一人解出分为三种情况：甲$\overline{乙}\overline{丙}$，$\overline{甲}$乙$\overline{丙}$，$\overline{甲}\overline{乙}$丙，因此概率为

$p=\dfrac{1}{2}\times\dfrac{2}{3}\times\dfrac{3}{4}+\dfrac{1}{2}\times\dfrac{1}{3}\times\dfrac{3}{4}+\dfrac{1}{2}\times\dfrac{2}{3}\times\dfrac{1}{4}=\dfrac{11}{24}$，故选 D.

2. 分析　事件满足伯努利定理．根据定理有：

(1)　$P_{10}(6)=C_{10}^6(0.8)^6(1-0.8)^{10-6}=C_{10}^6(0.8)^6(0.2)^4$.

(2)　$P_{10}(10)=C_{10}^{10}(0.8)^{10}(1-0.8)^{10-10}=(0.8)^{10}$.

(3)　$P_{10}(0)=C_{10}^0(0.8)^0(1-0.8)^{10}=(0.2)^{10}$.

(4)　$P_{10}(k\geqslant1)=1-P_{10}(0)=1-(0.2)^{10}$.

(5)　$P_{10}(k\leqslant8)=1-P_{10}(9)-P_{10}(10)=1-C_{10}^9(0.8)^9 0.2-C_{10}^{10}(0.8)^{10}=1-2.8(0.8)^9$.

历年真题参考答案

1.【答案】 B

【考点】 独立事件

【解析】 条件（1）：$0.81^2=0.656\ 1<0.8$，不充分．

条件（2）：$0.9^2=0.81>0.8$，充分．

2.【答案】 A

【考点】 独立事件概率

【解析】 分两类：

第一类：甲胜乙，丙胜丁，甲胜丙，$0.3\times0.5\times0.3=0.045$

第二类：甲胜乙，丁胜丙，甲胜丁，$0.3\times0.5\times0.8=0.12$

故 $0.045+0.12=0.165$

3.【答案】 B

【考点】 独立事件的概率

【解析】 有 5 道题能排除 2 个错误选项，所以每道题选对的概率为 $\dfrac{1}{2}$，5 道题全对的概率为 $\left(\dfrac{1}{2}\right)^5$；有 4 道题能排除 1 个错误选项，所以每道题选对的概率为 $\dfrac{1}{3}$，所以 4 道题全对的概率为 $\left(\dfrac{1}{3}\right)^4$.

则甲得满分的概率为 $\dfrac{1}{2^5}\cdot\dfrac{1}{3^4}$.

4.【答案】 C

【考点】 独立事件

【解析】 解法一：根据题意可分两种情况：

①第一次为正面向上，事件结束，$\dfrac{1}{2}$.

②第一次为反面向上，第二、第三次均为正面向上，事件结束：$\left(\dfrac{1}{2}\right)^3=\dfrac{1}{8}$.

概率为 $\dfrac{1}{2}+\dfrac{1}{8}=\dfrac{5}{8}$.

解法二：第一次为正面向上，事件结束：$\dfrac{1}{2}$，选项只有一个大于 $\dfrac{1}{2}$ 的.

5.【答案】D

【考点】伯努利试验

【解析】条件（1）：$C_3^2\left(\dfrac{2}{3}\right)^2\times\dfrac{1}{3}+\left(\dfrac{2}{3}\right)^3=\dfrac{20}{27}$，充分.

条件（2）：$(1-p)^3=\dfrac{1}{27}\Rightarrow p=\dfrac{2}{3}$，等价与条件（1）.

6.【答案】D

【考点】伯努利试验

【解析】条件（1）：发出警报$=1-3$ 个感应报警器都没发出警报，$p=1-(1-0.9)^3=$ 0.999，充分.

条件（2）：发出警报$=1-2$ 个感应报警器都没发出警报，$p=1-(1-0.97)^2=0.999\ 1>$ 0.999，充分.

7.【答案】B

【考点】伯努利试验

【解析】$P=\dfrac{C_1^1 C_9^1}{C_{10}^2}=\dfrac{1}{5}$.

条件（1）：$Q=1-\dfrac{9}{10}\times\dfrac{9}{10}=\dfrac{19}{100}<P$，不充分.

条件（2）：$Q=1-\dfrac{9}{10}\times\dfrac{9}{10}\times\dfrac{9}{10}=\dfrac{271}{1\ 000}>P$，充分.

8.【答案】E

【考点】伯努利试验

【解析】解法一：每天人数超过 15 的概率为 0.5，2 天中至少有一天超过 15 人分为两种情况，一天超过 15 人、两天都超过 15 人，结果为 $C_2^1\cdot 0.5\cdot 0.5+0.5\cdot 0.5=0.75$.

解法二：每天中午办理安检手续的乘客人数大于 15 的概率为 $0.25+0.2+0.05=0.5$，则小于等于 15 的概率也为 0.5，则 $P=1-0.5^2=0.75$.

9.【答案】C

【考点】二项式概率公式

【解析】条件（1）和（2）单独明显不充分. 现在联立：

$$P(A)=P_3(2)+P_3(3)=C_3^2\left(\dfrac{3}{5}\right)^2\left(1-\dfrac{3}{5}\right)+\left(\dfrac{3}{5}\right)^3=\dfrac{81}{125}.$$

$$P(B)=P_2(2)=\left(\dfrac{4}{5}\right)^2=\dfrac{80}{125}.$$

10.【答案】C

【考点】伯努利概型

【解析】乙在第一局获得胜利，甲要想赢得比赛，必须后面连续赢两局才可以，所以甲赢得比赛的概率为：$0.6 \times 0.6 = 0.36$.

11.【答案】 E

【考点】 伯努利试验

【解析】若两关过关，则是成功×成功$= \dfrac{1}{2} \times \dfrac{1}{2} = \dfrac{1}{4}$

若三关过关，则是失败×成功×成功$= \dfrac{1}{2} \times \dfrac{1}{2} \times \dfrac{1}{2} = \dfrac{1}{8}$

若四关过关，则是（成功）失败×失败×成功×成功$= \dfrac{1}{2} \times \dfrac{1}{2} \times \dfrac{1}{2} \times \dfrac{1}{2} \times 2 = \dfrac{1}{8}$

若五关过关，则是失败×失败×失败×成功×成功＋失败×成功×失败×成功×成功＋

成功×失败×失败×成功×成功$= \dfrac{1}{2} \times \dfrac{1}{2} \times \dfrac{1}{2} \times \dfrac{1}{2} \times \dfrac{1}{2} \times 3 = \dfrac{3}{32}$

则 $P = \dfrac{1}{4} + \dfrac{1}{8} + \dfrac{1}{8} + \dfrac{3}{32} = \dfrac{19}{32}$.

附录一

2020 年管理类专业学位联考综合能力试题 （数学部分）

一、问题求解：第 1～15 小题，每小题 3 分，共 45 分，下列每题给出的（A）、（B）、（C）、（D）、（E）五个选项中，只有一项是符合试题要求的，请在答题卡上将所选项的字母涂黑．

1. 某产品去年涨价 10%，今年涨价 20%，则该产品这两年涨价（ ）
   (A) 15%　　(B) 16%　　(C) 30%　　(D) 32%　　(E) 33%

2. 设 $A=\{x\mid |x-a|<1, x\in \mathbf{R}\}$，$B=\{x\mid |x-b|<2, x\in \mathbf{R}\}$，则 $A\subset B$ 的充分必要条件是（ ）
   (A) $|a-b|\leqslant 1$　　(B) $|a-b|\geqslant 1$　　(C) $|a-b|<1$　　(D) $|a-b|>1$
   (E) $|a-b|=1$

3. 总成绩＝甲成绩×30%＋乙成绩×20%＋丙成绩×50%，考试通过的标准是：每部分 $\geqslant 50$ 分，且总成绩 $\geqslant 60$ 分．已知某人甲成绩 70 分，乙成绩 75 分，且通过了这项考试，则此人丙成绩的分数至少是（ ）
   (A) 48　　(B) 50　　(C) 55　　(D) 60　　(E) 62

4. 从 1 至 10 这 10 个整数中任取 3 个数，恰有 1 个质数的概率是（ ）
   (A) $\dfrac{2}{3}$　　(B) $\dfrac{1}{2}$　　(C) $\dfrac{2}{12}$　　(D) $\dfrac{2}{5}$　　(E) $\dfrac{1}{120}$

5. 若等差数列 $\{a_n\}$ 满足 $a_1=8$，且 $a_2+a_4=a_1$，则 $\{a_n\}$ 的前 n 项和的最大值为（ ）
   (A) 16　　(B) 17　　(C) 18　　(D) 19　　(E) 20

6. 已知实数 x 满足 $x^2+\dfrac{1}{x^2}-3x-\dfrac{3}{x}+2=0$，则 $x^3+\dfrac{1}{x^3}=$（ ）
   (A) 12　　(B) 15　　(C) 18　　(D) 24　　(E) 27

7. 设实数 x，y 满足 $|x-2|+|y-2|\leqslant 2$，则 x^2+y^2 的取值范围是（ ）
   (A) $[2, 18]$　　(B) $[2, 20]$　　(C) $[2, 36]$　　(D) $[4, 18]$
   (E) $[4, 20]$

8. 某网店对单价为 55 元、75 元、80 元的三种商品进行促销，促销策略是每单满 200 元减 m 元，如果每单减 m 元后实际售价均不低于原价的 8 折，那么 m 的最大值为（ ）
   (A) 40　　(B) 41　　(C) 43　　(D) 44　　(E) 48

9. 某人在同一观众群中调查了对五部电影的看法，得到如表 1 的数据：

表1

电影	第一部	第二部	第三部	第四部	第五部
好评率	0.25	0.5	0.3	0.8	0.4
差评率	0.75	0.5	0.7	0.2	0.6

则观众分歧最大的两部电影是（　　）

(A) 第一部，第三部　　　　　　(B) 第二部，第三部

(C) 第二部，第五部　　　　　　(D) 第四部，第一部

(E) 第四部，第二部

10. 如图 1 所示，在 $\triangle ABC$ 中，$\angle ABC = 30°$，将线段 AB 绕点 B 旋转至 DB，使 $\angle DBC = 60°$，则 $\triangle DBC$ 与 $\triangle ABC$ 的面积之比为（　　）

(A) 1　　　　(B) $\sqrt{2}$　　　　(C) 2　　　　(D) $\dfrac{\sqrt{2}}{2}$　　　　(E) $\sqrt{3}$

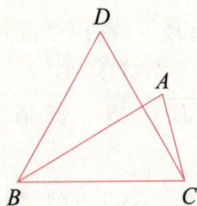

图 1

11. 已知数列 $\{a_n\}$ 满足 $a_1 = 1$，$a_2 = 2$，且 $a_{n+2} = a_{n+1} - a_n$（$n = 1$，2，3，…），则 a_{100} =（　　）

(A) 1　　　　(B) -1　　　　(C) 2　　　　(D) -2　　　　(E) 0

12. 如图 2 所示，圆 O 的内接三角形 ABC 是等腰三角形，底边 $BC = 6$，顶角为 $\dfrac{\pi}{4}$，则圆 O 的面积为（　　）

(A) 12π　　　(B) 16π　　　(C) 18π　　　(D) 32π　　　(E) 36π

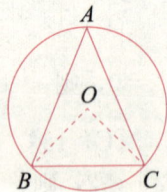

图 2

13. 甲、乙两人在两地间相向往返而行，已知两地间距离为 1 800 米，甲的速度为 100 米/分钟，乙的速度为 80 米/分钟，甲、乙两人同时出发，则两人第三次相遇时，甲距其出发点（　　）

(A) 600 米　　　(B) 900 米　　　(C) 1 000 米　　　(D) 1 400 米

(E) 1 600 米

14. 如图 3 所示，节点 A，B，C，D 两两相连，从一个节点沿线段到另一个节点当作 1

步，若机器人从节点 A 出发，随机走了 3 步，则机器人未到达过节点 C 的概率为（　　）

(A) $\dfrac{4}{9}$　　　　(B) $\dfrac{11}{27}$　　　　(C) $\dfrac{10}{27}$　　　　(D) $\dfrac{19}{27}$　　　　(E) $\dfrac{8}{27}$

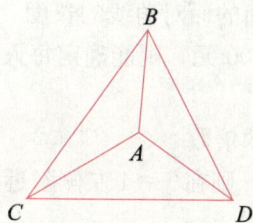

图3

15. 某科室有 4 名男职员，2 名女职员，若将这 6 名职员分为 3 组，每组 2 人，且女职员不在同一组，则不同的分组方式共有（　　）种

(A) 4　　　　(B) 6　　　　(C) 9　　　　(D) 12　　　　(E) 15

二、条件充分性判断：第16～25小题，每小题3分，共30分．要求判断每题给出的条件（1）和（2）能否充分支持题干所陈述的结论．（A）、（B）、（C）、（D）、（E）五个选项为判断结果，请选择一项符合试题要求的判断，在答题卡上将所选项的字母涂黑．

(A) 条件（1）充分，但条件（2）不充分．

(B) 条件（2）充分，但条件（1）不充分．

(C) 条件（1）和条件（2）单独都不充分，但条件（1）和条件（2）联合起来充分．

(D) 条件（1）充分，条件（2）也充分．

(E) 条件（1）和条件（2）单独都不充分，且条件（1）和条件（2）联合起来也不充分．

16. 在 $\triangle ABC$ 中，$\angle B = 60°$，则 $\dfrac{c}{a} > 2$.

(1) $\angle C < 90°$

(2) $\angle C > 90°$

17. 圆 C：$x^2 + y^2 = 2x + 2y$ 上的点到直线 l：$ax + by + \sqrt{2} = 0$ 的距离最小值大于 1.

(1) $a^2 + b^2 = 1$

(2) $a > 0$，$b > 0$

18. 设 a，b，c 为实数，则能确定 a，b，c 的最大值.

(1) 已知 a，b，c 的平均值

(2) 已知 a，b，c 的最小值

19. 某商店有甲、乙两种不同品牌的手机共 20 部，从中任选 2 部，恰有 1 部甲品牌的概率为 P，则 $P > \dfrac{1}{2}$.

(1) 甲品牌手机不少于 8 部

(2) 乙品牌手机多于 7 部

20. 某旅游团租用 n 辆车，则能确定旅游团的人数.

(1) 若租用 20 座的车，则恰有 1 辆没坐满

(2) 若租用 12 座的车，则缺 10 个座

21. 在长方体中，能确定长方体的体对角线的长度.

(1) 已知长方体共顶点的三个面的面积

(2) 已知长方体共顶点的三个面的面对角线的长度

22. 已知甲、乙、丙三人共捐款 3 500 元，则能确定每人的捐款金额.

(1) 三人的捐款金额各不相同

(2) 三人的捐款金额都是 500 的倍数

23. 设函数 $f(x)=(ax-1)(x-4)$，则在 $x=4$ 左侧附近有 $f(x)<0$.

(1) $a>\dfrac{1}{4}$

(2) $a<4$

24. 设 a，b 是正实数，则 $\dfrac{1}{a}+\dfrac{1}{b}$ 存在最小值.

(1) 已知 ab 的值

(2) 已知 a，b 是方程 $x^2-(a+b)x+2=0$ 的不同实根

25. 设 a，b，c，d 是正实数，则 $\sqrt{a}+\sqrt{d}\leqslant\sqrt{2(b+c)}$.

(1) $a+d=b+c$

(2) $ad=bc$

2020年管理类专业学位联考综合能力试题（数学部分）

答案及解析

1. **【答案】** D

   【分析】 $(1+0.1)(1+0.2)-1=0.32$.

2. **【答案】** A

   【分析】 如图4.

   $|x-a|<1 \Rightarrow -1<x-a<1 \Rightarrow a-1<x<a+1$.

   $|x-b|<2 \Rightarrow -2<x-b<2 \Rightarrow b-2<x<b+2$.

   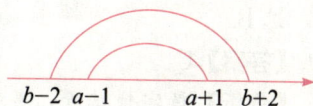

   图4

   $A \subset B \Rightarrow \left.\begin{array}{l} a+1 \leqslant b+2 \\ a-1 \geqslant b-2 \end{array}\right\} \Rightarrow -1 \leqslant a-b \leqslant 1 \Rightarrow |a-b| \leqslant 1$.

3. **【答案】** B

   【分析】 $70 \times 30\% + 75 \times 20\% + x \times 50\% \geqslant 60(x \geqslant 50) \Rightarrow x \geqslant 48 \Rightarrow$ 取 $x=50$.

4. **【答案】** B

   【分析】 $\dfrac{C_4^1 C_6^2}{C_{10}^3} = \dfrac{1}{2}$（4个质数，6个非质数）.

5. **【答案】** E

   【分析】 利用考试技巧性中的概念法.

   $a_2 + a_4 = a_1 + d + a_1 + 3d = a_1 \Rightarrow d = -\dfrac{a_1}{4} = -2$.

   $a_1 = 8$，$a_2 = 6$，$a_3 = 4$，$a_4 = 2$，$a_5 = 0$.

   最大为 $S_4 = 8 + 6 + 4 + 2 = 20$.

6. **【答案】** C

   【分析】 思维解题法.

   $x^2 + \dfrac{1}{x^2} - 3x - \dfrac{3}{x} + 2 = \left(x + \dfrac{1}{x}\right)^2 - 3\left(x + \dfrac{1}{x}\right) = 0$

   $\Rightarrow x + \dfrac{1}{x} = 3$ 或 $x + \dfrac{1}{x} = 0$（舍去）

   $x + \dfrac{1}{x} = 3$

   $\Rightarrow x^2 + \dfrac{1}{x^2} = 7$

$$\Rightarrow x^3+\frac{1}{x^3}=\left(x+\frac{1}{x}\right)\left(x^2-1+\frac{1}{x^2}\right)=3\times6=18.$$

7.【答案】B

【分析】数形结合法.

如图 5 所示.

$x^2+y^2=R^2$

R 最小为 $\sqrt{2}$.

R 最大为 $(2,4)$ 到 $(0,0)$ 的距离 $\sqrt{20}$.

∴ $2\leqslant x^2+y^2\leqslant20$

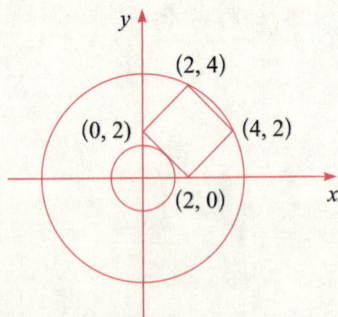

图 5

8.【答案】B

【分析】 m 的最大值要以价格最低来计算才能保障均不低

于原价 8 折.

价格最低为 $55+75+75=205$.

$205-m\geqslant0.8\times205\Rightarrow m\leqslant41$.

选 B.

9.【答案】C

【分析】数字越接近，表明分歧越大；数字相差越大，表明意见越统一，一边倒.

10.【答案】E

【分析】 $\dfrac{S_{\triangle DBC}}{S_{\triangle ABC}}=\dfrac{\frac{1}{2}\times BC\times BD\sin60°}{\frac{1}{2}\times BC\times AB\sin30°}=\dfrac{\sin60°}{\sin30°}=\sqrt{3}$.

11.【答案】B

【分析】 $a_1=1$，$a_2=2$，$a_3=1$，$a_4=-1$，$a_5=-2$，$a_6=-1$，$a_7=1$，$a_8=2$，…

即：1，2，1，-1，-2，-1，1，2，1，-1，-2，-1，…

6 个一个周期，$\dfrac{100}{6}=16$ 余 4，故 $a_{100}=a_4=-1$.

12.【答案】C

【分析】经验公式法.

外接圆半径 $r=\dfrac{a}{2\sin A}=\dfrac{6}{2\times\frac{\sqrt{2}}{2}}=3\sqrt{2}$.

$S_{外接圆}=\pi r^2=18\pi$.

13.【答案】D

【分析】往返相遇问题.

第 n 次迎面相遇，两个对象运动路程总和 $S_n=(2n-1)S$

第 3 次相遇时，$t=\dfrac{5S}{V_甲+V_乙}=\dfrac{5\times1\,800}{100+80}=50$ 分钟

$S_甲=V_甲\times t=100\times50=5\,000=2\times1\,800+1\,400$

甲距离其出发点 $1\,400$ 米，选 D.

14. 【答案】E

【分析】起点为 A，第一步可在 B、C、D 中选一步，C_3^1，假如选了 B，第 2 步可在 A、C、D 中选一步，C_3^1，同理第 3 步 C_3^1，分母为 3^3.

不经过 C 点，起点为 A. 第一步可在 B、D 中选一步，C_2^1，同理分子为 2^3.

$$P = \frac{2^3}{3^3} = \frac{8}{27}.$$

15. 【答案】D

【分析】间接法：全部分组情况减去两名女职员在一组的情况.

$$\frac{C_6^2 C_4^2 C_2^2}{P_3^3} - \frac{C_4^2 C_2^2}{P_2^2} = 12.$$

直接法：先给其中 1 名女职员分 1 名男职员，C_4^1.

再给另 1 名女职员分 1 名男职员，C_3^1.

剩下 2 名男职员自动成为一组，C_2^2.

共有 $C_4^1 \times C_3^1 \times C_2^2 = 12$ 种.

选 D.

16. 【答案】B

【分析】如图 6，$\angle C = 90°$ 时，$\dfrac{c}{a} = \dfrac{1}{\sin 30°} = 2$.

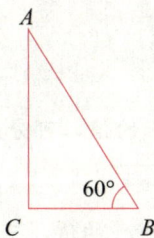

图 6

$\Rightarrow \dfrac{c}{a} > 2 \Rightarrow \angle C > 90°$，选 B.

17. 【答案】C

【分析】直线与圆的位置关系.

$(x-1)^2 + (y-1)^2 = 2$ 的圆心到直线的距离大于 $1 + \sqrt{2}$

$$\Rightarrow d = \frac{|a+b+\sqrt{2}|}{\sqrt{a^2+b^2}} > 1 + \sqrt{2}$$

条件（1）和条件（2）单独都不充分.

将条件（1）和条件（2）联合：

$$1 = a^2 + b^2 \geq 2ab \Rightarrow ab \leq \frac{1}{2}$$

$$a + b \geq 2\sqrt{ab} \Rightarrow a + b \geq \sqrt{2}$$

$$d = \frac{|a+b+\sqrt{2}|}{\sqrt{a^2+b^2}} = \frac{a+b+\sqrt{2}}{1} \geq 2\sqrt{2} > 1 + \sqrt{2}.$$

联立充分，选 C.

18.【答案】 C

【分析】 举例：平均值为 3，最小值 $a=1$，则 $b=1$ 时，$c=7$ 最大（非举正例，只是抽象问题具体化）.

19.【答案】 C

【分析】 古典概率.

设甲手机有 x 部，则恰好取到 1 部甲手机的概率为：

$$P=\frac{C_x^1 C_{20-x}^1}{C_{20}^2}=\frac{x(20-x)}{190}>\frac{1}{2}$$

$$\Rightarrow x^2-20x+95<0$$

$$\Rightarrow (x-10)^2<5$$

$$\Rightarrow 10-\sqrt{5}<x<10+\sqrt{5} \Rightarrow 7.7<x<12.3.$$

选 C.

20.【答案】 E

【分析】 设车数为 x，人数为 y. 明显地条件（1）和条件（2）单独都不充分，有 2 个未知数.

$$\left.\begin{array}{l} 20(x-1)<y<20x \\ 12x+10=y \end{array}\right\} \Rightarrow \frac{10}{8}<x<\frac{30}{8} \Rightarrow x=2, \text{ 或 } x=3.$$

故无法确定人数，选 E.

21.【答案】 D

【分析】 条件（1）：已知 ab，bc，ac 的值，可分别求出 a，b，c 唯一的值.

故可确定长方体的体对角线 $\sqrt{a^2+b^2+c^2}$.

条件（2）：已知 a^2+b^2，b^2+c^2，a^2+c^2 的值，三式相加即可得出 $\sqrt{a^2+b^2+c^2}$ 唯一的值.

故选 D.

22.【答案】 E

【分析】 明显地，条件（1）和条件（2）单独都不充分.

条件（1）+条件（2）：

$$500x+500y+500z=3\ 500$$

$$\Rightarrow x+y+z=7 (x\neq y\neq z)$$

$$\Rightarrow \left.\begin{array}{l} x=1,\ y=2,\ z=4 \\ x=1,\ y=4,\ z=2 \\ x=2,\ y=1,\ z=4 \\ x=2,\ y=4,\ z=1 \\ x=4,\ y=2,\ z=1 \\ x=4,\ y=1,\ z=2 \end{array}\right\} \text{不能确定甲、乙、丙的金额，有 6 种可能.}$$

选 E.

23.【答案】 A

【分析】 数形结合法.

函数 $f(x)=0$ 的两根分别为 $x_1=\dfrac{1}{a}$，$x_2=4$.

条件（1）：$a>\dfrac{1}{4}\Rightarrow 0<\dfrac{1}{a}<4$

由图 7 可以看出，条件（1）满足结论.

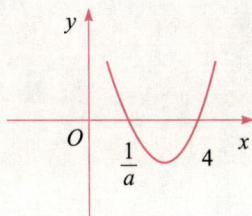
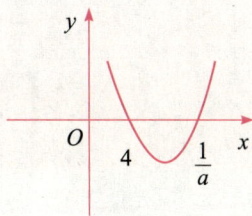

图 7   图 8

条件（2）：$a<4\Rightarrow\dfrac{1}{a}>\dfrac{1}{4}$

$\Rightarrow\dfrac{1}{a}<4$ 或 $\dfrac{1}{a}=4$ 或 $\dfrac{1}{a}>4$ 或 $\dfrac{1}{a}<0$.

若 $\dfrac{1}{a}>4$，如图 8 所示，很显然不充分.

故选 A.

24.【答案】A

【分析】条件（1）：$\dfrac{1}{a}+\dfrac{1}{b}\geqslant 2\sqrt{\dfrac{1}{ab}}$

当 $a=b$ 时，存在最小值，充分.（若将"存在"改为"能确定"，则不充分.）

条件（2）：韦达定理：$ab=2$.

$\Delta=(a+b)^2-8>0$，$a\neq b$.

因为 $a\neq b$，不存在最小值（同上用均值不等式，不能取等号），不充分.

故选 A.

25.【答案】A

【分析】因为是正实数，可两边平方.

$(\sqrt{a}+\sqrt{d})^2\leqslant\left[\sqrt{2(b+c)}\,\right]^2\Rightarrow a+d+2\sqrt{ad}\leqslant 2(b+c)$.

条件（1）：$a+d=b+c$.

$a+d+2\sqrt{ad}\leqslant 2(b+c)\Rightarrow a+d+2\sqrt{ad}\leqslant 2(a+d)\Rightarrow\sqrt{ad}\leqslant a+d$.

不等式成立，充分.

条件（2）：举反例：$a=4$，$d=1$，$b=2$，$c=2$. 显然不充分.

故选 A

附录二

2020 年管理类联考数学点题＋ "一分钟解题技巧法" 介绍

主编主讲介绍

汪学能（数学博士，教授，十九年教学经验，湖北黄冈籍）管理类联考教材修订者及命题人，《名师联盟系列教材》主编、主审.

独创 "一分钟解题技巧法" 和 "四大思维模板"；其教学特色已成为业内典范，全国各大城市历届学员亲聆后称 "听汪教授的课是一种享受"!!!（寄语：寻数学美感，悟考神思维）

1. $x \in \mathbf{R}$ 时，$(a^2-3a+2)x^2+(a-1)x+2>0$ 恒成立，则 a 的范围为（　　）

   (A) $\left(-\infty, 1\right] \bigcup \left(\dfrac{15}{7}, +\infty\right)$ 　　　　(B) $\left(-\infty, 1\right) \bigcup \left(2, +\infty\right)$

   (C) $\left(\dfrac{15}{7}, +\infty\right)$ 　　　　(D) $\left(1, 2\right)$

   (E) $\left(-\infty, 1\right) \bigcup \left(\dfrac{15}{7}, +\infty\right)$

2. 设 x 是非零实数，则 $x^3+\dfrac{1}{x^3}=18$.

   (1) $x+\dfrac{1}{x}=3$

   (2) $x^2+\dfrac{1}{x^2}=7$

3. 方程 $|1-|x||+\sqrt{|x|-2}=x$ 的根的个数为（　　）个

   (A) 0 　　　(B) 1 　　　(C) 2 　　　(D) 3 　　　(E) 4

4. $W=(1-a)^4-4(1-a)^3+6(1-a)^2+4a-3=$（　　）

   (A) a^4+1 　　(B) a^4-3 　　(C) a^4+4 　　(D) $(2-a)^4$ 　　(E) a^4

5. 甲、乙、丙三种货车载重量成等差数列，2 辆甲种车和 1 辆乙种车的载重量为 95 吨，1 辆甲种车和 3 辆丙种车载重量为 150 吨，则甲、乙、丙分别各一辆车一次最多运送货物为（　　）吨

   (A) 125 　　(B) 120 　　(C) 115 　　(D) 110 　　(E) 105

【参见（2018）第 19 题】

6. $\dfrac{a^2-b^2}{19a^2+96b^2}=\dfrac{1}{134}$.

   (1) a，b 均为实数，且 $|a^2-2|+(a^2-b^2-1)^2=0$

   (2) a，b 均为实数，且 $\dfrac{a^2b^2}{a^4-2b^4}=1$

7. 如图，图 A 与图 B 的半径均为 1，则阴影部分的面积为（　　）

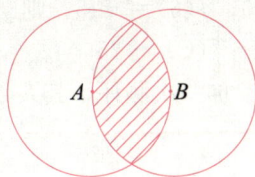

   (A) $\dfrac{2}{3}\pi$ 　　(B) $\dfrac{\sqrt{3}}{2}$ 　　(C) $\dfrac{\pi}{3}-\dfrac{\sqrt{3}}{4}$ 　　(D) $\dfrac{2\pi}{3}-\dfrac{\sqrt{3}}{4}$ 　　(E) $\dfrac{2\pi}{3}-\dfrac{\sqrt{3}}{2}$

【参见（2015）第 4 题】

8. 在三角形 ABC 中，$AB=4$，$AC=6$，$BC=8$，D 为 BC 的中点，则 $AD=$（　　）

   (A) $\sqrt{11}$ 　　(B) $\sqrt{10}$ 　　(C) 3 　　(D) $2\sqrt{2}$ 　　(E) $\sqrt{7}$

9. 老师问班上 50 名同学周末复习的情况，结果有 20 人复习过数学、30 人复习过语文、6 人复习过英语，且同时复习了数学和语文的有 10 人、语文和英语的有 2 人、英语和数学的有 3 人。若同时复习过这三门课的人数为 0，则没复习过这三门课程的学生人数为

（　　）
(A) 7　　　　　(B) 8　　　　　(C) 9　　　　　(D) 10　　　　　(E) 11

10. 有一批同规格的正方形瓷砖，用它们铺满整个正方形区域时剩余 180 块，将此正方形区域的边长增加一块瓷砖的长度时，还需要增加 21 块才能铺满，该批瓷砖共有（　　）
(A) 9 981 块　　(B) 10 000 块　　(C) 10 180 块　　(D) 10 201 块　　(E) 10 222 块

11. 该股票涨了.
(1) 某股票连续三天涨 10% 后，又连续三天跌 10%
(2) 某股票连续三天跌 10% 后，又连续三天涨 10%

12. 设 $\frac{1}{x} : \frac{1}{y} : \frac{1}{z} = 4 : 5 : 6$，则使 $x + y + z = 74$ 成立的 y 值是（　　）

(A) 24　　　　(B) 36　　　　(C) $\frac{74}{3}$　　　　(D) $\frac{37}{2}$　　　　(E) 均不正确

13. 有一批水果需要装箱，一名熟练工单独装箱需要 10 天完成，每天报酬 200 元；一名普通工单独装箱需要 15 天完成，每天报酬 120 元。由于场地限制，最多可同时安排 12 人装箱. 若需在一天内完成装箱，则支付的最少报酬为（　　）元
(A) 1 800　　　(B) 1 840　　　(C) 1 920　　　(D) 1 960　　　(E) 2 000

14. 甲、乙两仓库库存煤量之比为 10 : 7，要使两仓库存煤量相等，甲仓库需向乙仓库搬入的煤量占甲仓库库存煤量的（　　）
(A) 10%　　　(B) 15%　　　(C) 20%　　　(D) 25%　　　(E) 30%

15. 已知 $M = (a_1 + a_2 + \cdots + a_{n-1})(a_2 + a_3 + \cdots + a_n)$，$N = (a_1 + a_2 + \cdots + a_n)(a_2 + a_3 + \cdots + a_{n-1})$，则 $M > N$.
(1) $a_1 > 0$
(2) $a_1 a_n > 0$

【参见（2014）第 18 题；（2013）第 3 题】

16. 方程 $\frac{3}{x^2 + 3x + 2} = x^2 + 3x$ 所有根的和为（　　）
(A) 0　　　　(B) −3　　　　(C) 3　　　　(D) −6　　　　(E) 6

17. $f(x) = ax^7 + bx^5 + cx^3 + dx + 10$，$f(6) = -15$，则 $f(-6) = ($　　$)$
(A) −15　　　(B) 15　　　(C) −25　　　(D) 25　　　(E) 35

18. 甲、乙、丙三个地区的公务员参加一次测评，其人数和考分情况如下表：

人数　　分数 地区	6	7	8	9
甲	10	10	10	10
乙	15	15	10	20
丙	10	10	15	15

三个地区按平均分由高到低的排名顺序为（　　）
(A) 乙、丙、甲　　　　(B) 乙、甲、丙　　　　(C) 甲、丙、乙
(D) 丙、甲、乙　　　　(E) 丙、乙、甲

19. $x^2 + (1+a)x + 4 + a = 0$ 的两个实根为 x_1，x_2，且 $0 < x_1 < 1 < x_2$，则 a 的取值范围是

（　　　）

(A) $(-\infty, -4)$　　　　　(B) $(-4, -3)$　　　　　(C) $(-3, +\infty)$

(D) $(-3, 0)$　　　　　(E) 都不对

20. 设 x, y 是实数，则 $|x+y| \leqslant 2$.

(1) $x^2+y^2 \leqslant 2$

(2) $xy \leqslant 1$

21. 如图，在四边形 $ABCD$ 中，$AB // CD$，AB 与 CD 的边长分别为 4 和 8. 若 $\triangle ABE$ 的面积为 4，则四边形 $ABCD$ 的面积为（　　　）

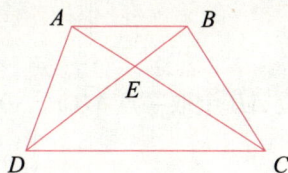

(A) 24　　　　(B) 30　　　　(C) 32　　　　(D) 36　　　　(E) 40

22. 如图，正方体位于半径为 3 的球内，且其中一面位于球的大圆上，则正方体表面积最大为（　　　）

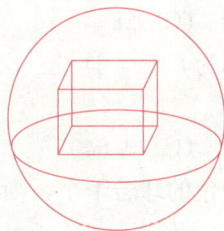

(A) 12　　　　(B) 18　　　　(C) 24　　　　(D) 30　　　　(E) 36

23. 已知等差数列 $\{a_n\}$ 的公差不为 0，且第 3，4，7 项构成等比数列，则 $\dfrac{a_2+a_6}{a_3+a_7}=$（　　　）

(A) $\dfrac{3}{5}$　　　　(B) $\dfrac{5}{3}$　　　　(C) $\dfrac{4}{5}$　　　　(D) $\dfrac{5}{4}$　　　　(E) $\dfrac{3}{4}$

24. 等差数列 $\{a_n\}$ 中，$S_{100}=250$ 可求出.

(1) $a_2+a_3+a_{98}+a_{99}=10$

(2) $a_2+a_5+a_{97}+a_{98}=10$

25. 某新兴产业在 2005 年末至 2009 年末产值的年平均增长率为 q，在 2009 年末至 2013 年的年平均增长率比前四年下降了 40%，2013 年的产值约为 2005 年产值的 14.46（$\approx$ 1.95⁴）倍，则 q 约为（　　　）

(A) 30%　　　　(B) 35%　　　　(C) 40%　　　　(D) 45%　　　　(E) 50%

26. 圆 $x^2+y^2-6x+4y=0$ 上到原点距离最远的点是（　　　）

(A) $(-3, 2)$　　　　　　(B) $(3, -2)$　　　　　　(C) $(6, 4)$

(D) $(-6, 4)$　　　　　　(E) $(6, -4)$

27. 已知圆 C：$x^2+(y-a)^2=b$，若圆 C 在点 $(1, 2)$ 处的切线与 y 轴的交点为 $(0, 3)$，则 $ab=$（　　　）

(A) -2　　　　(B) -1　　　　(C) 0　　　　(D) 1　　　　(E) 2

28. 和圆 $(x-1)^2+y^2=1$ 关于原点对称的圆的方程为（　　）

(A) $(x+1)^2+y^2=1$　　　　　　　　　(B) $x^2+(y-1)^2=1$

(C) $x^2+(y+1)^2=1$　　　　　　　　　(D) $(x-1)^2+(y-1)^2=1$

(E) $(x+1)^2+(y+1)^2=1$

29. 设 a，b 为实数，则圆 $x^2+y^2=2y$ 与直线 $x+ay=b$ 不相交.

   (1) $|a-b|>\sqrt{1+a^2}$

   (2) $|a+b|>\sqrt{1+a^2}$

30. $x^2+y^2-ax-by+c=0$ 与 x 轴相切，则能确定 c 的值.

   (1) 已知 a 的值

   (2) 已知 b 的值

31. $A(0,2)$ 和 $B(1,0)$，在线段 AB 上取一点 $M(x,y)$（$0<x<1$），则以 x，y 为两边的矩形面积的最大值为（　　）

   (A) $\dfrac{5}{8}$　　　　(B) $\dfrac{1}{2}$　　　　(C) $\dfrac{3}{8}$　　　　(D) $\dfrac{1}{4}$　　　　(E) $\dfrac{1}{8}$

【参见（2010）第 10 题】

32. 把 15 个相同的足球分给 4 个人，使得每人至少分得 3 个足球，不同的分法共有（　　）种

   (A) 45　　　　(B) 36　　　　(C) 28　　　　(D) 20　　　　(E) 以上都不对

33. 一个篮球运动员定点投篮命中率为 80%，连续三次定点投篮中至少投中两次的概率为（　　）

   (A) 0.488　　　(B) 0.512　　　(C) 0.640　　　(D) 0.896　　　(E) 0.915

34. 已知袋中装有红、黑、白三种颜色的球若干个，则红球最多.

   (1) 随机取出 1 球是白球的概率为 $\dfrac{2}{5}$

   (2) 随机取出 2 球，两球中至少 1 黑的概率小于 $\dfrac{1}{5}$

35. 设关于 x 的方程 $x^2+2ax+b^2=0$，若 a 是从 1，2，3，4 四个数中任取一个数，b 是从 1，2，3 三个数中任取一个数，则方程有实根的概率是（　　）

   (A) $\dfrac{1}{2}$　　　　(B) $\dfrac{3}{4}$　　　　(C) $\dfrac{4}{5}$　　　　(D) $\dfrac{5}{6}$　　　　(E) $\dfrac{6}{7}$

36. 甲、乙两人独立解出某一道数学题的概率依次为 P_1，P_2（$P_1>P_2$），则 $P_1-P_2=0.1$

   (1) 该题被甲或乙解出的概率为 0.8

   (2) 甲、乙两人同时解出该题的概率为 0.3